品牌金院　品质校友
——金融管理学院优秀校友成长案例与风采

钱利安　董瑞丽　吴小燕　凌海波　编著

浙江工商大学出版社
ZHEJIANG GONGSHANG UNIVERSITY PRESS
·杭州·

图书在版编目（CIP）数据

品牌金院 品质校友：金融管理学院优秀校友成长
案例与风采 / 钱利安等编著 . — 杭州：浙江工商大学
出版社，2021.10
　　ISBN 978-7-5178-4675-8

　　Ⅰ.①品… Ⅱ.①钱… Ⅲ.①浙江金融职业学院－校
友－生平事迹 Ⅳ.① K820.7

中国版本图书馆 CIP 数据核字（2021）第 204817 号

品牌金院　品质校友——金融管理学院优秀校友成长案例与风采
PINPAI JINYUAN　PINZHI XIAOYOU——JINRONG GUANLI XUEYUAN YOUXIU XIAOYOU CHENGZHANG
ANLI YU FENGCAI

钱利安　董瑞丽　吴小燕　凌海波　编著

责任编辑	张　玲
封面设计	尚阅文化
责任印制	包建辉
出版发行	浙江工商大学出版社
	（杭州市教工路 198 号　邮政编码 310012）
	（E-mail：zjgsupress@163.com）
	（网址：http://www.zjgsupress.com）
	电话：0571-88904980，88831806（传真）
排　　版	杭州市拱墅区冰橘平面设计工作室
印　　刷	广东虎彩云印刷有限公司绍兴分公司
开　　本	710 mm × 1000 mm 1/16
印　　张	22.5
字　　数	290 千
版 印 次	2021 年 10 月第 1 版　2021 年 10 月第 1 次印刷
书　　号	ISBN 978-7-5178-4675-8
定　　价	68.00 元

编委会

主　任　钱利安　董瑞丽
副主任　吴小燕　凌海波

编　委（以姓氏笔画排序）

王立成	王祝华	王海棠	王德英	方石英	方宜霞	牛　涛	孙　颖
李宏伟	李　敏	牟君清	朱维巍	刘　海	汪卫芳	严卫华	邱俊如
吴国平	沈　雯	应烟山	金广荣	金　朗	周　锋	周邦瑶	林志华
郑晓燕	姚星垣	赵振华	徐俊琦	徐海洁	凌云志	凌海波	唐　霞
郭敏飞	夏佳颖	屠莉佳	隋　冰	彭陆军	韩国红	靖庆磊	蔡茂祥
翟　敏	黎贤强	樊祎斌	潘锡泉				

前　言

　　校友是一所学校发展的历史见证，更是学校办学质量和人才培养成果的重要体现。20 年来，金融管理学院（2001 年 4 月成立金融系，2017 年 1 月更名为金融管理学院）在上级主管部门的正确指导和学校党政的直接领导下，坚持立德树人，坚持社会主义办学方向。历届学院领导秉承"披沙拣金　融会贯通"的校训，秉持"行业、校友、集团"共生态的办学模式，带领全院教职员工践行"尚德、精业、爱生"的教风，不忘育人初心，牢记育人使命，在学校建设全国示范性高职院校、浙江省重点校建设和中国特色"双高校"建设中均走在前列，积极作为，争先创优，为国家和社会培养了近万名金融专业类优秀毕业生，为国家金融发展和浙江省地方经济振兴、金融繁荣做出了应有的卓越贡献。

　　其间，涌现出一大批十分优秀的金融管理学院校友，他们积极弘扬"勤奋、严谨、求实、创新"的校风，在各自的工作岗位上恪尽职守、辛勤劳动、善于创新、精益求精、积极奉献，以自己的实际行动弘扬新时代"金融工匠"精神，他们当中有的获得了"中国金融五一劳动奖章"，有的成为省级"青年岗位能手"，有的成为省级"青年服务明星"，有的成为年轻的行长、总经理、部门主管，等等。他们以自身的不凡实力和卓越能力很好地诠释了新时代学校"金融黄埔　行长摇篮"的丰富内涵，彰显了新时代金融人的使命、责任与担当。优秀校友们的骄人业绩，让我们备感欣喜和欣慰；他们的敬业精神和敢于担当的奉献精神，更让我们深受感动和鼓舞。

书中收录了104位具有代表性的优秀校友的事迹，其中有44位优秀校友案例和60位优秀校友风采。每一位优秀校友都是在校学生的榜样与典范。整理出版优秀校友集，一方面，为了总结优秀校友取得成功的经验。每一位优秀校友的成功都来之不易，可能各有各的人生磨砺和不平凡的成长经历，但又都有着相同的成功品质，如诚信、勤奋、执着、创新、合作等。另一方面，为了更好地提炼总结金融管理学院办学的思想、理念、模式，使我们培养的大学生更好地符合新时代国家建设和社会经济发展及行业、职业岗位的需要；同时，通过学院"金鹰引航　朋辈育人"——校友文化育人的方式来促进在校学弟学妹的优质成长与成才，努力使更多的学生走上社会后忠于职责、敬业爱岗、争先创优，更快更好地成为优秀的职业人和社会人。

2021年是国家"十四五"规划的开局之年，也是学校"双高校"建设的奋进之年，更是伟大的中国共产党建党100周年，在这个伟大时刻，编撰出版学院优秀校友集是从校友成长与发展的视角回望学院办学所取得的育人成绩，并以此向伟大的中国共产党建党 100 周年献礼，由衷感谢党对高校正确、全面、坚强的领导；同时，站在中国共产党建党 100 周年的新起点，在新时代全面建设社会主义现代化国家新征程中，我们要高举习近平新时代中国特色社会主义思想伟大旗帜，全面贯彻党的教育方针，坚持立德树人根本任务，以生为本，锐意改革，勇于创新，并积极践行习近平总书记对高校办学的指示精神——"只有培养出一流人才的高校，才能够成为世界一流的大学"，对标对表，全面高质量推进金融服务与管理高水平专业群建设，全力打造新时代"金融黄埔 行长摇篮"的品牌，培养好每一个学生，认真做好校友工作，全心全意为党和国家培育更多的一流人才，真正体现高水平专业群的示范榜样作用，为学校"双高校"建设发挥更大的作用，为打造中国高职教育重要窗口做出应有的贡献。

金融管理学院校友分会

2021 年 5 月 18 日

目 录

S 上编　优秀校友案例
ShangBian YouXiu XiaoYou AnLi

X下编　优秀校友风采
XiaBian YouXiu XiaoYou FengCai

上编

优秀校友案例

在金院的金色时光

■ **胡烨丹**

女，中共党员，2003 年 6 月
毕业于金融管理与实务专业。
班主任：彭陆军。

二十余年金院时光，她在这里学习成长，在这里坚定从教之心，在这里送走无数学子，在这里迎来桃李芬芳，在这里品尝成功的喜悦。

2000 年，金院 25 岁。她作为金院第一届新生，到定江路 32 号报到。2003 年，金院迁址下沙新校区，她作为金院下沙校区首届毕业生，留校工作。那时起，母校的老师自然既是她的老师又是同事，在工作与生活上给予了她不少关心和帮助。

2003 年 7 月，她毕业后留在学校办公室工作。当时的办公室主任朱明老师对她提出要求：在学校最核心的部门工作，必须以更高标准最高要求来对待这项工作。这也是她至今一直保持的工作要求。幸运如她，刚踏上工作岗位，便遇见她的良师——睿智干练的朱明老师、勤奋智慧的夏慧老师、才华横溢的王东升老师、严谨敬业的李红老师，他们的言传身教，为她扎实开展工作奠定了良好的基础。她也时刻提醒自己要有高度的责任心，在身兼数职、任务繁重、头绪繁杂的情况下，合理安排，分清轻重缓急，团结同事、密切协作，高效完成各项工作。

2006 年，在完成学校办公室工作的同时，时任学校党委书记李逸凡老师、党委副书记盖晓芬老师、夏慧老师，带领她兼职做浙江省高职院校党建研究会秘书处工作。2014 年研究会换届，由学院党委书记周建松老师、时任办公室主任陈云涛老师继续带领她为研究会工作服务，并任命她为研究会副秘书长。至今她已为浙江省高职院校党建研究会 2 任会长、4 届理事会、全省 40 余所高职院校提供工作服务，得到业务主管单位浙江省直机关工委和浙江省教育厅党委的高度评价。

在做好行政工作的同时，她还努力发挥自身专业和本职岗位优势，积极参与学校教学工作，先后承担了"电脑传票输入"和"财经应用文写作"两门课的教学任务，并获得教学工作业绩考核 A 等。2010 年起她担任了 5 届银领学院订单班班主任，一直扎扎实实落实关爱学生的举措，积极到学生寝室走访，电话家访每一位学生家长。为了促进师生零距离，她每学期组织与班里每一位学生共餐谈心的活动，邀请学生吃食堂餐、谈平常事，不限话题，在宽松的环境里，聊学生想聊的内容，了解学生各方面情况，为进步的学生提供平台，让困难学生得到关爱，让全班学生都能够健康成长、快乐成才、顺利上岗。

2003 年，金院获评浙江省第一家人才培养工作水平评估优秀等级学校；2006 年被教育部、财政部确定为全国首批"国家示范性高等职业院校建设单位"并于 2009 年以优异成绩通过验收；2018 年被确定为浙江省重点建设高职院校，被教育部认定为"国家优质校"；2019 年被教育部、财政部列为中国特色高水平高职学校和专业建设计划建设单位。在 20 年金院金色时光里，她伴随母校成长、走向辉煌，金院亦伴她成长成才。在工作期间，她学习高职教育相关文件政策，关注政策理论动态，在学习中注意将理论学习与实际工作相结合，围绕学校、部门正在做的事情，着眼于理论的运用与对实际问题的理论思考，努力提高自己的理论水平与管理水平，并结合职业教育实践，积极开展教育研究和业务研究。她先后主持杭州市哲学社会科学规划课题以及浙江省教育厅、中国高等教育学会职业技术教育分会、浙江省高职院校党建研究会等单位多项课题研究，以第一作者在核心刊物上发表论文 8 篇。2018年，她获评副研究员专业技术职务，2020 年晋升党委办公室、校长办公室副主任，入选学校"青年拔尖人才培养计划"，获得金晖奖、功勋奖、敬业奉献奖、星级教师等荣誉，多次获得学校优秀党务工作者、优秀党员、优秀教育工作者等称号。

走在金院的时光里，岁月匆匆，但心中却充满温暖，在二十载的春夏里，她没有停止过对美丽校园的留意。在春日的早晨，她感受和煦春风的丝丝清凉，看初升的太阳在天边熠熠发光，花儿朝着朝阳争相开放，鸟儿的嘤嘤细语伴随金院学子进入课堂。夏日的午后，特别是雨后的天气，清新得让人陶醉，湛蓝的天空有时还挂着一道彩虹，那是七彩金院。二十载的秋冬，她亦没有停止对素净校园的注目。秋日的校园，空气中弥漫着甜蜜，酷似朝气蓬勃的金院学子感怀青春的力量。操场上，同学们的欢声笑语为金院注满了希望，增添了活力。金院的时光可人，金院的生活可心，她始终相信，记忆深处的寻觅，是因为在金院的每一个日子，点点滴滴的学习、工作、生活片段，见证了她二十载的成长历程，看着金院的每栋建筑，走着金院的每条小径上，感受着一路成长的心情，与金院相安于幸福金色时光里。

镜头记录社会万象
笔触见证时代发展

■ **沈贞海**

男，2003年6月毕业于金融管理与实务专业，现为国家发改委《中国经济导报》社记者。班主任：彭陆军。

他从"柜台"走向社会大舞台，放下算盘、点钞机，背起相机，拿起笔头，用镜头记录社会万象，用笔触见证时代发展。而这一切均缘于"选择"。

"一切都是最好的选择"——大学是一个综合性熔炉，学生们在其中锻炼、学习、成长，并最终走上社会，专业学习并不是唯一收获，大学所给予的成长空间、综合素养，将会成为未来人生之路特别是职业发展上的强大助推力。2003年毕业于浙江金融职业学院的沈贞海，就是其中之一的典型，并以综合能力跨专业成为央媒的资深记者。

"专业与职业、学校与社会"，专业并不决定你未来的职业，但是你在学习和兴趣上的专注，你在学校的所学所知所思，却决定你未来的综合发展。

——专业：金融专业出身的他，实习和毕业也是在金融系统。他原本可以一直在金融系统做下去，也许有一天，会成为一个更加专业化、职业化的金融人。但是，在一个机缘巧合下，他成为新闻媒体的从业人员，并最终通过专业化、系统化的培训、学习与实践，成长为一名真正的央媒持证记者。

——职业：从金融从业人员到新闻记者，职业的转变与在学校的经历有着极大的关系。其自幼喜欢看书、写作，并在浙江金融职业学院参与了文学社的创建，在学校期间就萌发了做记者的梦想。其职业的转变，虽然是跨专业的，但是从发展轨迹而言，亦是顺理成章的。

——学校：学校是个小社会，学校是学生走进社会的入门，是适应社会的熔炉，是社会的处世之初。学生要学会适应学校，接纳学校给予的一切，这样就能够自然而然地融入学校，为未来融入社会打下基础。他在大学期间，积极开始勤工俭学、实习实训，既知悉了工作的艰辛，也适应了学校到社会的过渡。

——社会：从一开始接触新闻媒体到现在，他已跨越了 16 个年头。其间有一段时间，他离开媒体，做过职业经理人、创业者、策划人，既管过有四五千名员工的大公司，也策划和统筹过首届中国车手王中王争霸赛，他创过业做过项目，最终，又回归到媒体。迄今他已经在同一媒体单位工作了十年。从中可以看出，他的社会成长过程，亦是认识自我、了解自我，并最终找到自己定位的过程。当下，已然深深融入职业角色的沈贞海，带着"脚下有泥，心中有光"的信念，践行着"时代记录者"的责任与担当。

——年均原创稿子 300 余篇，为各级党委政府进行全网推送稿件达千余篇次之多。

——多年来，其走基层、读民心。《金华赶路》《新兵金华》《"五水共治"看金华》《"温州模式"正当时》《交一份高铁时代的"丽水答卷"》《温岭"鞋问"》《"加减乘除"新贺兰》《东西部扶贫协作：借浙江之优助汶川之美》《"塞上煤城"石嘴山美丽蝶变记》《义乌"口渴"》等深度专稿及内参专报，见证了时代的发展。

——2019年，其深入四川阿坝州汶川县、理县等地，与浙江援川干部一起深入到山岭水涧、田间地头，采写浙江援川干部的感人精气神、共同奔小康的信心与决心。

——2020年初疫情期间，其更是以笔触见证中国战"疫"速度，感怀中国战"疫"温暖，核发各地战"疫"稿件超过300篇，传播温暖的中国力量。

……

有个小小的插曲值得一提，2019年全国两会期间，沈贞海在北京偶遇全国人大代表、浙江金融职业学院校长郑亚莉，并为其作专访，成文稿件刊发于《中国经济导报》及中国发展网，并被多家媒体转载。2019年、2020年全国两会期间，其多次采访郑亚莉校长，并形成《代表委员共话高质量发展》《跨境电商发展需要"人才支撑"》《郑亚莉代表：推进融资畅通工程，纾困中小微企业和民营企业》《全国人大代表郑亚莉：要推动民间金融"阳光化、规范化"发展》《郑亚莉代表：建议推动全国跨境电商转危为机实现新发展》等稿件。

当下，作为《中国经济导报》记者的沈贞海，还是浙商总会新媒体委员会委员、浙江新闻媒体俱乐部秘书长、中国移动某地市消费者监督委员会委员……其有较强的资源整合能力和策划能力，为多地市提供城市品牌咨询，为大中型企业提供媒体战略支持，并曾为宣传、税务、市场监管、未管所等部门和单位提供专业的媒体策略课程。

毕业二十余年，依旧心系母校。校友沈贞海为母校送上如是祝福："专业专心专注育新人，融汇融通融合新发展。"

与母校的情缘

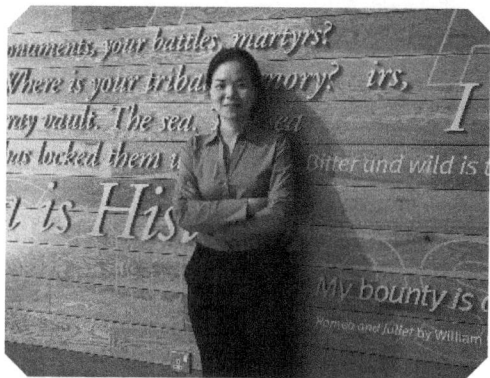

■ **吴小燕**

女，中共党员，2003 年 6 月毕业于金融管理与实务专业。班主任：徐俊琦。

2003 年 7 月—2020 年 6 月，就职于浙江金融职业学院招生就业处，从事毕业生就业管理与服务工作；2020 年 7 月，转岗到金融管理学院，从事学生管理工作，担任金融管理学院党总支副书记。历获校级荣誉：毕业生就业工作先进个人、"爱生先进"、优秀教育工作者、优秀共产党员、学校首届杰出青年等称号。

　　时光不经消磨，眨眼工夫，她已与母校结缘整整 20 年。20 年前的点滴仿佛还是不久前的事，但屈指一数真的已经过去 20 年了。2000 年 9 月 15 日，她正式入籍浙江金融职业学院金融管理与实务专业，班主任为徐俊琦老师。徐老师性情耿直、关心爱护学生，业务精益求精，写得一手漂亮的花体英文板书，师从徐老师三年，老师的一句话深深地烙在了她的脑海里：做一个值得信赖的人。在校学习、生活的三年快乐而充实，经历了许多有趣美好的事情，结交了一些情同手足的同

学、朋友，相处了许多像极了家中长辈的老师，这些都成为她一生的美好记忆与宝贵财富。

2003年6月毕业后，她选择留在母校工作，从事毕业生就业管理与服务工作。向王瑛老师手中交过了工作后，跟着陈瑜老师学习具体业务，这一跟就是15年。陈老师和王老师，以及后来的其他领导与老师们对待工作敬业与耐心，为人真诚、宽厚与善良，一直影响着她、引领着她，虽然暂时做不到他们那样，但这些宝贵品质始终指引她前进。参加工作17年，在学校各级领导、老师、校友的厚爱与关怀下，她健康成长与发展。她庆幸自己能在金院遇见这么多好领导、好老师、好朋友，他们用自己的豁达、睿智、严谨与勤奋给她以示范，在他们的影响下，她越发热爱工作，也深知做好这份工作的非凡意义。在这17年里她只做了一件事情，为广大毕业生提供就业管理与服务，虽说2020年7月已经转岗到金融管理学院从事学生管理工作，但她依然高度关注毕业生就业工作。多年来，她始终自觉围绕学校就业重点工作，坚持以生为本，真心诚意关心爱护毕业生，关切毕业生需求，突出服务理念，秉持高效、简约、有成效原则，尽心尽力尽责开展工作，用心用力用情为合作单位和广大毕业生提供服务。在社会总体就业行情起伏不定的情况下，学校毕业生就业工作形势始终保持独特旺盛的运行态势，连续多年，订单式人才培养规模保持在800人以上，毕业生就业率始终稳定在98%以上，最大限度地帮助广大毕业生实现顺利就业、优质就业。作为该项工作的直接参与者，她为此贡献了应有的力量，并对此深感骄傲与自豪。尽管工作烦琐，心酸与成就感交织，但因为自己服务的对象是深爱的母校和她的学弟学妹们，所以再难也不觉辛苦，因为她也曾受母校的养育栽培，深知母校爱生如子，更因为期盼母校再谱辉煌。这17

年，她恍惚觉得自己像极了一个哨兵，守卫在母校的窗口，任窗外气象万千、风云变幻，她在窗内始终执着坚定、安心守候。

在母校恢复办学 45 周年华诞和升格高职办学 20 周年之际，她深感荣幸，因为自己是母校升格办学后的首届毕业生。一朝结缘，一生挚爱。她深深地感动于母校和老师们爱生如子的博大胸怀，以及望子成龙、望女成凤的深沉情怀。如今的她，已然步入中年，不仅找到了人生发展的方向，也取得了辉煌的工作业绩。这一切源于母校，她感恩母校和领导、老师们。身为母校的孩子，今后的日子里她将更加用心努力地工作，不断加强学习，提高自身素质，牢记为学校事业发展、为广大师生热忱服务的初心，继续为学校的建设献上自己的绵薄之力。

躬行不言　默而成事

■ 邱柏华

男，中共党员，2003 年 6 月毕业于金融管理专业。班主任：徐俊琦。

2003 年 7 月—2007 年 6 月，任人保财险杭州市分公司理赔部车险核赔；2007 年 7 月—2009 年 6 月，任中银保险浙江分公司理赔服务部理赔主管；2009 年 6 月—2011 年 5 月，任中银保险浙江分公司理赔服务部经理助理；2011 年 6 月—2017 年 5 月，任中银保险绍兴中心分公司经理；2017 年 5 月至今，任中银保险浙江分公司党委委员、副总经理。曾获得省级优秀毕业生、中银保险全国优秀个人等荣誉，所带团队获评中国银行青年文明号、中国银行雷锋岗。

　　邱柏华少时在故乡的四明湖边抓鱼时，中学的班主任就告诉他，你应该拼力考取省城的学校，去看看山外面的世界。家乡的圣人阳明先生曾说过：故立志者，为学之心也；为学者，立志之事也。于是在 2000 年始，他拼力踏入了人生中最重要的学习殿堂——浙江金融职业学院，一直到 2003 年以省级优秀毕业生的身份离开母校。3 年间，杭海路边的这座校园带给他太多成长。

在校期间，穿行在教学楼间，给他印象最深和震撼最大的，不仅仅是老师多牛、同学多聪明，更多的是一种大家都在积极努力的氛围。比如期末考试后自习室依然灯火通明，永远都人满为患，课间20分钟换教室时学校里到处都是风一般奔跑的人。每个人都毫无时间观念地疯狂学习，汲取知识，参加各种活动，磨炼自己能力。所以，校友们能够在中国金融史上留下一个个风华印记，引吾辈上下求索，只求不负巍巍学府。

在他眼里，身边的同学永远充满了斗志。当他成为校学生会主席后，他经常穿梭在各个系的同学之间，与大家谈起各种竞赛和活动时眼里都充满了光芒，每天从睁眼就忙得不可开交，到晚上很迟睡觉都是常事儿。没有人抱怨自己辛苦，也没有人抱怨生活艰难，大家每天都忙得鸡飞狗跳，但又特别开心。一个成熟的人，他的标准来自他的内心，而大多数人却受环境所左右，而母校给予的生命印记是让他一直记得这种从每个人身上散发出的生活学习的精神状态，这种状态感染着他，让他至今不敢松懈，不愿落后。

工作7年后，2011年他成为所在全国系统最年轻的机构负责人，面对着那支年轻的队伍，他更加明白内在的精神状态对一个人的重要性。在杭州这座很多年轻人拥有百万年薪的城市，很多人拿着高薪，却依然选择为了工作奋斗到深夜，而且这种奋斗的状态都是为了自己能够让世界变得更好一点点。他告诉同事们，越能干，越努力；越有钱，越上进。这样的辛苦不叫辛苦，而是为了获得自我实现的一种途径，自我实现使我们无穷快乐。所以，这世界就是一拨人在昼夜不停地高速运转，另一拨人起床后发现世界变了。

担任机构负责人的那6年里，他把全身心的精力都扑在了拓渠道、建制度、带队伍、增规模和拼效益上，保费规模逐年稳定增长，从接手时的年保费300余万元到接手后的4000万元，2016年底到达6198万元，2017 年底近 8000 万元，利润年均 1500 万—2000 万元。他负责的几年，机构绩效考核位列全省第一，取得了每年上台阶、每年增收益的成果，队伍也从 9 个人扩大到 20 余人。这样的优异表现使得他所在机构在 2015 年获得了全国银行业"雷锋岗"的光荣称号，这是中国银监会在全国金融系统中通过层层选拔评比出来的至高荣誉，他所在的机构也成为中银保险全国范围内唯一获此称号的机构。这是一种荣誉，更是一种激励，鞭策着他不卑不亢不自叹、一生热爱不遗憾。

2018 年，他被提拔为省级分公司副总经理，分管车险业务，他将业务规模一举带至系统内全国第一，排名至今无可动摇。此外，他还设计搭建了线上平台，实现互联网汽车生态圈。这些年的步履不歇让他深切感受到每个人心里都有一份召唤，因了这份召唤而做的事情，都是自然而然去做的。越纯粹的人，内心的召唤越远大、越坚定。

除了业务之外，他还需分管团委和工会，如此便有了更多机会和年轻人对话。也曾看到：一些人上班稍微努力点就讲求公平，不得志就整天抱怨；下班后看几页书就觉得自己特别上进，迫不及待地发朋友圈告诉全世界；辛苦几天就觉得自己要赶紧去享受一下生活；遇到些鸡毛蒜皮的小事就郁郁寡欢，仿佛遇到了天大的人生难题；看到厉害的人也会心生羡慕，但总也突破不了自我……他用了各种分享交流会、对话、谈心等形式营造整个公司的文化氛围。

在进入社会多年后，要明白人和人的差距，更多的是靠个人经验、经历和社会化程度的较量，简单讲就是态度决定行为、行为决定结果。而造成有些人生活得充实又上进、有些人生活得找不着北的差异，主要的就是来自人的精神内核的差异。精神内核一半来自进入社会后对自身的要求和改变，一半来自从小到大养成的思维与生活习惯。前者改变的概率非常大，但需要付出很大的努力，有些人毕业的学校一般，但进入社会后通过不断的自我革新和历练，重塑了一个崭新的自己；后者依靠学校的氛围。何其有幸，因为学校的氛围，他一直以来都以高标准要求自己，当他生活在这样的层次和圈子里时，就会发现身边的同学都是这样的人，大家都是手拉手一样成批存在着。当有时与业内顶尖的人交流时，他常常发现大家都是校友，都一样地努力勤奋、积极向上。不论是思维方式还是做事态度，浙江金融职业学院所带给大家的自律、进取、积极和勇敢的品质可以受益一生，甚至影响几代人。

在成长过程中，他至今仍很清楚地记得任汝芬老师讲过一个人成功的四要素，那就是意志、勤奋、得法、机遇。如多数人的意志力之薄弱，努力程度之低，所用方法之拙劣，轮不到机遇来找到他们，或者机遇到了面前，也一样抓不住。相反，如果一个人已经有了很多积累和准备，即使这个机遇没有抓住，当别的机遇来临的时候一样能赶上；甚至，他在奋斗的过程中，就已经为自己创造了机遇。

当一个人走出校园，可以没有任何资本，没有任何依靠，当前国家政策和社会大环境的稳定，就已经超出父辈们以前的资本和依靠了，请一定不要忽视这一要素。国家真正下定决心要做的事，往往目标明确，并且路径清晰、方法也很明白。而我们每一个人需要做的，就是在大局之中，通过深入的观察、思考、分析，去判断能够"落子"的那些点。如果在奋斗的过程中，能始终保持敏锐的状态，真的抓到政策的关键点，那么很可能就超越了原来的自己，让我们的意志、勤奋、得法和机遇都有了真正巨大的发挥空间，它们将共同构成人生中真正高效而又可靠的杠杆。

希望每个校友都能清楚自己要什么，不被各种浮世的繁华和虚荣所诱惑，永远行走在自己坚定的路上。此心光明，亦复何言。

梦想在心中　行动在手中

■ **章丹丹**

女，中共党员，2005年6月毕业于国际金融专业。班主任：金广荣。

2005年，任农行温州村分理处综合柜员；2006年，任农行之江支行客户经理；2010年，任农行三墩支行行长助理；2012年，任农行西城支行网点负责人（副职，主持工作）；2016年，任农行汽车城支行行长；2016年至今，任兴业银行杭州滨江支行客户经理。

2005年8月，参加中国农业银行浙江省分行营业部保持共产党员先进性教育活动征文比赛，获三等奖；2005年11月，获支行职工业务技术操作比武单指单张第二名；2008年7月，获中国农业银行浙江省分行营业部企业文化理论研究三等奖，并在《浙江农村金融》杂志上发表《如何成长为一名优秀客户经理》一文；2009年12月，获农行省分行优秀团员荣誉称号；2015年带领所在团队农行西城支行获支行优秀党支部荣誉称号；2016年获支行先进工作者荣誉称号。

"一年熟练岗位、三年成为骨干、五年成为主管、七年实现发展、九年成就事业、一生平安幸福"，这是母校浙江金融职业学院为莘莘学子规划的职业生涯。2005年，她进入农行工作，担任综合柜员一职；2006年，竞岗成为客户经理；2010年，被提拔为行长助理；2012年，被提拔为农行网点负责人；现为兴业银行杭州滨江支行客户经理。可以说，她就是踏着这样的步骤成长成熟起来的。

金院的3年学习生涯，农行12年和兴业银行5年的工作生涯，是她人生中最重要的生命历程。回想2002年的金秋时节，她怀揣梦想，身背行囊，懵懵懂懂地从小县城来到这所有着金融界"黄埔军校""行长摇篮"美誉的浙江金融职业学院，从此与金融结下了不解之缘。在此，她与大家分享了一些浅显的个人感悟。

心中要有梦想

刚进金院，章丹丹的梦想是要成为一名优秀毕业生；参加工作后，她的梦想是要成为一名优秀的客户经理。正是这种对梦想的强烈渴望，才使她在走向梦想的过程中，有勇气面对困难和挫折，并慢慢具备了忍受挫折和失败的能力，直至羽翼丰满，达到梦想彼岸。

高效的行动力

有了梦想，就要付诸行动。首先，学业要抓紧。作为学生，最主要的任务就是学习，学习理论知识和提高技能水平。在金院的3年，除非参加社团活动等，她不是在图书馆就是在技能练习室，每天过得忙碌而又充实。其次，积极参加社团活动。参加社团活动最大的好处就是提升与人交往的能力，将来参加工作后，大家就会发现，与同事、客户等相处沟通较好的，一般在学生时代都积极参加或组织过校内社团活动。参加工作后，章丹丹的梦想是成为一名优秀的客户经理，她通过自学考试拿到了浙大本科文凭，让自己理论基础更加扎实；然后参加各种社会活动，积累自身人脉。学校的社团活动让她具备了较好的与人交往能力，这个能力帮助她与同事及客户融洽相处，为业务拓展提供了很大的帮助。

时怀感恩之心

在校期间，老师的谆谆教导、同学们的互帮互助，尤其是母校提供广阔的就业平台，都让她心怀感激。通过订单培养，同学们毕业后可直接进入金融系统工作。章丹丹表示，如果当初她不是金院的毕业生，很可能是进不了农行的，是学院改变了她的命运。参加工作后，能力与努力是在单位晋升的两大法宝，职业生涯也不仅仅局限于三尺柜台或业务岗上。

以上是她的几点感悟，谨作分享。她相信，只要严格按照"千日成长工程"的规划走，金院的学子们定会"长江后浪推前浪，一代更比一代强"！

热爱创业的人才能最终成功

■ **陈景畑**

男，2006 年 6 月毕业于金融管理与实务专业，杭州乐途电动车有限公司创始人。班主任：方石英。

在学校读书期间，他就开始找创业路子，在学校附近练过摊、卖早餐；他做过制片人，拍过电影；他还开过策划公司，承接过康师傅、蒙牛、WCG 的营销活动。

毕业后，陈景畑生发奇思妙想，创办了游戏网站游创网。该网站的思路是：将社会上一切行为转化为游戏任务，供会员参与，实现其商业价值。网站得到了盛大游戏公司的陈天桥和陈大年等行业大佬的看好。没多久，公司规模从最初的两个人到三四十人，最多时达到 90 多人，可是后来因为种种原因，这次创业失败了。

陈景畑一次次地失败，一次次地站起来。热爱创业的他经过努力，又成功逆袭，他带领杭州乐途电动车有限公司的团队，自主研发、生产、销售电动自行车、公路自行车。经过短短的 3 年时间，到目前已实现年销售额千万元。

好心态练就有无限"生命值"

总是摔倒，难免会让人失去信心，唯有不断重新站起来的人才能最终成功。陈景畑就是这种人。

他说过自己涉足过的行业很多，"什么行业有钱赚，他就做什么。不过有很长一段时间，都没赚到什么钱，赚到的是人生经验。"

与一些因为创业失败而压力山大的人不同，陈景畑自认为对压力有自我屏蔽的强大功能。

亏钱了不要紧，创业走错方向了不要紧，从头开始也不要紧。"我家里经济条件还可以，现阶段不需要我来养家。我还没有成家，也没有女朋友。我觉得自己完全没有别人创业的那些压力。"

一天必须要做十件事

与对压力无所谓的态度相反，陈景畑对"计划"这两个字看得很重。

陈景畑每天都要列出计划表，一般包括十项必做的事。每做完一件事，他会在计划表上打个钩。十件事情做完，这一天才算结束。

陈景畑说，他每天的最大坚持就是必须完成这个计划表。

有时候，朋友从外地到下沙来找他聚聚，他也不会改变计划，而是继续完成手上的事。这让一些朋友觉得他有些不近情理。

"可能有些人会觉得我这样多少有些偏激。朋友好不容易来一趟，应该尽尽地主之谊，好好接待一下，计划可以先放到一边去啊。但是，懂我的朋友，真正的好朋友，就会体谅我。因为他们知道，这就是我对工作的态度、做人做事的态度。"陈景畑说。

陈景畑幽默而认真地表示，将今天的事留到明天，是他最不能忍受的。

超前三年 踩对节奏

2008 年，在大家对微电影还不熟悉的时候，陈景畑带着团队创作了自己的微电影处女作《请勿打扰》。拍完电影后，他们还郑重其事地在浙江传媒学院举办了电影首映式，着实火了一把。

当大家还在使用台式电脑时，陈景畑已经想到了虚拟和现实交互的点子，创办了游创网。"可惜想得太超前，当时实践起来，整个消费群体还没有硬件条件的支撑。"

"商机存在超前的思想中，但不能太超前，最好是超前 3 年。创业项目最好和国家发展的大方向相关。"陈景畑这样分享自己的创业心得。

创办网站失败后，陈景畑将目光瞄准了锂电池电动车市场。

2010 年，铅酸电动车已经成为许多工薪阶层出行的交通工具，但更轻便、更环保的锂电池电动车因为价格高出铅酸电动车的一倍，和大众市场还有一些距离。

"你看到了趋势，而它还没成为现实，这就是机会。"陈景畑说。

陈景畑认为，随着大家对环保、健康的重视，既可以绿色出行又能锻炼身体的锂电池电动车，肯定会有市场。

事实证明了他的想法。今年锂电池电动车销售有了爆发式增长，陈景畑的乐途电动车在网上每月销量突破千台。

注重品质 不打价格战

在淘宝上搜锂电池电动车，你会发现，乐途品牌的电动车并不算便宜。

要知道，网络销售定价高低，对于销量是非常关键的一个因素。不过，陈景畑表示，购物网站价格战打得很凶，但真正发展得好的商家还是要靠商品品质。

"仔细翻不同锂电动车品牌的宣传页面，你会发现，一些低价产品往往只放一些电动车的大图，没有细节图。不是他疏忽了，而是他怕出了细节图就失去了竞争力，因为质量不过关，经不起细看。"

乐途在研发锂电池电动车上花了很多心思：锂电池和车身融合成一体，在电池外部包有铝壳，方便抽取；电动车后半部分设计了儿童座椅和相应的小脚踏板。

除了做好网络销售，陈景畑也开始布局江浙沪的实体店，并承接国外企业的订单。

陈景畑说，现在自己经营的只是个小企业，还有很多地方需要努力。他希望有机会认识和自己一样正在拼搏的年轻人，互相扶持，共同成长。

目前乐途已经再次升级，投入智能锁研发，并将乐途共享单车进入景区，项目已经建设落地，3 年的计划目标是覆盖 2000 个景区，实现 30 亿元的销售额，覆盖 15 个省份。

大行工匠 技能担当

■ 俞娜佳

女，2006 年 6 月毕业于金融管理与实务专业。班主任：方石英。

毕业后先后就任中国工商银行嵊州支行柜员，中国银行海宁支行综合柜员、理财经理，中国银行海宁营业部储蓄专柜 / 理财中心主任，现为中国银行海宁支行营业部副主任。

春秋，工匠欧冶子铸剑，万千淬炼，呕心沥血，历时三年，名剑乃成。宝剑锋自磨砺出，剑者，心之刃也，名为铸剑，实为炼心。而这心，便是传承华夏千年的"工匠精神"。工匠，并不是指单纯的机械工作者，而是精益求精、一丝不苟、坚定踏实、耐心专注这些品质的创造者，它自始至终都代表着一个时代的气质。在中国银行海宁支行便有这样一位工匠，她的名字叫俞娜佳。

工作后，俞娜佳先后荣获中行嘉兴分行服务明星、嘉兴分行"最美一线员工"、嘉兴分行"最美金融人"、中行省分行"青年能手岗"、海宁市总工会"技能带头人"、中行全省业务技能比武对私项目第一名、浙江省金融系统业务技能比赛二等奖、全国金融系统业务技能比赛二等奖，被浙江省分行聘请为"技能辅导老师"。2017年，荣获中国银行浙江省分行"五一"劳动模范、"五四"优秀青年员工以及全省核心专业人才三个奖项，尤其是被评为"中国银行总行最美一线员工"。2018年，荣获全国金融"五一"劳动节奖章、浙江省巾帼建功标兵和浙江省分行第十四届业务技能比赛大奖。2020年，俞娜佳技能工作室被评为中国银行劳模和工匠人才创新工作室，同时在母校45周年校庆之际，学校深入开展"大国工匠进校园"，俞娜佳被浙江金融职业学院聘请为首批金融行业杰出技能大师。

勤学苦练，独占鳌头

技艺之于工匠，如人之生命。而对工匠文明来说，重要的不仅仅是技艺，更是传承。自俞娜佳在业务技能方面获得如此多的殊荣以后，她总是不吝于向同事们分享业务技能方面的心得。2009年，俞娜佳被选为浙江省分行唯一代表，跟随总行到宁夏、青海省分行传经送宝。之后，她时常受邀去丽水、萧山、金华、温州等省内各地分享业务技能经验。2014年嘉兴分行为推进综合柜员制度的顺利实施，举行了一场大规模的业务技能比武。在那一年，她花了几个月的时间给支行所有一线员工进行业务技能培训，使海宁支行22人荣获对私、对公两项一级能手称号。2015年她被中国银行浙江省分行聘任为技能辅导老师。同年，海宁市总工会聘其为第四批职业技能带头人。2016年为推动全省业务技能的发展，她被中国银行浙江省分行任命为"技能俱乐部"副秘书长。

声名鹊起，传承技艺

虽然获奖颇多，但是她不忘初心，勇于担当。为了营造工匠精神的文化氛围，让所在单位每一个人都能成为承载这种精神的旗手，她主动担起技能总教头这个重任，训练员工技能，对青年员工进行标准化、系统化、专业化的指导。组织员工开展强化训练，带动形成了全行技能学、比、赶、帮、超的良好氛围。自她担任老师后连续 4 年带领海宁支行蝉联嘉兴业务技能比武团体第一，她作为总教练带领嘉兴分行在 2015 年、2016 年全省业务技能比武中夺得团体第三、团体第二的好成绩。手把手培养出的技能新星更是在省级比赛中勇夺冠军。如海宁支行马鸣凯仅入行一年，就在嘉兴市分行业务技能比武中荣获对私项目个人第三名以及优秀新人奖、全省中行系统内 2017 年业务技能对私项目个人第十名。海宁支行徐佳与谢婧琳分别在 2016 年中国银行浙江省分行业务技能比武中荣获 IT 蓝图对私项目个人第一名、第七名的好成绩。在每年的五星级柜员评测中，她所在的海宁支行的五星级以及四星级柜员人数占全辖人数的 50%。

提高技能，完善服务

工作不只有技能，在耀眼的技能光辉之下，自身的服务能力也要很出色。俞娜佳一直信奉"服务无止境，服务要创新，服务要持久"这三句箴言。她 2008 年、2009 年连续两年被嘉兴市分行评为"服务明星"，2011 年被浙江省分行评为"青年岗位能手"，2014 年荣获中国银行嘉兴市分行"最美一线青年员工"。自 2011 年至今，她年年被评为五星级柜员，年年绩效考核等级为 A 以上。2016 年她被中国银行嘉兴市分行提拔为"中级经理"。2017 年担任中国银行嘉兴市分行营业部储蓄专柜主任兼理财中心主任，在工作上依然敬业，五一节前夕被中国银行浙江省分行同时评为"五一"劳动模范、"五四"优秀青年员工以及全省核心专业人才，更是被评为"中国银行总行最美一线员工"，受邀参加中国银行全球青年节活动。

凝苦寒之梅芳兮，具匠心以传承。工匠的成功必然是先苦后甜，不历寒冬，何来梅香芬芳？俞娜佳一直拼搏在一线，她的精神、她的努力、她的态度，代表着中行一线员工的面貌，这是一种永不磨灭的情怀。

真诚待人　用心工作

■ 陈刚

男，2006年6月毕业于金融管理专业，现为绍兴银行嘉兴海宁家纺城支行行长。班主任：方石英。

从金院毕业后，陈刚就进入了中国建设银行工作，成为一名普通的柜员。在做柜员的第一年时间里，他就像个替补队员，哪里缺人就被分配到哪里。路途最远的岗位在离海宁市区最远的乡镇网点许村，他大冬天早上五点半起床，坐一个半小时的公交车上班，每晚下班回到家已是八九点了，匆忙吃完晚饭，整理第二天的工作。回忆这段紧张艰苦的工作经历，陈刚说这是一段宝贵的历练，让他在最短的时间里熟悉了行里的每一位同事，得到同事们的认可。

经过不同网点的工作锻炼，陈刚跟着不同的前辈学习到了各种有效的营销技巧和工作经验。工作的第二年，他被分配到了中国建设银行皮革城支行工作。海宁皮革城知名度可谓享誉全国，从各地前来购物的游客络绎不绝，随之而来的是每天繁忙的工作业务。在海宁工作期间，陈刚几乎每天都在加班，在银行四点半关门后继续工作到八九点钟回家。在高强度的工作下，陈刚时刻告诫自己：第一，要保持清醒的头脑，杜绝工作差错；第二，用心服务好每一个客户。在海宁工作的那两年，他虽然身处柜员岗位，但是凭借自身的专业能力得到了很多客户的信任和好感，连续两年成为全行基金和保险销售冠军。工作第三年，陈刚从众多新人中脱颖而出，被破格提拔为对公客户经理。但随之而来的是对他的另一项考验，前往海宁最远的乡镇网点许村工作至少 3 年。面对单位的需要，陈刚克服距离和生活上的困难，接受挑战并对新的工作岗位充满了无限的憧憬。在许村工作的那段时间，他用心钻研贷款业务，学习怎么跟企业谈合作计划，晚上干不完的活就带回家继续干，周末没事就跑去单位加班，就这样他的客户层面越拓越宽。

2015 年，绍兴银行向陈刚发出邀约，让他加入他们的大家庭，主要负责在中国家纺产业名镇海宁许村镇筹建绍兴银行海宁家纺城支行，由他担任行长一职。他从工作了 9 年的建行海宁支行离职，2015 年 8 月加入绍兴银行海宁支行。经过前期的筹建，绍兴银行海宁家纺城支行于 2017 年元旦顺利开业，陈刚担任行长一职。海宁家纺城支行作为绍兴银行异地分行辖区下的第一家二级支行，以"打基础、树品牌、提效益、控风险"为业务发展目标，大力发展公司业务，支持实体经济。陈刚担任行长期间，围绕银行的发展目标，给团队设定总目标，按月计划、每周汇总、按日推进，注重工作时效性，紧盯进度完成情况。经过一年的锻炼，团队成员都可在一周内完成上报新增授信。针对团队中的公司客户经理自有客户基础较为薄弱的问题，陈刚带领团队加强客户走访，正确定位，建立一套含三项标准的营销办法。结合许村当地的实际情况，他带领团队深入了解家纺行业，全面了解当地企业情况，以此提升客户经理的谈判能力及客户拓展能力，团队建设取得良好效果，网点第一年综合经营指标就实现正收益。在陈刚用心的管理和团队的共同努力下，绍兴银行家纺城支行在海宁许村当地赢得了很好的口碑、夯实了基础，2017 年度新增存款数在海宁当地所有二级支行中排名第一。

陈刚虽然做了支行行长，但是仍然保持良好的工作习惯，每天坚持六点起床，八点到网点进行早会，每周一和每周三晚上组织夜学，因为他相信只有不断地学习才能让自己不断进步。回顾过去的十多年工作，陈刚认为无论从事什么岗位的工作，首先，要正直做人，只有真诚待人才能得到别人的长久认可；然后，要有一个清晰的定位，这个定位是基于了解内外因的基础上得到的；再次，任何工作都要努力奋斗，制定好战术，并严格执行；最后，心态一定要好，保持一个积极进取的有正能量的状态，不计较一时的得失，从长远的眼光去看事物的发展。

明志好学——找寻自己的人生坐标

■ 施珠敏

女，中共党员，2006 年 6 月毕业于金融管理专业。班主任：牟君清。

2006 年 8 月—2012 年 9 月，任中国工商银行丽水莲城支行营业部综合柜员；2012 年 10 月—2013 年 7 月，任中国工商银行丽水莲城支行营业部值班经理；2013 年 8 月—2018 年 9 月，任中国工商银行丽水莲城支行营业部

主任兼支行运营主管；2018 年 10 月至今，任中国工商银行丽水莲城支行二级支行行长。

2008 年荣获岗位业务能手、2009 年荣获支行先进工作者、2010 年荣获市级规章守纪模范员工、2011 年荣获服务明星、2013 年荣获内控合规标兵、2016 年荣获省级优秀运营主管等称号。

　　施珠敏，是 2006 届金融 033 班毕业生，现供职于工商银行丽水莲城支行营业部。虽没有惊天动地的丰功伟绩和豪言壮语，但她凭着对金融事业的满腔热忱，凭着兢兢业业、踏踏实实的敬业精神和实事求是的工作态度，在本职岗位上开拓出了一片新天地，找准了她的人生坐标。先后在柜员、大堂经理、内控管理员、营业部副主任等岗位工作。十几

年来，施珠敏立足本职工作，认真履行岗位职责，不断开拓创新，始终以高度负责的态度，十年如一日在平凡的工作岗位上，实现自己的人生价值。

明志：做一个合格的党员

"理论上的成熟是政治上成熟的基础，政治上的坚定源于理论上的清醒。"她在加入党组织后始终没有放松理论学习。这几年来，认真学习马列主义、毛泽东思想、邓小平理论、"三个代表"重要思想、科学发展观和习近平新时代中国特色社会主义思想，积极参加党支部学习。通过长期不懈的理论学习，她树立了正确的世界观、人生观、价值观，并能够正确地认识自己，正确地对待她人，正确地对待事业，正确地对待得与失。无论在什么岗位做什么工作，她始终牢记自己是一名共产党员，以"思想先进、热情饱满、本领过硬、作风严谨"的工作作风和职业道德履行着党员义务和要求，做一个新时期合格的共产党员。

好学：深钻研　广积累　锐意进取

"非学无以广才，非学无以培智"，她入职后把学习作为做好本职工作的首要条件，精益求精，孜孜不倦。不仅勤于学习新业务知识，还利用业余时间，深入系统地学习各类经济、金融、科技、文艺等方面的理论和实践知识，不断充实自己。同时，为进一步提高自己的学历层次，她通过考试参加了丽水电大函授会计本科专业的学习，取得本科文凭。在 2008 年丽水市业务技能比赛中，她荣获综合柜员技能第二名，同年取得了市十佳业务能手称号。

做事：兢兢业业　勇挑重担

自从进入工行以后，施珠敏一直在营业部一线工作，无论在任何岗位，她都干一行，爱一行，精一行。营业部作为工行的窗口部门，员工的一言一行都代表着工行的形象，在营业部开展"窗口微笑服务"和安全生产活动过程中，她时刻以工行"柜面服务执行十不准"要求自己，积极参加金融职业道德教育，规范文明服务用语，努力提高工商银行"窗口"服务水平和服务质量，在多年的一线工作中她始终面带微笑热情接待客户，耐心解答疑问，为客户营造了一个优质、文明、规范、高效的服务环境，同时也体现了工商银行员工良好的精神风貌。2012年10月她晋升为值班经理，其后以优秀的业绩与业务处理能力，于2013年8月担当营业部副主任兼支行运营主管。2018年10月1日，经行领导栽培，她被提任工行丽水莲城支行副行长（主持工作）。罗隐作诗道："不论平地与山尖，无限风光尽被占。采得百花成蜜后，为谁辛苦为谁甜？"弹指间，她在工行丽水莲城支行营业部工作十几年了，对她来讲是有苦有甜的，她不仅体会到了工作的压力和责任的重负，也感受到了勤奋的快乐和工作的喜悦，默默地为工行丽水莲城支行营业部奉献着如花的青春。"志行万里者，不中道而辍"，感谢浙江金融职业学院的培养，以及班主任牟君清老师和其他各专业老师对她在校期间的精心教导，感谢丽水工商银行的各位领导与同事的关心与帮助。她将持之以恒、严于律己，把自己的青春、智慧和勤奋积极奉献给这份神圣而光荣的事业。

孤峙坚守 执着奉献

■ **洪灵江**

男，中共党员，2007 年 6 月毕业于金融管理专业。班主任：汪卫芳。

2007 年 7 月—2009 年 9 月，任工行台州分行温岭温西支行综合柜员；2009 年 9 月—2012 年 6 月，任工行台州分行温岭支行营业室个人客户经理；2012 年 7 月—2013 年 5 月，任工行台州分行温岭温西支行个人客户经理；2013 年 6 月—2014 年 12 月，任工行台州分行温岭温西支行行长助理兼个人客户经理；2005 年 1 月—2017 年 5 月，任工行台州分行温岭支行营业室总经理助理；2017 年 6 月—2019 年 1 月，任工行台州分行温岭温西支行副行长；2019 年 2 月至今，任工行台州分行温岭温西支行副行长（主持工作）。

2015—2017 年带领团队连续三年获得台州工行旺季"春华奖"、温岭支行旺季"春华奖"；2018 年获温岭支行旺季"春华奖"；2019 年获温岭支行旺季"春华奖"；台州工行市分行 2018—2019 年度优秀内控网点。他本人于 2020 年荣获中国工商银行温岭支行第三届"曙光奖之经营行家"。

"莫道面前无宝镜，一轮明月照夫人。"五龙山上的石夫人，巍然耸立，孤峙坚守，诚挚而执着，这一精神的风向标，深深地烙印在营业部每个人的心中，形成了一种独具特色的营业部担当文化，作为营业部的网点负责人，他也被这样一种文化所感染和引领。

大事讲奉献

营业部秉承了石夫人坚毅的性格，是一支拥有超强执行力和战斗力的队伍，作为温岭支行第一窗，更被赋予了责任和担当：服务全行，服务大局。在一次次的城建摇号保证金缴纳、居民参保缴费等集中专项服务中，营业部按照支行统一部署，勇挑重担，充分发扬团结合作、自我奉献精神，每次都能圆满完成任务。2014年12月，全市被征地农民办理职工基本养老保险收费工作如火如荼地展开，营业部作为主力，员工克服年终工作多、收费时间紧、参保人员多等诸多困难，主动放弃休息时间，在20多天的时间里连续每天服务1000多名群众，累计收款12亿元。由于工作强度大，不少员工发烧咳嗽，晚上在医院挂点滴白天继续上班，他们心中始终装着客户、装着单位，这是一份沉甸甸的责任与奉献。

小事讲关爱

石夫人美丽动人的故事，深深地感染着营业部的每一位干部员工。有浓浓的人情味和融融的团队情，他们工作虽累但快乐。在营业部工作的每一位员工对团队乐融融的氛围都深有感触，团结合作也成了每位员工的自觉行动。2014年底那段年末业务旺季与社保收费重叠的日子，大家都很忙，也很累，营业部领导们看在眼里，记在心里；在为员工准备荔枝干等滋补身体的同时，果断实施弹性排班，早上人少的时候少开窗口，让柜员轮流在家多休息2小时，9点半上班。就是这些小举措，让员工们心里暖暖的，在年前最后一周冲刺时，谁也不提休假一事，谁也不说累，全员坚持到年终完美收工。

业务讲冲劲

锐意进取争一流，营业部开拓市场、发展业务的这种闯劲，在文化渲染过程中得以形成。营业部不拘泥于厅堂营销，积极提升外拓营销能力，组建营销小分队，从异地浙商营销到公私联动进企业生产车间，从走街、扫街到进社区营销，不变的是营业部人那份真诚、那份冲劲。2015年元旦，当大家还在享受假日好时光的时候，顾不得年终决算劳累，营业部营销小分队就早早来到某楼盘售楼中心，从按揭业务咨询、受理到一一详细解答客户问题，这期间顾不上喝水、吃饭，员工们的拼劲不仅得到了客户好评，也得到房产公司的肯定。他就凭这股干劲、冲劲，带领营业部在按揭业务市场竞争中取得光彩夺目的业绩。

岗位不分贵贱　一直在路上

■ 陈旭明

男，2007 年 6 月毕业于金融管理与实务专业。班主任：黎贤强。

2007 年 7 月—2013 年 3 月，任华夏银行和平支行、文晖支行综合柜员；

2013 年 4 月—2017 年 6 月，任华夏银行城北支行客户经理兼信贷综合；

2017 年 7 月—2019 年 7 月，任中韩人寿保险杭州中支业务主管；2019 年 7 月至今，任方胜磐石保险经纪浙江分公司事业部总经理。

不觉间已离开母校 14 年了，如今陈旭明已参加工作整 14 年。回想起母校，当年的学生时代历历在目，浙江金融职业学院一直被誉为银行界的"黄埔军校"，感恩母校的培养，在校期间陈旭明获得了很大的成长与锻炼。大三期间，他顺利进入了"华夏银行订单班"；2007 年 6 月毕业后，直接进入华夏银行工作。他为能够入职心仪的银行而感到格外自豪，因此对这份工作也非常珍惜。在平凡的岗位上，虽然没有宏伟成就，但是他始终干一行、爱一行、精一行，十年如一日，兢兢业业，踏实努力地发挥着共产党员应有的模范作用。

刚入职时，陈旭明在华夏银行杭州和平支行网点一线从事综合柜员工作，作为网点中唯一的男孩子，也称得上心灵手巧，主动承担着网点内的各项事务，任何苦活累活重活，从来都不怕。热情对外服务，踏实于内部事务，就这样在机构里哪里有需要就出现在哪里。五年下来，营业部的各个岗位都轮流了一遍。之后，因分行风控的需求，他被调往兄弟机构文晖支行营业部工作，依然如过往一样努力工作着。一段时间后，在新机构里为支行行长所欣赏，多次与他谈话，帮助他不断快速成长，并向上级申请，将他调到信贷部门工作。

进入信贷部门后，陈旭明也非常努力。义务帮着老业务员们做力所能及的事，从零开始学业务、学营销，自己也在不断地摸索与受挫中成长。起初他没有客户资源，就整理业务资料与名片，在附近的写字楼里一层又一层、一户挨一户地拜访陌生人，通过自己的努力奋斗，获得了一个又一个客户，因为他的热心服务在客户中形成了很好的口碑，由此也得到了多个转介绍的客户资源。

当他在从事信贷工作一年以后，因为信贷综合岗员工离职的原因，在领导的协调下，他扛下了这一份兼职工作。因此，之后几年里，他一直对接着分行各个部门的各种综合性事务及各类统计与报表事务，同时也成为一名支行贷审会成员，与支行共同去审核每一笔信贷业务的风险。作为一名客户经理，他也努力去完成自己的各项考核指标。在从事信贷的那些年，他的工作节奏基本上就是"白＋黑""5＋1"，因为他的拼命和努力付出，在第二年就被评选为优秀员工，后期也一直维持着较好的行员等级考核。

陈旭明的爱人是一名医护工作者，平时工作繁忙很少有精力照顾家庭，小孩几乎成了"留守儿童"，所以他一直决心想要改变现状，也想做一次自我突破与挑战。后来亲人又发生了因罹患癌症而人财两空的悲剧，使他深刻认识到保险的意义：保险虽然不能改变生活，但可以防止生活被改变。同时也是机缘巧合，他在银行工作期间结识了一位优秀的保险代理人，于是在2017年初他认真了解了保险业的发展。他判断目前是保险行业的黄金时期，有很好的行业发展潜力和空间，这也是符合他对事业前景发展的要求，符合个人能力和收入的提升预期。

2017年7月陈旭明加盟了中韩人寿保险有限公司，从此开启了他的保险事业生涯。2017—2019年，陈旭明在传统保险公司从业了两年。这期间完全改变了自己的工作与生活状态，也为很多的亲朋好友送去了保障，获得了各种荣誉及奖励。更重要的是，他得到了更多的成长与快乐，为事业发展打下了坚定的认同基础。

随着对行业的深入了解，他看到了更加宽广的舞台，那就是保险经纪人。于是在2019年他果断选择了方胜磐石保险经纪有限公司，他能够真正代表客户的利益，站在家庭财务的基础上，为客户做好资产风险管理与咨询服务。

经过2019年的努力奋斗，陈旭明成功晋升为营销总监。职位的晋升意味着要担起更大的责任。首先，作为一位团队长，在不断进行自我提升的同时，也需要带领组员们共同进步，担负起更多的职责；其次，作为一名业务员，需要以身作则，不断为更多的亲朋好友们送去理念与规划；还有，作为一位全国星级讲师，需要协助公司进行课程开发，把更多的知识不断地分享给更多的伙伴，让伙伴们有一个更好的学习平台。

现在，实在是很难找到一个能像医生或教师的职业能给人们提供有意义的服务。保险帮到别人的同时也可以帮到自己，也就是成人达己、成己达人。当看见客户能够在保障之下幸福生活着，他替客户感到踏实与安心。因为在万一风险来临的时候，保险也能保障家庭的幸福生活能够继续，而不被打破。在这个时候，他就会觉得保险这份工作更加有意义，他也有更强的使命感和社会责任感。

岗位不分贵贱，只要坚持做对的事情，美好的结果自然会发生。在此，陈旭明有一段话与学弟学妹们共勉：成功不是因为别人走你也走，而是在别人停下来的时候，你仍然在向前。放弃很容易，但只能一无所得；坚持很难，但终会有所收获。别轻易停下，多坚持一分钟就会多一点收获。

农行"金名片"

■ 徐丽芳

女，中共党员，2008年6月毕业于金融管理专业。班主任：徐海洁。

2008年7月，正式成为中国农业银行的一名一线员工，现任农行温州瑞安市民莘支行行长。进入农行工作已有12年，凭借着良好的服务态度、过硬的服务技能和积极向上的阳光心态，她赢得了同事与客户们的一致肯定。她曾先后在瑞安莘塍支行、东南支行营业中心担任综合柜员；2010年，调往鲍田支行担任大堂经理；2013年，调往营业中心先后担任大堂经理、理财经理、客户经理；2016年，调往马屿支行担任副行长；2017年，调往塘川支行担任副行长；2017年下半年，调往瑞安支行公司业务部担任副经理；2018年至今，在民莘支行担任行长。

先后获得全国农行第四届柜台业务技术比赛团体第三名、2012年度全省农行先进工作者、全省农行第十二届业务技术操作比赛出纳全能点钞第二名、2011—2012年度温州市五一巾帼奖章、温州市五一劳动奖章、温州市三八红旗手、浙江金融教育基金会第五届"金星奖"、2009年度瑞安市金融工作先进个人、2010年度瑞安市先进生产工作者、全市农行2013年度先进工作者等称号。2015年获浙江省金融教育基金会"金星奖"。

热心服务客户　赢得四方赞誉

入行 12 年，她三分之二的工作时间都在大堂经理岗位上。大堂经理是农行的第一代言人，徐丽芳深知大堂经理在客户关系维护上的重要性，她不断增强为民宗旨意识，办好利民惠民实事。她总是从日常的服务质量、服务手段、服务内容、服务态度和服务环境入手，不断提高网点优质文明服务的整体水平，在她与同事们的共同努力下，营业中心获得了浙江省城乡妇女岗位建功先进集体、浙江省银行业文明规范服务示范单位等一系列的荣誉。她深知感动的力量，在客户孤立无援时施以一个善解人意的眼神、焦虑烦躁时报以一个亲切友好的微笑、迷茫困惑时给予一个专业切实的建议，都会无形之中提升客户的满意度和忠诚度。在来营业中心的短短一年时间里，她就跟不下 20 位的老年客户结下了良缘，其间他们但凡来网点，都会到她那里聊聊家常、联络感情。在服务工作中，她还总是严格按照文明服务标准要求，面带微笑，做到来有迎声、问有答声、走有送声，说话温柔、做事细致、效率高，以饱满的热情迎接每一位前来办理业务的客户。当客户有抱怨时，她从不正面顶撞，而是好言相劝，耐心解释，用真情去感化他们，竭力使每一位客户高兴而来、满意而去。

在客户心目中，徐丽芳永远都是农行的一张"金名片"。而徐丽芳周边的同事也总会被她身上的活力、激情所感染，作为 80 后的青年员工，她不仅像一般青年员工一样充满青春魅力，更具有普通青年员工所没有的阳光心态。她常说，是农业银行培养了她，能够进入农行这么一个充满温情的大家庭工作是她的荣幸，因此工作中她总是一如既往地勤奋好学、兢兢业业，同事们也总会被她的开朗、活泼所吸引，她也成为农行服务一线上的一道亮丽风景线。日子一天一天过去，犹如一粒平凡的小种子，徐丽芳坚信，只要怀着感恩的心，怀抱着希望，必定能在农行这个大温室里茁壮成长，从加入农行时的一棵小芽，总有一天能长成金穗，长成一棵会发光的金穗。

全心投身工作 创下一流佳绩

从业 12 年来，徐丽芳获得了农行系统内外的近 30 项荣誉，她把全部身心都扑在了工作上，奉献给了她所挚爱的农行事业，谱写出了一曲新时期的赞歌。

"剑利赖砥砺，梅香仗苦寒。"入行以来，她用自己的实际行动为这句话做出了最好的诠释。作为浙江金融职业学院与农业银行浙江省分行联合培养的订单班优秀学员，徐丽芳在读书时期就练就了比同学们更加出色的业务技能，并且她从不因为自己的基础比别人好而放松技能练习，反而以此为动力，催促自己不断加快进步。她常常会在别人看电影、逛街、上网聊天的时候，在家埋头练技能，在寂寞中体味进步的乐趣；即便是外出，她也总会随身带着一把点钞纸，见缝插针地练习。在比赛集训期间，她坚持每天十几个小时训练，腰酸、颈痛、手指关节肿胀，休息时揉揉，或喷些药水，接着继续练，一沓沓的练功券在她的刻苦练习下直至残了角、褪了色。也不知哪来的力气和动力，有时候，她练习点钞直到手指流血也丝毫未察觉，看到练功券上的斑斑血迹才意识到。每天，她总是最后一个离开集训班，让看门的大爷看了也心疼不已。正是凭着这股韧劲，她练就了一身扎实的基本功。凭借着出色的技能和服务意识，她很快从综合柜员岗位走到了大堂经理这一工作岗位，并获得客户和同事们的广泛肯定。2013 年 9 月，由于岗位调动，徐丽芳又从 15 人的团队调到了 37 人的团队，工作量变大了，困难和压力都极大。在这种情况下，作为员工与领导之间沟通桥梁的她，以身作则，加班加点工作，充分调动员工们的积极性，大家相互协调配合，使营业中心各项工作顺利开展，在年底出色地完成了各项任务，就职网点荣获全省农行百家优秀网点称号。

"一花不独放，引得百花开。"她在追求自身进步的同时，不忘利用业余时间以言传身教来提升支行整体的业务技能水平。她在多年的训练和实践中摸索出了一套业务技术，一心想的便是如何将它传授给身边更多的同事，好让大家都能成为业务尖子。只要支行需要她，她总能第一时间出现在员工的培训场地，为刚入行的新员工做业务讲解员、演示员。兄弟行也经常邀请她去指点业务，她总是欣然应允，一遍又一遍不厌其烦地向大家演示训练的细节。她常说："传、帮、带是自己分内的事！"正是在她的引领和指导下，瑞安支行的技能水平较往年有了质的飞跃，业务能手不断涌现。2012年，瑞安支行在温州市分行组织的技能比赛中，取得了历史性的突破，捧回一个宝贵的团体冠军。

始终坚持原则　保持党员形象

作为农行的一名基层优秀共产党员，徐丽芳时刻以党员的标准严格要求自己。她始终以前辈先贤作为一面镜子，坚守做人、处事、交友的清廉底线。

"廉"字当头，"洁"字在心，工作上徐丽芳从不人为地设卡子、来门子。她把客户受益和业务发展作为根本出发点，只要在政策和规章制度允许范围内，都主动予以快速办理。从业期间，由于一直在前台工作，她经常会遇到同学、朋友、老客户打招呼让其通融一下，一些人还为此送了礼、走了关系，但她从未因他们的特殊身份而忘记原则，始终坚持"当办则办，不能办绝不办"的态度，在人情和原则的选择上坚定地站到了原则的一边。在处理一些朋友的宴请上，如果是与工作有关系的，她都会婉言谢绝，因此常被朋友们说是"爱登型"，但她却总是说这就是一名共产党员应有的党性，言语间透露出满满的自豪。

创造机遇　不懈奋斗

■ **林琴**

女，中共党员，2008 年 6 月毕业于金融管理专业。班主任：徐海洁。

2008 年 2 月—2010 年 5 月，任浙江泰隆银行台州椒江支行综合柜员；2010 年 6 月—2012 年 4 月，任浙江泰隆银行上海分行会计主管；2012 年 5 月—2014 年 12 月，任浙江泰隆银行上海杨浦支行副行长；2015 年 1 月—2019 年 12 月，任温州银行台州分行业务管理部负责人；2019 年 12 月至今，任温州银行台州分行财务会计部负责人。

工作期间，曾荣获泰隆银行全行 2010 年度"新锐讲师"奖；温州银行 2015 年度总行个人金条线考核第一名，信用卡考核第一名；所在部门温州银行台州分行荣获"优秀部门"称号。

毕业至今，林琴先后在两家银行工作，从一个刚步入社会的新兵，逐渐成长为独当一面的分行部门负责人。有人说：大学，就是人生的加油站、梦想的助推器。如今她所取得的成绩，除了自身努力外，更离不开母校当初的倾力栽培。

金融岁月——打下基础

回眸大学生活,感觉很遥远,又似乎近在眼前。回顾大学时期的美好时光,无数次的追梦,无数次的尝试,她在路上付出了辛劳和汗水,也收获了成长和激情、鲜花和掌声,回味无穷,意犹未尽!

她还记得大一来学校报到的那天,执意不让父母送,自己一个人背着鼓鼓的双肩包,拖着一大箱行李,带着一身泥土味来到这个让她梦寐以求但又完全陌生的世界。

在大学的日子里,她很迷茫,但是很有激情。记得大学里除了学生会还有很多社团,她不但参加了学生会,还一口气报了舞蹈协会、法律协会、技能协会等。法律协会搞活动,作为协会会长的她需要带头拉赞助,第一次出去和社会上的商家周旋,受到了很多冷眼,也吃了许多闭门羹。她第一次懂得了应该怎么和别人谈判,怎么站在别人的角度去看待问题,懂得了什么是双赢。

三年来,在老师及同学的关心和帮助下,除了学会基础的金融业务知识、点钞打字等实务操作外,团支书、学生会及协会会长等多个岗位的锻炼,让她在组织协调、团队合作、执行能力等方面都取得了丰硕的成果,为将来踏入社会打下坚实的基础。

大三上半年,她成功进入第一批校招的中信银行及泰隆银行的实习生队伍,凭着在学校打下的基础及自身的不懈努力,在同批招聘人员中脱颖而出,被泰隆银行优先录取。自此借助金院的平台,开启了她人生真正的金融旅程。

异地派遣——迎难而上,勇往直前

2008 年 2 月份进入泰隆后,她凭着在学校打下的扎实的临柜业务基础，一个月内实现了上柜操作，并参加了泰隆首批标杆网点建立，获得了优异的成绩，成为泰隆台州区域一众初级柜员中唯一的骨干员工。但她并不满足于此，为了追求更好的工作环境，2010 年 7 月踏着追梦的脚步，她离开了家乡，从台州来到了上海，开始了在异乡新的拼搏。

刚到上海，她除了有当异乡人的孤独外，更主要的是从操作型柜员到会计管理角色的转变，这让她有许多的困惑和不适应。凭着不服输的倔强，面对岗位不熟悉和经验相对匮乏，面对柜面提出的各类业务难题，除了虚心向同事学习外，她利用闲暇时间参阅有关制度规范和参考文献，终于成功从操作型转型为管理型，承担起会计管理岗工作。

同时受学校教育影响，她更加享受知识传导过程的快乐。虽然分行岗位工作繁重，但她主动承担了泰隆学院及分行的新员工培训工作，对新进员工倾囊传授，同时兼顾泰隆学院的课程开发和授课工作。不仅参与了总行二阶课程（操作风险）的开发，而且参与学院年均授课次数20 多次，和金华分行副行长同获全行 2010 年度"新锐讲师"奖，得到了学员及同事的高度肯定。

她在异乡拼搏的岁月奔波而艰辛，一分耕耘、一分收获。2012 年 5月，她作为分行运营条线上最年轻的干部，被分行提拔至上海杨浦支行担任副行长一职。

人生第一跳——扎扎实实，大胆尝试

2014 年初，考虑到家庭等各方面因素，正值温州银行台州分行筹建初期，在再三考虑后，她选择了人生的第一跳。有幸进入温州银行台州分行任业务管理部负责人，负责全分行各项业务管理，实现了从运营管理条线转入市场管理条线的华丽转身。如今她已成为分行主要业务管理部门负责人，负责全行各项业务指标的推进。在她的带领下，所在部门2015年获得分行"优秀部门"荣誉称号，她个人获得2015年度总行个人金条线考核第一名、信用卡考核第一名。尤其在信用卡业务方面，她的工作推进成效非常显著，年办卡量最高达9700多张。开业不到三年的时间，信用卡透支额达9亿元，实现信用卡收入达1.3亿元。

挑战的过程或许艰难，然而挑战之后收获的是改变的魅力，"披沙拣金，融会贯通"犹在耳边，她相信以长久不懈的坚持和努力付出，一定会越走越远。

不忘初心 砥砺前行

■ **孔瑛**

女，中共党员，2007 年 7 月毕业于金融管理与实务专业，现为建设银行杭州靖江支行行长。班主任：刘海。

孔瑛于 2007 年毕业后加入建行，到现在已经十几年了。在十几年里，孔瑛从柜员做起，到信贷经理、大堂主管、对私客户经理、对公客户经理、营销主管，到现在的网点负责人，除了个人客户经理没担任，其他涉及银行一线岗位都经历过了。她享受过成功的喜悦，经历过事业的低潮，领教过客户的刁难，也挨过领导的批评。在这里，孔瑛和大家做四点分享。

不服输、不放弃

2015 年，孔瑛经历了人生中最灰暗的一段时光。当时领导委派孔瑛去大江东开拓市场，并把孔瑛从客户经理提拔为营销主管。后来由于种种原因，业务没有开展下去，半年后领导又把孔瑛调回原职，降职为客户经理。这对孔瑛打击很大。升职的时候大家欢送你祝贺你，过了半年，又灰溜溜地降职回来，内心的苦闷可想而知，她甚至想离开单位一走了之。不过后来孔瑛还是硬逼自己，重新振作起来，在接下来的日子里，孔瑛抱着"哪里跌倒就在哪里爬起来"的不服输的信念，她一边继续不计回报地做好本职工作，一边深刻总结过去半年自己工作的不足之处并加以改进。又过了一年多，新的机会终于又垂青了孔瑛，孔瑛通过竞岗被聘任为网点负责人。当时孔瑛处于怀孕的状态，在怀孕期间被聘为网点负责人，这在行里还是第一回。孔瑛后来回想，如果当时放弃了，最大的可能就是会离开单位。但是孔瑛的不服输、不放弃的精神让她坚持了下来，这段经历是孔瑛宝贵的人生财富，提醒孔瑛时刻不放弃、不抛弃自己，坚持到底，做事有始有终。

练好业务技能的基本功

孔瑛在建行做了三年柜员。说来很有趣，孔瑛第一次在建行获奖是因为点钞大赛，在校期间学习点钞是规定的必要动作，很多同学都是点钞高手。孔瑛到建行后多次参加行里的点钞大赛，并取得全省新进员工单指单张第一名、多指多张第六名的好成绩。孔瑛认为，她的水平拿到金院和同学们比较算不了什么，但是在单位里，这些在学校里苦练的技能、技术和拿手绝活，有一天就是你被领导赏识、被同事认可的一技之长和走向更高台阶的敲门砖。获得点钞大赛冠军，让领导和同事们看到了她扎实的业务技能。现在的银行对员工学历要求越来越高，专科院校的毕业生学历是弱势，所以要练好业务基本功，这是万万不可丢的优势项目。

锻炼自己的综合能力

职场人要有意识地锻炼自己的写作、演讲表达以及沟通协调等方面能力。你要一步步提升，会要求你具备更全面的能力与更优秀的综合素质。如果你是一名柜员，可能你最需要的是业务操作能力和沟通能力；但当你再进一步成为一名客户经理时，你就需要更强大的客户营销能力；当你成长为一名网点负责人，你除了要具备以上能力，还需要拥有更多其他能力，如一定的文字功底，较好的营销能力，政策把握解读能力，团队管理能力，懂一点心理学，等等。孔瑛担任网点负责人以来，真切地感受到自己在很多方面的能力不足，比如文字能力，有时候半天也憋不出几句话。她强烈建议在校的学生利用一切机会多读书，读好书，读有深度的专业和哲思书籍，同时也要抓住一切机会，全方位塑造自身综合能力。

培养自己的爱好和特长

掌握一点乐器演奏技艺，掌握一项体育运动技能，非常有利于你在单位崭露头角。以前在校期间，孔瑛参加了校羽毛球队。现在国家提倡全民健身，每年无论是建行系统内还是区级金融机构的羽毛球比赛，她都参加。现在只要有羽毛球比赛，行里就会想到她，她参加的比赛还获得过区级建行杯羽毛球单打第一名、双打第一名的荣誉。运动和比赛既可增进她与同事间的交流，也逐渐让单位领导、同事对她留下健康阳光的好印象。如果你是刚入职的新员工，这些才艺和技术会让大家更快认识你注意你，也便于你更好地融入工作大家庭。

以上就是孔瑛要跟大家分享的一点感受，相信大家今后走入社会，也会慢慢体会到。孔瑛想说：不忘初心，就是要牢记学校培养我们是希望我们能为单位、为社会大众、为促进经济建设发展全心全意服务的嘱托；方得始终，是既然选择了这一行，就要抱着敬畏之心，坚持到底，干一行像一行，做出一番事业来。

戒急用忍　行稳致远

■ **吴向东**

2009 年 6 月毕业于金融管理专业，现为中国工商银行杭州光电支行行长。班主任：林志华。

　　人生道路或平顺，或坎坷，或风雨，或艳阳，而要想一路前行到达诗一般的远方，唯有坚守自己的初心，平稳前行，稳扎稳打走好每一步，相信不忘初心，方能行稳致远。

　　2009 年，吴向东从浙江金融职业学院毕业后进入中国工商银行工作。2016 年，他担任中国工商银行杭州广电支行行长。8 年时间，这个普普通通的 80 后吴向东，靠着骨子里的那股劲儿，由一名高职学院的学生成长为中国工商银行杭州广电支行的领路人，也成为浙江金融职业学院银领学院所有在校学生学习的榜样。吴向东的成功不是一蹴而就的，而是靠着自己踏踏实实的付出换来的。"戒急用忍，行稳致远。"这8 个字完美诠释了吴向东作为一个银行人用心做事的奋斗历程。

结缘"金融"，稳扎稳打练技能

吴向东在 2006 年夏天参加了高考，然而考试成绩并不理想，只能上三本院校。吴向东思来想去，如果去一般的本科院校读 4 年，毕业后也不一定能找到好的工作，与其这样还不如去学一门实用的技能傍身。一次偶然的机会，他听到身边的亲朋好友提起浙江金融职业学院，说这所学校以培养金融行业人才出名，被称为高职院校中的"211"。吴向东立马来了兴趣，通过各种途径了解了学校以后，毫不犹豫地选择了这所学校的金融管理与实务专业。

初入学的吴向东还带着些许懵懂和好奇，但是点钞和传票输入两项职业技能很快引起了他的兴趣。"每次看到别人点钞，就觉得这是一道蛮美的风景。学校经常举办技能大赛，当时作为新生的我，每次经过学校学生发展中心门口的擂台时，内心都有一种想要一展雄风的冲劲，希望有朝一日自己能练到炉火纯青的地步站在台上。"就是凭着这样一个简单的想法，吴向东开始了刻苦的点钞训练。

付出和回报在很多时候是呈正相关的。吴向东的刻苦训练不仅让他实现了进校后的第一个目标，站在了学校学生发展中心门口的擂台上，成为金融系的技能冠军；而且也为他日后进入订单班学习打下了坚实的基础。

2008 年 3 月，学校创立了"银领学院"，开启了订单人才培养模式。学生进入订单班学习，也就意味着毕业后的就业基本上得到了保障，这与吴向东当时选择这所学校的初衷不谋而合，于是他立马报名参加订单班的招生。凭着精湛的技能水平和刻苦勤奋的训练态度，吴向东顺利进入中国工商银行订单班。

吴向东深知订单班的学生都是各个专业的"高手"，想要在班里立足甚至脱颖而出，必须付出比别人多十倍百倍的努力。在别人眼中暑假是闲适的，但对他来说却是忙碌的。为了赢得暑期实习的机会，深入了解银行工作的特性，吴向东挨家挨户跑银行，一家不行找另一家免费给银行打零工、搞卫生、做一些事务性工作。"能够比别人多付出一点，多努力一点，多勤奋一点，一定会收到不一样的效果。"的确，正如吴向东所说的一样，这种能吃苦、能做事、想做事的态度得到了工行一家实习单位的认可，给了这个努力向上的年轻人一次难得的机会。

经受磨砺，在挫折中稳步前行

进入工行之后，吴向东从普通柜员慢慢开始熟悉业务，还做起了对公业务；但是因为对这项业务的熟悉程度有限，对客户了解不够深入，让原本信心满满的吴向东碰了一鼻子灰，客户的挑刺和指责也成了家常便饭。记得有一次，本应该在上午就把客户的一笔资金汇出的，结果到了下午才汇出，给客户造成了不小的麻烦，吴向东也受到了客户的厉声呵斥："找你们的领导来，这么弄不清，你们工行的员工业务竟然这么不熟练。"麻烦已经造成了，解决问题的方法不是留在原地懊恼，而是厘清思路，找出问题发生的原因。面对客户难听的指责和谩骂，吴向东没有冲动地"回击"，而是全盘接收，并把所有的责任都揽到自己身上。吴向东一回到银行便重新检查了整个汇款流程，原来因为自己在网银系统改版以后的不熟练操作，以及对方提供的账号开户行有误，导致了问题的产生。找到了问题发生的原因，吴向东立马向客户赔礼道歉。面对如此坦诚又有担当的吴向东，客户也原谅了他。让吴向东感到意外的是，这件事竟促成了他和这个客户的长期合作关系，双方更在生活中成为好朋友。

"客户的每一次谩骂，我都把它当作一次学习的机会、一次积累的机会，让我能够不断充实自身的业务知识，学会处理与客户的关系。谩骂对于我的成长而言，是最好的学习机会。"面对客户的谩骂和责难，吴向东不仅全盘接收，而且每次都能从中吸取经验和教训，不因错误而畏惧退缩，不因谩骂而停滞不前。

业精于勤，回首吴向东的职业生涯，从柜员到对公账户业务员，到客户经理，再到现在的支行行长，吴向东接触到的客户形形色色，但他照单全收，不放过任何一个客户，不忽视任何一个机会。在吴向东看来，想要把金融工作做得完美，首先要学会时时刻刻把客户放在心中，急客户所急，想客户所想，从而赢得客户的好感。功夫不负有心人，吴向东的努力获得了客户的好评，也积累了良好的客户资源，为自己实现出众的业绩提供了充分的保障。

对于工作，吴向东从来都是心怀热情的，从来都是谦逊有礼的，从来都是戒急戒躁的，在平稳中一路前行。也正是这样，才有了今天的吴向东。

及时沟通，稳攥成功法宝

"沟通愈直接，广告的效果就愈好。"这是美国纽约广告公司创始人金·法德雷的一句名言。而在吴向东看来，及时沟通则是成功制胜的法宝，在我们的生活和工作中必不可少，吴向东更是把"沟通"两字视为成功的关键。在他看来，领导在考验员工、评价员工的时候，很大一部分依据就是来源于员工的个人成绩，其中包括业绩和为人处世，而这两点都离不开良好的沟通。"在工作中及时跟领导、同事沟通，把不必要发生的事情及早地解决，对可预判的事情提前做好应对准备工作，这样整件事情做下来才能够体现完美，让人家感觉到自己做事情是有条理的，在思想方面也是比较深邃的，处理方法也比较得当。"吴向东这样说道。

金融工作，注重"咨询"和"信息"这两个词，把握第一手资料、取得第一手信息，是先人一步拿下业务的关键。吴向东曾经与其他银行竞争深圳的一个企业客户，该客户因为要开一个基金监管账户，因此在银行的选择上要求非常高。为了能在竞争中胜出，吴向东使出了浑身解数，但是在前期的谈判过程中，因为没有找准对方的侧重点导致双方无法达成一致。同行的同事都泄了气，觉得这个单子肯定是谈不成了，但吴向东并没有产生退却之意，而是沉下心，认真思考一路谈判的过程和要点，列出自己银行的优劣势进行分析。他相信只要明白对方真正需要的是什么，就一定可以找到双方共同的利益点，于是他开始通过各种各样的途径和人脉收集信息，联系对方负责人。

功夫不负有心人。在吴向东的多次沟通和联系之下，终于见到了这家企业的法人代表，了解到该企业非常注重结算体系。"我们工行正好有着庞大的结算体系，可以满足企业的最大需求，从而消除了企业的最大顾虑。"吴向东说，"因为及时沟通，不仅让我们找准了方向，而且让客户对我们后续提出的方案非常满意，促成了企业将近 2 亿元的基金监管账户转到工行。"

通过这件事，吴向东更加认识到在金融行业中沟通的重要性，多方面沟通、多方面采集信息、多方面了解客户，才能赢得客户，才能赢得最终的胜利。正如吴向东的人生格言："没有做不成的事，只有不去做的人。"沟通说难也不难，只是看你愿不愿意去做；沟通说易也不易，要看你能不能用心。吴向东还寄语学弟学妹："参加工作后，不仅需要你有做事情的本领，还需要你有沟通能力，把这两项做到位了，所有的工作岗位你都可以胜任，没有什么畏惧可言！"

金融征程　奋斗人生

■ **王瑜**

男，2009 年 6 月毕业于金融管理与实务专业。班主任：邱俊如。

2009 年 12 月—2012 年 4 月，任上虞农商银行梁湖支行综合柜员、出纳、团支部书记；2012 年 5 月—2016 年 3 月，任上虞农商银行梁湖支行办公室主任、客户经理、上虞区梁湖镇团委副书记（编制外）；2016 年 4 月—2019 年 5 月，任浙商银行绍兴上虞支行风险管理部负责人；2019 年 6 月至今，任浙商银行绍兴分行小企业信贷中心主管经理兼产品经理。获得上虞农村合作银行第一届业务技能比赛青年组汉字输入第一名、浙商银行总行"优秀讲师"称号、上虞农商银行 2014 年度优秀员工称号以及 2017 年度"小企业优秀服务奖"、浙商银行绍兴分行 2018 年度最佳员工奖等荣誉。

　　2009 年 6 月，王瑜从学校毕业后，通过社会招聘从 300 人招考中以综合成绩第六名考入上虞农村合作银行（现已更名为上虞农商银行），自此开始了作为一个银行人的职业生涯。毕业 11 年来，从农村商业银行走进了全国股份制商业银行，从普通柜员走上了分行管理岗位。王瑜感谢在母校 3 年的历练，无论是专业技能还是为人处世，他都得到质的

提升，特别是母校"融会贯通"的校训对他影响重大，不断督促他加强学习行内外制度，结合营销、管理中的具体问题具体分析，从而融会贯通，完善业务方案、完善自我修养、完善未来规划。回首过往，虽然经历了一路坎坷，但幸运的是，在这个拼搏的年纪，他一直在向前，收获了珍贵的成长感悟。

实事求是，杜绝弄虚作假

作为一名银行从业人员，无论在哪个岗位，都不能弄虚作假，这是最基本也是最重要的一点。特别是大数据盛行的今天，不实事求是，受害的还是自己，你以为可以瞒天过海，最终的结果一定是真相大白。在他刚参加工作做柜员时，在办理取款之时忘记让一位客户签名确认，那时问身边一位老员工该怎么处理时，老员工轻描淡写地说自己签个名好了。他也曾有过动摇，但最终还是理智占了上风，主动打电话给客户请他来网点完成补签。不久，一位同事因造假客户签字被处分，这时他更加坚信实事求是的重要性。

廉洁自律，不贪蝇头小利

金融行业系高危行业，在过往的经历中，他时刻提醒自己不可因蝇头小利而让自己得不偿失。无论在哪个岗位，只要有价值就会有诱惑。他印象最深的一次是担任评审期间，有个客户因众多瑕疵不符合银行准入，该客户通过他人打招呼、邀请吃饭、送卡等方式多次前来沟通。在碰到这种事情的时候，大学班主任在新生入学时讲的一段话让他受益终身。"我们每个人心中住着两个我，一个红色的我，一个黑色的我，当碰到黑色的我占据上风的时候，这个红色的必须奋起直追，打败那个黑色的我。"后来，发现这个客户在其他行有逾期还款记录的时候，他为自己感到幸运，是这个"红色的我"保护了他。

加强学习，主动创新产品

实事求是地讲，他大学 3 年的学习，跟人家重点大学的本科生、研究生、博士生相比的确在基础知识的储备上相差甚远，故要做到笨鸟先飞。他不断地加强自身学习，无论是内部制度还是外部综合知识都认真学习，不随便应付任何培训与学习的机会。另外，他认为一定要学会融会贯通，对制度要综合考虑，对业务要学会创新。来到浙商银行后，王瑜结合浙商银行业务特点和地方发展特色，大力发展平台化业务，在供应链、小微园区、合作贷等模式上创新业务模式和产品，现已申报通过新集群项目 20 余个，对本单位业务发展起到了很大的助推作用。

发挥特长，提升综合能力

工作初期，正是在母校学习到的技能，让他在刚开始就崭露头角；更是由于在母校做学生干部、在社团的锻炼促进了他多层次的成长，在征文、演讲等比赛中展现能力。在平时的工作中，正是结合自身特长，加以专业的学习，他有幸成为分行产品经理，并在浙商银行"好师好课"比赛中名列前茅，荣获优秀讲师的称号。

对于一个从基层摸爬滚打成长起来的普通员工，他很庆幸生活给予了太多眷顾，至少让一个努力着的人永远能看到希望。

感恩母校，给了他一生铭记、一生受用的 3 年。正是母校的引导，让他走上了为之骄傲、为之奋斗的金融征程，虽是一名小兵，但一直坚持着前进的动力与热情。

是金子总会发光

■ **董晓丽**

女，2009 年 6 月毕业于金融管理专业，现为中国邮储银行临海营业部副经理。班主任：周邦瑶。

2009 年 6 月，从浙江金融职业学院银领学院邮储银行订单班毕业的她，来中国邮储银行临海赤城路支行报到。没有任何的"关系"和"背景"，全凭着在校时打下的扎实基础，苦干加实干，这个草根出身的姑娘，硬是在传统金融企业越来越激烈的内外部竞争中杀出一条血路，实现了从实习生到营业部副经理的逆袭。

大学，努力成就优秀的自我

2006 年，董晓丽参加高考，没有发挥好，离三本线差 5 分。她妈妈说，既然读不了本科，那就在专科中挑一所好的学校吧。刚好有一个亲戚在当地一家银行上班，亲戚说干这行前景还是不错的。就这样，董晓丽第一志愿填报了浙江金融职业学院。因为超过了分数线，最后她被金融管理学院顺利录取。

上大学之前董晓丽虽不是有钱人家的闺女，却也吃穿不愁。但天有不测风云，就在董晓丽大一第一学期末，她爸爸却遭遇车祸失去了语言功能。一场手术把家里的所有积蓄全搭进去还不够，医院还经常催着交钱，20来岁的董晓丽只好硬着头皮四处张罗在亲朋好友中借钱。

更要命的是，新学期开学后自己的生活费怎么办？下一学年的学费怎么办？"家里欠了那么多债，能借的亲戚都借遍了，我还怎么好意思向家里要呢？"万般无奈之下，董晓丽只好去找班主任周邦瑶老师要求勤工俭学。在此后的一年半中，她就一直在系办公室打杂，勤工俭学养活自己。

苦难使人早熟，家庭的变故让董晓丽肩上感受到了沉甸甸的压力，她明白前面的路没人能搀着她走了，她必须靠自己撑下去。

董晓丽身上的自信、独立、果敢和一往无前的勇气总能感染人，有人问她：这些精神特质除了家庭变故的促成外，还有没有别的因素使然？董晓丽坦率地说：母校那种公平公正的办学氛围，老师们的尽职尽心，同学们积极向上的风气，这些客观上促使她必须有所作为。

能进入浙江金融职业学院订单班学习，几乎是所有同学的向往，因为进入这个班级，就意味着毕业后能顺利就业。大二第二个学期，董晓丽顺利入围订单班面试，最终成为邮储银行订单班的一员。

高手会聚在一起，董晓丽的好胜心被再次激发。因为各方面的原因，大一大二时，董晓丽都没有做过班干部，她决定报名去参选班级团支书。可能是因为自己竞选准备充分，也可能是因为预备党员的身份，最后董晓丽顺利当选班级团支书。

竞选的成功对董晓丽来说是一个启示，她觉得人的潜能是无限的，关键是自己有没有信心去争取；光下决心还不够，还得制订好阶段性目标，并有计划地推进。大一大二时，董晓丽曾获得过二等奖学金和三等奖学金，她想自己为什么就不能再往上冲一冲呢？于是她就给自己设定了冲一等奖学金的目标。

这个目标显然有点高，"订单班招生的时候就非常注重学生的技能水平，要在这样的班级里拿到一等奖学金，除了要求你平时的理论课和专业课知识考核必须优秀外，对基本技能的要求也是非常高的，毕竟，我们这些人毕业后都是要到银行一线去工作的。如果在校期间不能打下扎实的基础，上岗后哪有资格与别人争高低？"

点钞是银行员工最基本的技能，为了跟上班里顶尖同学的速度，她就经常利用每周二和周四没课的时间去学院的实训室练习点钞。董晓丽在银领学院的班主任牟君清老师本身就是一位点钞高手，各种点法技术她都谙熟，牟老师还是她的台州老乡，有了这层关系，董晓丽一有空就缠着牟老师给她点拨技艺。而牟老师对这个好学的学生也很看重，一有机会，就带着她参加一些类似如何识别假钞之类的社会实践活动，这为她后来走上工作岗位打下了扎实的基础。

功夫不负有心人，在大三的第一学期，董晓丽以各门功课相加总成绩全班第一名的优秀表现荣获一等奖学金，她给自己设定的目标又一次实现了！

职场拼搏，体现自我价值

订单班的第二学期，全体同学都要去银行实习。董晓丽和她同班的另外6名同学一起到中国邮储银行临海赤城路支行实习，经过一段时间的考察和培训后，董晓丽被安排做柜员。实习三个月后，一个机会就摆在了董晓丽面前，临海市金融系统要举行全市反假币大赛，临海市人民银行要求各行的柜员自己报名参加这个大赛。由于在学校学习过专业课知识，加上跟着牟老师在杭州参加过好几次类似的活动，董晓丽就主动报名参赛。经过行内初选，她最终被选入代表临海市银行业参赛的3人小组，并最终获得反假币大赛第一名！一炮走红后，行里对这个新来的实习生刮目相看，此后凡是有类似比赛，行长一般都会让董晓丽去参赛。在赤城路支行做柜员的这些日子里，董晓丽多次代表临海市或者代表邮储银行去参加各种技能比赛，屡有斩获。

好强的董晓丽显然不会满足于赛场上的风光，因为与她一起进入支行的其他几个同班同学，有的在信贷部，有的在理财部，而她却一直在做柜员。更刺激她的是，其中的一个同学不久竟然做上了理财经理！在实习的几个月中，董晓丽和同学们暗中较劲，几个实习生共卖出了几百万元的保险理财产品，受到行长表扬。当时董晓丽手上已经积累了四五个关系比较好的理财客户，但行长说："如果每人手上能有四五十个客户的积累，你们的业绩才会更好。"

从不甘于人后的董晓丽在柜台后再也坐不住了，她决定要冲到一线去。做了三年柜员的董晓丽主动向行里提出自己要去大堂做理财。不久，董晓丽就如愿以偿地做上了大堂理财经理。有人说中国本质上是一个人情社会，"滴水之恩，当涌泉相报""礼尚往来"，这些都是普通老百姓人际交往的准则之一，董晓丽深谙这一点。为了拉近与客户之间的距离，每年几个大的节日，她都会自费买一些诸如充电宝、电饭煲之类的礼物前去拜访客户。去年春节前，董晓丽甚至把爱人也拉上了，夫妇俩开车挨家挨户地去拜访客户，汽车的后备厢里都是她买的一些小礼物，连着拜访了三四天，很多客户都被感动了。对于银行来说，客户就是上帝；但在"上帝"眼里，银行员工首先就是一个普通人，"来而不往非礼也"，年后，董晓丽的业务量一下子增加了200多万元。"客户关系的维护，情感投资很关键，现在好多客户都喜欢跟我拉家常。"董晓丽说。

　　银行业属于服务业，服务好客户是每个网点工作人员的天职。在做大堂理财经理的那些日子里，董晓丽以女性特有的细致去发现和把握每一个服务的机会。赤城路支行位于老城区，行里每天都有上百个来办理社保业务的阿公阿婆，几乎每个人都要在大厅里等一两小时。为了不让客户们心烦，董晓丽就买了一个血压机放在大堂里，上面打上几个字：免费量血压。在给客户量血压的过程中，她就跟大家拉家常。量完血压，彼此就成了朋友，有的阿公阿婆还会主动留下自己的联系方式。合适的时候，董晓丽也会对这些客户进行回访。一来二去，这些人也就成了她的有效客户。

　　在大堂服务，每天要跟各式各样的人打交道，应急处理的能力也很关键。有一天正是一个大的节日，一个客户因为银行卡被 ATM 机吞了，就在大堂里发脾气，还因为身份证过期无法取卡而差点跟保安打起来。董晓丽见状立刻过去制止了这场冲突，之后她又用了三小时协调，最后既说服了客户等拿到新的身份证再来取卡，也帮他通过其他支付途径的转换如愿取到了钱。像这样的事在董晓丽的大堂服务生涯中屡见不鲜，她认为这正好可以提高自己的应急处理能力。

　　付出总有回报。刚做柜员的时候，董晓丽做梦都在想着转正；做大堂理财经理的时候，她的眼里就只有客户；到后来，她能一切从客户的角度处理问题。董晓丽觉得，这是自己成长必须经历的一个过程。

　　但对领导来说董晓丽的成长还得加快，做了三年理财经理后，行长对董晓丽说，一个网点需要团队的努力，你自己优秀，也要培养别人和你一起优秀。董晓丽就又培养了行里一个本科生做她的徒弟，名师出高徒，徒弟不久也成了网点的理财经理。做了网点业务主管后，行长又说：你得让网点的所有人都会做业务才行。董晓丽接着又带了好几个徒弟。

　　"其实，就我内心来讲，我更愿意在一线跟客户打交道。"董晓丽说。但行长总是一步一步地把她往前赶，行长对董晓丽说："你做过柜员，做过理财经理，还在管理岗位做过，你已经有全面的领导经验了，现在只能把事做好；做不好，我还是会把你骂哭的。"响鼓用重锤，快马要加鞭，年轻的董晓丽前程似锦。

永葆匠心　方得始终

■戚飞

女，2008 年毕业于金融管理专业，班主任：唐霞。

2008 年 8 月参加工作，从事过现金柜、对公柜、大堂经理、客户经理助理、综合客户经理、反洗钱监测分析岗等多个岗位，现任职于浙江萧山农村商业银行。

2019 年获得首届"萧山工匠"称号，2020 年荣获"浙江财贸工匠"称号。

精于工：勤奋好学，努力提升专业技能

入行 10 多年来，她积极参加省区市以及行内举办的各类比赛，取得的成绩有：浙江省金融机构人民币点钞及反假货币技能竞赛团体第二名、个人手工点钞技能比赛第四名；第三届全省农村合作金融系统业务技能比赛单指单张点钞比赛新人奖第二名；第八届杭州农村合作金融机构业务技能比赛单指单张点钞项目第一名；萧山区超级银行柜员技术比武第二名；萧山区"行行出状元"电视擂台赛银行系统"高级收银员"比赛第二名；2018 年萧山区银行柜员技术比武大赛第一名。她还多次被评为萧山农商银行"服务标兵""百佳员工""先进工作者""党员积

极分子""萧山区财贸工委先进个人"等。

对于银行员工来说，单指单张点钞的速度能达到半分钟百张左右就算得上点钞高手了。但是戚飞的点钞速度比这些"高手们"还要快，半分钟内她可以点 150 张左右，并同时识别出其中掺杂的假币。虽然现在点验钞机已经普及，但经机器识别的纸币还需人工辨识。快于常人的速度和鉴别假币的火眼金睛，让她多次在金融机构技能比武中脱颖而出。

匠于心：分享经验，做好传帮带

在努力提高自身技能素养的同时，戚飞也不忘将这些经验分享出去。工作之余，她曾为中信银行萧山支行、民泰银行杭州分行、富阳农商银行等多家同行业单位的员工进行点钞业务技能指导，多次为萧山农商银行各支行的新员工和青年员工进行点钞技能培训及指导，取得了良好的成果，有多名员工日后在系统举行的"综合业务技能比赛""员工考核评比"中取得了佳绩。

品于行：坚守信念，实现自己的价值

无论在哪个岗位，戚飞始终坚持做一行，爱一行，精一行。作为临柜服务人员，她业务精、笑容甜、服务优，把客户的满意当作对自己的肯定。担任客户经理期间，她白天走访调查，为企业策划融资方案，晚上审核信贷资料，做好系统录入，为有需要的客户及时送去"金融活水"。从事监测分析岗时，她负责对反洗钱系统内可疑案例中单规则和多主体案例进行编辑分析，对交易异常的情况进行筛选上报，工作是枯燥的，但她耐心细致，从不懈怠。

在普惠金融推广活动中，从华为、阿里巴巴，到杭州旅游职业学院、萧山中医院、杭齿厂等大中型企事业单位,都能看到她忙碌的身影。她上门推营销团购贷业务,多次上门沟通协调、宣传业务内容、开通绿色通道,为企业提供便利,提前完成全年经营目标任务。在按揭贷款办理中,客户因工作日无法到银行签字的,她也会放弃周末时间,早早在单位等待客户前来签字,为客户提供便利。

"荒山辟路,焉知其工夫之劳;玉器雕成,谁识那匠心血泪。"工匠精神不仅仅是一句口号,它是几十年如一日的坚持,它是一丝不苟的工作态度,它是近乎倔强固执的追求,它更是舍小家为大家的付出。"浙江财贸工匠"选树活动是打造全省财贸高技能人才队伍的重要平台,旨在弘扬工匠精神,厚植工匠文化,培育一批高素质劳动者和技术技能人才队伍,引导大家以劳模工匠为榜样,焕发劳动热情,厚植工匠文化,在全社会营造尊重工匠人才、崇尚工匠精神的浓厚氛围。此次被选树为"浙江财贸工匠"是对戚飞本人爱岗敬业、勇于创新、技艺精湛、业绩突出的肯定,也是"金院人"踏实奋进、永葆匠心的真实写照。让我们在工匠精神的指引下,看先进、学先进,团结一致、开拓创新,立足本岗,勤恳敬业,在平凡岗位上做出不平凡的成绩,以更大的热情投入工作,将工匠精神融入血液,为祖国发展贡献力量。

聚焦工作　创新争先

■ **徐娅**

女，中共党员，2008年6月毕业于金融管理专业。班主任：凌云志。

2010年11月—2013年1月，任采荷街道常青苑社区社工；

2013年2月—2015年12月，任采荷街道双菱社区副主任；2016年1月—2018年10月，任采荷街道洁莲社区党委副书记、主任；2018年11月至今，任采荷街道钱杭社区党委书记、主任。2011—2016年，任江干区第九届党代表；2016年至今，任江干区第十届党代表。

2013年12月，获评杭州市江干区优秀计生专干、优秀妇联干部；2016年9月，获评杭州市江干区魅力社工、服务G20优秀社工、年度优秀社工；2018年10月获评2017—2018年度市优秀志愿者；2018年12月获评浙江省第二批守信青年。

徐娅自2008年从浙江金融职业学院毕业后，即从事社区工作。

2019年，徐娅努力工作、廉洁自律，从社区工作实际出发，以"三聚四'金'创示范"工作载体为抓手，依托江干区关工委设点的"关爱小站"，积极探索新时代群众服务工作新模式。以团结、务实的态度带领全体社工、党员围绕"不忘初心、牢记使命"主题教育，进一步加强党风廉政建设、创新基层党建工作、抓好意识形态工作、落实统一战线工作，努力将钱杭社区打造成为一流示范性精品社区。

聚焦"根本任务"，补足精神之钙

全年共开展专题学习 4 场，要求全体党员认真研读《摘编》，做到读书有笔记、学习有心得。共开设党课讲学 12 场，其中讲师团讲课 3 场，区领导讲课 2 场，她上党课 2 场，支部书记上党课 3 场，同心圆共建单位上党课 2 场，基本确保月月有主题、场场有新意。同时，为进一步落实党员学习全覆盖要求，社区党总支针对各支部的党员结构特点，指导各党支部分层分类地采取集中学、上门学、帮扶学、云端学等教学形式。为更好地促进各党员自我提升、自我成长、自我完善，将"学习强国"自学纳入月度考评，定期评选优秀学员并予以表彰，营造比学赶超的浓厚学习氛围。

聚焦"四个始终"，牢筑信仰之基

结合主题教育，开展居民意见建议征集工作。共征集到各类意见建议 23 条，将征集到的意见进行归类，有待解决问题 5 个、意见建议 7 条，由社区班子、支部进行项目认领，联动业委会、邻里坊、物业共同协商，联合整改。目前 5 个问题均已得到妥善解决，不足之处均已整改到位。此外，社区结合固定主题党日活动，开展清洁大整治活动 12 次，开展党员志愿服务 4 场，开展党员对接助老 12 对。通过实实在在的参与、真真切切的感受，"党员在行动、支部有联动"更加深入人心。

聚焦"十个如何",创新工作理念

围绕"业务技能精、服务质量精、居民口碑金、活动品牌金"四项目标,社区党总支对症下药,以周例会为契机,要求每名社工对一周工作进行总结、计划,对走访情况进行通报,对业务知识进行培训,对发现问题进行商讨;以三方联席会议为切入点,针对巡查中发现的不足点、居民反映的问题、自查自纠中突显的"空缺"进行协同商讨、解决,进一步提升居民的满意率。

创一流示范性精品社区

在工作中坚持从实际出发,根据社区优势和职责任务,周密部署、精心组织、扎实推进,找准差距不足、明确工作重点、细化任务措施,把上级对主题教育的硬指标、硬要求通过实际行动抓实抓好,切实做到方向不偏、内容不空、要求不虚,为打造一流示范性精品社区奠定基石。2019 年,钱杭社区获省银尚之家、市"五好"社区关工委、市安全发展社区、市少先小队三等奖等荣誉。

三尺柜台上执着的追梦人

■ **汤玉丹**

女，2010年6月毕业于农村合作金融专业和省农行订单班。班主任：郑晓燕。

毕业后进入农业银行兰溪支行从事综合柜员工作。

近年来取得的主要成绩和荣誉：2010年，在新员工导入培训班学习期间，她被评为优秀学员；2011—2014年，连续4年被评为农行兰溪支行先进工作者；2010—2012年，连续3年被农行兰溪支行评为工会积极分子；2010年，获得金华市农行第十六届业务技术比赛多指多张第五名；2012年，在兰溪财贸工会组织的兰溪市收银员技能比武中获得三等奖，并被授予"技术能手"称号；2012年，获得金华市农行第十七届业务技术比赛多指多张点钞第二名，获得浙江省农行第十四届业务技术比赛多指多张第五名；2013年，分别获得金华市2013年第一期、第三期业务技术比赛新秀奖、擂主；2013年，被评为浙江省农行优秀柜员；2016年，获得金华市农行第十九届业务技术比赛单指单张第三名、多指多张第三名；2016年，被评为金华市分行"十佳员工"和浙江省农行年度先进个人；2017年，荣获中国农业银行五一劳动奖章。

在生活中，她温文尔雅，细致入微，是典型的江南弱女子；在三尺柜台上，她平凡坚守，待人亲切，服务周到；在训练期间，她沉稳、勤奋、坚韧；在比赛现场，她镇静自若、稳扎稳打、不惧强敌，瘦小的身躯里总能爆发出强大的能量。她用指尖的力量执着追梦，用自己的努力展现了当代农行人自强不息、争创一流的良好形象。她就是中国农业银行五一劳动奖章获得者——汤玉丹。

从普通柜员到技能冠军，执着开启追梦之旅

2010 年 7 月，汤玉丹从学校毕业后顺利进入农行兰溪市支行工作，成为一名综合柜员。就职之初，汤玉丹工作勤勤恳恳、兢兢业业，业余时间也不忘研究如何提升工作效率。入行不久，她便在支行的季度技能考试中取得了点钞第一名的好成绩，并获得参加市分行业务比赛的机会。功夫不负有心人，在市分行第十六届业务技能比赛中，她取得了第五名的好成绩，之后又代表市分行参加过省分行的业务技术比赛并获得名次。

"打铁还需自身硬"，汤玉丹并没有因此而骄傲自满，停滞不前。为了迎接比赛，她放弃了无数次与家人团聚的机会，每天早起晚睡，苦练技能，自我加压，高标准要求自己，不管是冬日严寒还是夏日酷暑，都苦练不懈。6 年时间里，到底点过多少张练功券，她自己也记不清了。每天坚持一样的动作和高强度训练，她被练功券无数次划破的手，渐渐结成厚厚的茧子；但是，这个 85 后小姑娘凭着骨子里的那份"不服输"，持之以恒，执着坚持。铸志砺锋，百炼成钢。入行才短短 6 年时间，汤玉丹已荣获 10 多项涉及技能方面的荣誉，奖项级别从地方到全省，荣誉的背后是她不忘初心的追梦之旅。2013 年度，她被评为浙江省农行优秀柜员；2016 年度，荣获金华市分行"十佳员工"荣誉称号。

由于表现出色，她破格参加了 2013 年第一批派遣工转直签的转正考试，并以优异的成绩顺利通过。

从普通党员到业务骨干，努力追求人生价值

身为家中长女，上有年老的父母、下有体弱的妹妹需要照顾，责任无限大。领导考虑到她的实际情况，曾想过帮她安排轻松点的岗位，她却婉言拒绝了。她说："我热爱这份工作，再苦再累也还是愿意扎根基层，实现自己的人生价值！"入行 6 年，她常常用自己的真诚打动客户，化解了很多客户的刁难和投诉，赢得了客户的信赖、领导的表扬、同事的赞誉。工作中，她以一名党员的表率和担当，诠释着作为柜员的责任和使命。她的专业、耐心、细致，使她成为客户和同事眼中的业务能手和岗位标兵。通过不懈的努力，她在柜员等级考试中获得六级柜员，成为支行唯一获此殊荣的年轻业务骨干。

从稚气未脱到微笑亲和，真情服务留住客户

汤玉丹瘦小、柔弱，乍一看去，还有些稚气未脱。但每天，只要一坐上柜台，她那亲和的态度和准确快捷的服务，都会让来办业务的客户对这个瘦弱的小姑娘印象深刻。面对存"零钱"客户，她总是换位思考，没有半句怨言；面对金融知识匮乏的外来务工者，她总是不厌其烦，细心答疑解惑；面对脾气暴躁的贵宾客户，她总是习惯用微笑化解纷争，最终让其满意离去。

体育特长生的不寻常之路

■ **徐梦蝶**

女，中共党员，2010 年 6 月毕业于金融管理专业。班主任：韩国红。

2010—2014 年，任中国工商银行柜员、大堂经理；2014—2017 年，任中银富登村镇银行客户经理，其间自学婚庆行业相关知识，并于 2016 年创办享爱婚礼品牌，现为象山知名婚礼品

牌；2018 年，投资象山汐上民宿；2020 年，受邀宁波经济广播电台访问，所在企业被评为巾帼创业基地。

从浙江金融职业学院毕业 10 多年，一转眼许多同学已成家立业，许多同学功成名就，好多同学也只在各自的婚礼上匆忙见面。而她一路走来，感觉好像走的都不是寻常路。

通过自主招生考试进入学院

从小是体育特长生的她，没有参加体育招生考试。2007 年 5 月，她成为浙江金融职业学院首届自主招生中的一名学生。徐梦蝶自述是一个偏科很厉害的文科生，金融学院的自主招生只考语文、数学、英语三

门主课，都是她的强项，而后的面试更是她的强项。经过充分准备，她如愿进入这所浙江省首所自主招生院校。当所有人还在备战高考的时候，她已经走出了校园，有点兴奋，兴奋自己逃离了高考；有点迷茫，迷茫以后干什么呢？我可以做好吗？

三年班长，努力服务好同学

高中时期，她不是一个成绩拔尖的学生，所以在应试教育指挥棒下从未担任过班长，然而高中时期她活跃于社团活动，穿梭于学生会工作中。大学里，当所有同学埋头丰富多彩的社团工作时，她立志只做一名优秀的班长，跟着心的方向！三年里，有的班长觉得辛苦退下了，有的班长第二年没有选上，而她踏踏实实成为金融管理学院 2007 届唯一做了三年的班长。她有一个大家非常熟悉的外号，包括袁清心辅导员也会亲切地叫她一声：花花！感恩母校三年学习和工作生活，让她扎根学习业务知识，用心为班级同学服务，学习如何成为同学和老师之间沟通的桥梁。有时候班级的工作虽然很苦很累，但她乐此不疲。大学期间，她光荣地加入中国共产党，成为一名年轻的党员，并且多次获得奖学金，毕业时被评为省优秀毕业生。感恩母校三年里对她的成长提供了肥沃土壤，让她能跟着心的方向，不断努力完善自己。

进入工行，体会专业职场

订单班是学校教学一大特色。经过两次面试，她均以失败告终，未能像部分同学一样顺利进入订单班，而是继续留在了原来的班级。最后她在学校篮球场招聘会上，进入了宁波农行实习。由于地方偏僻，她不久就离开了农行，而后一年自主创业跌跌碰碰，在父母要求下通过社会考试，进入了北仑工行。在工行三年期间，她凭着在校学习到的金融技能和金融业务知识，很快成为行里的亮点。感恩学校的培育，而后的体育比赛、跨年晚会表演、行里微电影拍摄都让她渐渐成名。在网点充分发挥营销水平出色完成各指标，她在工行柜台一坐就是三年。

遵从内心，离岗创业

跟着心的方向，意识到自己对活动策划等有着浓厚的兴趣，2014年她做了一个让许多人震惊的决定，离开了全球五百强的工商银行，离开了一份体面光鲜的工作，离开北仑回到故乡象山开始婚庆创业之路，创立了象山好姻缘婚庆。开始十分艰难，在这里婚庆并没有普及，没有熟练的工作人员，她自己动手抬舞台板，有时候撤场后已经是深夜了。不会设计，于是网上找助手，平时外出多学习，没事在自己的纸上画画练练。之后加盟品牌，穿梭于各个农村场地，努力与客户沟通，发挥在校期间的服务精神，拼搏、努力、踏踏实实。2016年遇到了她的同行先生，6月联手创办了象山享爱婚礼，想爱、相爱、享爱，将他们对爱情的理念融入神圣的婚礼。现在他们已经服务过500多对新人，其中2014年11月29日聋哑人婚礼上了县报纸和新闻。用心做好每一场婚礼，做好这个一旦失误会让人遗憾一辈子的工作，凭着强大的责任心和齐心协力的拼搏奋斗精神，她的公司成为当地数一数二的婚庆公司。他们坚持做有思想、有温度、有爱的婚礼，一直跟着心的方向，在这个时候，校园里学的会计知识、营销服务等课程还是相当实用的。在收尾款时候，她强大的点钞技能总是让客户眼前一亮，这也是学校特色教育的体现。

一晃，毕业已经近10年了，她还记得当年9月12日报到时候，正是她20岁的生日，报到那天不停打扫，连生日蛋糕都没吃。如今，一路不寻常地走来，从学生到银行工作者，再到现在自主创业者，现在为人妻为人母，感恩母校的栽培，相信跟随心的方向，踏踏实实做，一定会在自己的舞台上有所收获。希望学校里的学弟学妹们，好好珍惜校园生活，这将是一段纯真感情的回忆，这将是一段无忧无虑生活的最后享受，这也将是步入社会前最后的全日制校园学习！也愿母校老师们幸福安康，愿母校的发展更上一层楼！

理想与现实之间的摆渡人

■ **吴奎**

男，中共党员，2010年6月毕业于金融管理与实务专业。浙江工商大学MBA（工商管理硕士）、MPM（项目管理硕士）。班主任：韩国红。

2010年2月—2016年3月，先后任泰隆银行杭州分行培训管理岗客户经理、

淳安支行部门负责人、建德支行部门总经理、杭州分行团委书记。2016年3月—2018年，任宁波银行杭州分行零售公司部部门经理。2018年至今，任浙江物产经编供应链有限公司总经理助理，兼任金融工程部总经理。

提升自我，行稳致远

2015年1月5日，吴奎结婚了，工作稳定、家庭稳定的他，突然想问问自己："人到三十，是否还有很多特别想做却还没做到的事情？"

突然，思绪回到2007年，校园里的场景依然历历在目，而他心心念念的一件事，就是回到校园，再次捧起书本，回归到茁壮的香樟树下，回归到林荫小径、青草地边。

那年，他二十八岁。

于是，吴奎匆忙地参加考研辅导班，开启每周往返两地、全年无休

的求学生活。这是自己的梦想，决定了，就必须坚持，人生是一场马拉松，自己的梦想，是在每个阶段跑赢自己。

业精于勤，成为优秀学子

十年前，作为家里的独孙，老家亲戚们争相送吴奎来杭州游玩，"与君歌一曲，送君至湖西"，在杭的姑姑夸他运气好，说考进的是"金融黄埔"，美得一家人连提三个要求勉励他"积极参加活动、拿一次奖学金、争做共产党员"。就这样，他肩负着重大"使命"来到金院。

在学校，吴奎遇到了牟君清老师。那堂课上，由她训练的技能尖子为学生做了中文输入的展示，只见她指尖灵动，快速连续地在键盘上滑动、精准的敲击，仿佛是俄罗斯的芭蕾舞演员在米哈伊洛夫斯基剧院表演《胡桃夹子》般翩翩起舞。那一刻，他被这种美妙的旋律和节奏深深地迷住了，他偷偷地告诉自己：I WANNA BE THE ONE。

于是，技能成为他的信仰，技能尖子便是他的偶像。零基础的他从熟悉键盘位置开始，由于当时条件有限，没有自己的电脑，只能借了个键盘，对着它一比划就是一天。下午课后练，晚上熄灯后还练，周六周日全天练，每当他想起牟老师说的"练得足够好，就有可能进银行订单班"，就充满了斗志。也正是那段时间，他的五笔水平进步很快，在技能测试中不断地刷新成绩，在同年级中取得了领先水平。这使他第一次感受到把简单的事情做到极致是一件多么快乐的事情。也正因为如此，他悟到了成功是可以复制的，但是知易行难，没有人能够随便成功。

随着时间的推进，吴奎因优异的技能水平，先后被选入中文输入、传票、点钞三项技能尖子班。这帮助他更快更深入地融入金院的校园文化。于是，经常会收到来自身边熟悉的和陌生人的鼓励和赞美，这使他变得简单、快乐、内心强大。吴奎重新审视他的生活、人生，他开始变了，会无意识地提高对自己的要求，试问自己，能不能做得更好。他变得踏实、务实起来。有了归零的心态，他相信努力必须脚踏实地，只有坚持才有希望，而不是看到希望再去坚持。这种心态，让他脚步踏实，他不仅收获了丰厚的友谊，还收获一大堆的奖状、各种奖学金，成为班级第一个获得奖学金的男生、首批中国共产党预备党员。当他把这些好消息分享给家人时，他们高兴极了，那一刻，他能感受到父母表达的骄傲。

忠于专业，服务金融

2009 年 5 月，吴奎毅然报考了中国银行浙江省分行和浙江泰隆商业银行这两家金融机构。印象深刻的是，中行省分行上午面试，下午便公布结果；浙商发展中心电子大屏幕显示，一共 69 人，他是总分第一名，成为唯一被录取的外省学生。

毕业前，吴奎完成了专升本所有的学习考试，顺利拿到学士学位，几乎没有错过学校的各项奖学金，拿到了浙江省优秀毕业生证书。

2010 年 2 月，他成为一名发放小微贷款的银行信贷经理。他毕业后，每年都会回到学校与学弟学妹们交流。会告诉学弟学妹，只要保持足够的专注，你总能在校友中找到合适的榜样，不要放弃努力，全体校友愿意成为大家人生道路上的"垫脚石"、最强有力的后盾。

志存高远，勇于追梦

许多上述的小故事，都慢慢变成我们的回忆；今天这一切的努力，将来也都会被我们当作美好的回忆来畅谈共叙。

传承，是一种技艺，更是一种文化。

做别人不愿意做的，想别人想不到的。

我们远大的梦想，都需要用脚步来丈量。

"明星大堂经理"的成功秘诀

■ 冯洁

女，2009年6月毕业于金融管理与实务专业，同年进入渤海银行杭州分行工作。班主任：凌海波。

毕业至今，冯洁已经在银行里度过了12年的职业生涯。12年，也让冯洁从一名初出茅庐的"愣头青"，成为渤海银行"一线员工的标杆"。她先后荣获渤海银行杭州分行"服务明星大堂经理"、杭州分行"优秀员工"、2014年度"浙江省金牌理财师"、渤海银行总行"十佳大堂经理"、中国银行业协会明星大堂经理"魅力之星"、2016年度浙江省金融青年服务明星、2017年全国金融青年服务明星等多项荣誉。

一项项成绩、一声声好评的背后，是她放弃休息勤学苦练的背影，是她设身处地为客户提供细致服务的背影，是她默默付出、力所能及地奉献爱心、投身公益的背影。

勤奋开朗的"准柜员"

进入浙江金融职业学院学习前，冯洁就已经听说了该校的"招牌"就是银领学院。银领学院与各大银行深度合作办学，提供好多家银行的实习与就业机会，可以说是进入金融行业的"敲门砖"。银领学院更注重对学生技能的培养，对学生的要求也比一般学生要高一些。在大三的时候，冯洁凭着自身的努力，如愿以偿地进入银领学院"浦发银行订单班"学习。

学校老师对每个学生都尽心尽责管理、引导，平时严格要求每个学生，细心关注每个学生。为了学生能够顺利进入订单单位，上下奔走。冯洁笑称："老师对我和同学，就像对自己的弟弟妹妹一样，原本我对自己要求没有那么高，但在老师的关心和督促下，我变压力为动力，努力成长，刻苦学习技能。"

在银领学院订单班学习的学生毕业后都会进入银行一线网点，从储蓄柜员做起。储蓄柜员的基本功就是业务技能，用尽可能快的速度和尽可能高的准确率节省业务办理时间，从而提高服务质量。因此，如何在短时间内将基本功练到"炉火纯青"，成了冯洁在"订单班"学习的目标。她勤学苦练点钞、中文录入等基本技能，同时强化礼仪、人际交流等职业素质，不断提高综合业务能力。冯洁在银领学院打下了扎实的基础，有几项考核成绩甚至远远超出了最高要求，在班级里名列前茅。

冯洁在学好专业课的同时，积极参加学校组织的社团活动。凭着自己外向开朗的性格，她在学校话剧社担任社长，组织策划话剧，拍摄微电影，参与学校演出。她万万没想到，在"课余活动"中锻炼的组织能力在她之后的工作中发挥了很大的作用。冯洁说："当时没想那么多，但现在确实对我的工作和生活都有帮助。"

善于学习的"大管家"

进入银领学院是第一步，进入银行工作才是第二步。2010年初，冯洁从浦发银行转至渤海银行工作。有了前一段工作的铺垫，站在新的起点上，冯洁对自己未来的职业生涯充满了信心。

刚进入银行的时候，冯洁只是一名普通的柜员，自然也经历过一些小挫折，譬如清点存款出差错等。冯洁回忆："毕竟出了差错，对自己的心理打击还是比较大的，但是挫折也能让人更快成长。"这些小小的挫折没有让冯洁退却，反而激发了她的斗志，她比之前更加细心，也更加有耐心。在之后的工作中，冯洁很少出错，也慢慢胜任了综合柜员的工作。

在从事综合柜员工作后，冯洁从没有安于单一工作的想法，哪里最能锻炼人呢？当然是最基础的大堂经理。于是，冯洁大胆提出转岗的请求，而渤海银行也十分支持冯洁的想法，给予冯洁转岗的机会。最终冯洁成功转岗成为大堂经理。站在银行大堂，她对即将到来的挑战充满了期待。

银行有一种说法，大堂经理对外是网点的"代言人"，对内是大堂的"大管家"，同时又是"消防员"和"救护员"。也就是说，大堂经理肩负着一个营业网点非常重要的职责。大堂经理直接和客户交流，是客户对银行的第一印象。因为要协助客户办理业务，所以大堂经理既要熟悉所有业务的相关知识，更要协助柜员处理业务，是一个全知全能的角色。冯洁转岗大堂经理后，等待她的是所有业务的培训，接收的信息量是之前柜员工作的两三倍。虽然学习难度大，但她认为"只要用心不会太难"，她虚心向每一位老同事求教，积极参加行内相关业务培训，坚持每日自学专业书籍。通过不懈努力，她先后取得了会计从业资格证书、银行从业资格证书、基金从业资格证书等，获得 AFP、CFP 理财师资格，成为中国银行协会高级财富管理师，考取了理财、证券等多种业务销售资格，能为客户提供更专业的理财服务。冯洁说："无论领域多么陌生，只要业务需要，我都会从零开始学习，然后发挥自己的能力去做。"

冯洁立足本职岗位，从小处入手，主动抓好服务细节，为客户提供优质高效的服务。面对不同年龄段的客户，冯洁根据客户不同的需求，为客户介绍不同的产品。例如，面对企业主，工作中要涉及企业经营、税务规划、甚至遗产传承等方面的知识；面对中老年客户，需要的是做好风险配置，要满足客户对资产稳定增值的需求，因此要为他们介绍一些风险较小的理财产品；而年轻的客户还处于事业发展期，消费需求比储蓄需求更大，因此要为他提供合适的贷款产品。

在熟悉业务的同时，冯洁还要学会安抚客户的情绪。因为种种原因，一些客户在银行办理业务时难免会情绪激动。冯洁说，等客户已经很激动很愤怒的时候再去安抚，一般收效甚微，大堂经理要做防患于未然的"消防员"。同时，大堂经理还要学习基本的急救知识，制订好突发情况的应急预案。据冯洁回忆，有一次一名客户突发心脏病，非常恐慌。她迅速安抚客户的情绪，并利用平时所学的急救知识，及时启动应急预案，最终使客户转危为安。

作为一名大堂经理，许多工作无法量化考核，"做得好与不好，客户说了算"。为了更好地做好大堂经理的服务工作，冯洁还自行设计了客户意向表和重点客户信息表，主动邀请客户填写，并从客户的意见反馈中发现自己的不足，及时调整自己的服务。冯洁的小小创新获得了领导的认可，并将她的经验向所有网点推广。现在，渤海银行的客户调查问卷已成为大堂经理一项固定的工作，极大地推动了渤海银行网点零售业务的拓展工作。

在工作岗位的实践中,冯洁发现,心理咨询和与客户沟通交流有相通之处,同时对自身的心理健康也有好处。为了更好地服务客户,2018年初,利用工作之余,冯洁自学了心理学的相关知识,并考取了国家三级心理咨询师证书。自此,在处理客户业务的时候,冯洁能够设身处地体会客户的需求,更稳定掌握客户的心理状态,在处理业务的时候显得游刃有余。除此之外,冯洁还为同事开展心理咨询,促进同事心理健康。冯洁说:"虽然遇到的麻烦和坎坷并不比别人少,但心理学的理论和知识还是有可能使我活得更未雨绸缪一点、更清楚明白一点、更从容坦然一点。"

在近10年的银行工作中,冯洁积累了丰富而全面的银行金融知识,包括营运、财富、零售客户经理、个金管理等方面知识,而职级也从大堂经理升至大堂经理主任。从2015年至2017年,冯洁创造了个人3000万元个人存款、3亿元理财、1.5亿元存量个贷的优异业绩。

热心公益的"小太阳"

除了做好本职工作,天性乐观、善良的冯洁还活跃在各类公益活动中。

渤海银行杭州分行坐落于省残联旁边,常有残障人士前来办理业务。有一些残障人士是独自前来的,向冯洁咨询的时候用了手语。冯洁一开始不会手语,看不懂,感到很紧张。于是她暗暗下定决心,下次再遇到这样的情况,不能再这样手足无措了。为了更好地为残障人士服务,冯洁在工作之余学习手语,考取了初级手语证书,还带领同事一起学习。冯洁说,现在因为自己会手语,残障人士更容易与她亲近,她自己也非常有成就感。冯洁还参与录制了渤海银行杭州分行手语服务教学片，在分行推广手语服务。除此之外，冯洁亲自策划、组织了"体验盲人一分钟"活动，让员工蒙上眼睛模拟盲人，去做一些日常小事。通过模拟活动，员工对残障人士生活的不容易感同身受，也让员工更有耐心去服务残障人士。

冯洁还深入社区，积极参加"心防工程""六五普法"等活动，向网点周边的社区居民普及金融知识。同时，她多次参加服务户外工作人员的"一杯水活动"、针对 60 岁以上客户的"老宝贝"计划活动、"向日葵计划"爱心助学活动，并担任"向日葵计划"的讲师。每逢节假日，她会带着大包小包的礼物，走进养老院，慰问孤寡老人。冯洁热心公益、服务群众的身影成为渤海银行一道亮丽的风景线，也温暖了许多客户的心。

冯洁觉得，做这些公益活动，能让自己的心里永远有一块柔软的地方，让自己不被各种考核压力、各种数据压垮。不忘初心，在生活中保持善良，和他人彼此善待，对工作也很有帮助。

渤海银行杭州分行营业部倪经理评价说，冯洁非常适合这个岗位，也能够抓住机会，她就像一个"小太阳"自带光芒，不仅温暖了客户的心，也照亮了网点；不仅营造出努力向上的氛围，而且对行内的工作产生了积极的推动作用。

只管努力，上天自有安排

■ 朱娜

女，2011 年 6 月毕业于金融管理专业，现为金华银行临海支行副行长。
班主任：翟敏。

2021 年，距离我们毕业已有 10 年，我们分散在这个国家的各个角落，平凡而努力，有人在商场里沉浮，有人在政界里奋勇，而大部分人在银行业里兢兢业业，朱娜就是其中的一员，从毕业初的懵懂，一晃 10 年，走到了如今的工作岗位。这 10 年，朱娜不曾跳槽，在一家本地银行落地生根。人的一生有很多的机会和选择，她觉得自己是幸运的，有幸抓住了几个关键的机会点，学校老师的谆谆教导帮助她树立了正确的职场观。

你只管努力，极致做好每一件小事，上天自会安排

　　初入职场，进入当地城商银行，朱娜和大部分同学一样，从柜员做起，认真踏实做好每一天的工作，但是却和大部分同事不一样，一个人在一个陌生的城市生根，没有背景没有经验，就需要付出比别人更多的努力。毕业那年夏天，支行有 3 个新员工，朱娜永远是第一个来支行，包揽最重的卫生工作、接待最多的客户、跑最远的路。直到现在，她仍旧认为，坚持将小事做好是最可贵的，人的坚持，到达一定总量后会有转折。8 个月后，朱娜被借调到了上级行二线内勤部门，领导们从数十个新员工和二十几个老员工中，将如此可贵的机会给了她，朱娜表示疑惑，上级银行行长只说了句"这个岗位活很多，我需要一个不怕吃苦的人"。于是，朱娜知道了，拖了 8 个月大厅的地、一个夏天跑客户晒得比军训还黑、每天业务量是别人两倍的努力，不是没有人看见，相反，在一个机会面前，她这些微不足道的努力，突然给了她抓住机会的运气。

　　到了二线后，朱娜发挥了农村姑娘吃苦耐劳的本质，执着于自己的工作，对每一件事认真对待，她每天都第一个到单位最后一个离开，永不抱怨分配的工作；国庆旅游火车 8 点出发，她能工作到 7 点 40 分，宁可不上火车也要把工作完美地完成；结婚前一天晚上上班到晚上 10 点，第二天一早赶到化妆店直接化妆。幸运的是，领导们都是她的贵人，看到了她的努力，认可了她的努力，朱娜成功留在了二线部门，并且在之后的职场升迁中对她有所帮助。只管努力，上天自有安排，这话一点没错。

不惧怕改变，多岗位历练，人生中没有白走的路

朱娜入行以来，换过很多岗位，从柜员做起到管理层，不管是在岗位还是在条线，都是她宝贵的经历。面对每一次的工作变化，朱娜都欣然接受并付出精力。不同的岗位、不同的条线有不同的感悟，也有不同的学习内容，从业 10 年，她都没有停止学习新业务。她曾经也有疑惑或者烦恼，特别是在有家庭和孩子后，不能像未婚一样对工作付出那么多精力，而经常性换条线换岗位，也让她力不从心从而迸发出负面情绪。但是在后来的人才选拔中，朱娜发现，人生没有白走的路，做过的每一个岗位最后都成为提拔的理由。因此，机缘巧合之下，她偶尔也打破了一些记录。

学校优良的校风、教风和学风，帮助她在校期间树立了良好的价值观和职场理念。第一个 10 年，朱娜达到了自己的职场目标；第二个 10 年，她依旧秉承学院精神，争取更好的将来。

专注精进　追求事业的广度和深度

■ 郑露露

女，中共党员，2011 年 6 月毕业于金融管理专业。班主任：应烟山。

毕业后进入浙商银行乐清支行从事综合柜员岗位，2014 年 4 月加入兴业银行，通过个人竞聘被任命为乐清新世纪花园社区支行负责人，2018 年 7 月调任兴业银行乐清支行个人业务负责人，现任乐清支行行长助理，分管个人业务。

获得银星奖学金、2011 届校级优秀毕业生、2019 年温州分行综合考评第一名等荣誉。

郑露露在校期间每学年获奖学金，考取 CET-6、证券从业、外汇从业、会计从业、银行从业证书，获银星奖学金，被评为 2011 届校级优秀毕业生。参加工作将近 10 年，在接手支行个人业务时，历经基础薄弱、考核靠后、代理类产品销售困难等多重考验，经过一年的努力，在储蓄存款、贵宾客户数等规模类指标上实现支行历史新高，所在支行取得了 2019 年温州分行综合考评第一名的好成绩。

她认为能取得这样的成绩，得益于伟大时代赋予的机遇，离不开支行平台的强大、团队成员的齐心协力，更感激母校的培养和教育。

作为团队负责人：追求战略上的勤奋非战术忙碌

逐月制定支行周考核目标，由易向难融入新要求，使人人心中有周目标、周周有结果复盘；通过员工个人业绩差距的分析，组织规模挑战赛，7名人员在3个月内实现了个人业务规模新高，支行整体金融资产规模提升3.7亿元；追求战略勤奋是在零售战术纷繁中保持清醒头脑、厘清以客户经营为重点、以人员能力提升为目标的思路，推进业务发展和人员素质发展。

身体力行追求效能：序时管理和追求会议效率

每日点评工作日志，鼓励采用优秀工作方法，纠正问题，统一工作步调；每周公布重点工作复盘表和次周布置表，让员工明确工作主线；不折不扣开展月度分析会、季度分析会，提高员工的站位，扩大员工的格局。追求会议效率，讨论要围绕图表和数据说话，找出问题，群策群力并解决问题。追求管理效能，推动客户经理在日常每项工作中去追求效能。

激发团队能量：打造"学习型、实干型"团队

结合各项业务提炼支行的优秀营销案例，发挥优秀人员的闪光点和积极性，同时通过考核及时发现掉队人员，开展一对一辅导；通过个人复盘表等工具培养员工主动总结、自发定目标的工作习惯；每周两次学习打卡与心得分享，督导学习能力提升促进职业岗位胜任，相信积少成多、厚积薄发的力量；通过零售管理例会、业务负责人会议的定期召开，提升相关人员的管理能力和问题解决能力。

人工作的目的是提升自己的心志——这是稻盛和夫的观点，通过时间不断得到验证，我们信奉这简洁、有力量的工作之道。全身心投入当前自己该做的事，聚精会神，精益求精。这样做就是在耕耘自己的心田，磨炼人格。郑露露将一直专注精进，追求事业的广度和深度。

工作以外，她最热爱的是旅行。寻访呼伦贝尔草原边疆，踏过帕米尔山川湖泊，见识雪域高原，领略蔚蓝深海，看到的山河波澜填满胸襟让人停不下脚步。她也一直认为，一次旅行和一次完整阅读一样，给人安宁，让人精进修持。

在平凡的岗位上创造不平凡的业绩

■ **林秀**

女，2011 年 6 月毕业于金融管理专业。班主任：应烟山。

林秀，农业银行杭州教工路支行内勤副行长。人如其名，她是属于那类典型的江南女子，秀气靓丽，文静纤柔。白皙的脸上长着一双大大的眼睛。说起话来，温柔可人，又带点腼腆与害羞。表面看上去，不认识她的人还以为是一名在校大学生，或者说是刚走出校门的学生。

然而，这个"90 后"姑娘自 2011 年从浙江金融职业学院银领学院毕业进入银行工作到现在，在农行系统工作已经近 9 年了。用行内人的话说，她其实是农行资深"内当家"，2016 年 3 月担任运营主管，一直到 2019 年 7 月转为内勤副行长。因为她事事亲力亲为，又团结人友好待人，为人热情，特别是工作方面，她不仅尽责尽力，更能吃苦耐劳，多次被评为"先进工作者"。

普通学子撑起一片天空

很难相信，她年纪轻轻就取得如此喜人成绩，让人深感佩服。但林秀说，她并不是一个十分出色的学生。2008年，她通过自主招生顺利进入浙江金融职业学院金融管理专业就读，后又顺利进入银领学院学习。她说，在学校里，她的专业技能一般，学习成绩虽然不是很差，但也不拔尖。不过，她非常刻苦，担任团支部书记的她，处处以身作则，带领班上的同学积极参加各类社团活动，又乐于助人，因此深得老师和同学们的喜欢，还多次获得奖学金。三年后，作为农行订单班的毕业生，她顺理成章地进入农行工作。

问起她年纪轻轻何以担当起如此重任，并撑起一片天空？林秀说，运营主管这个工作，在外人看来以为有多大权力或多么风光，但其实很普通。"就是一个'大主管'，与'打杂'没有什么两样。"她笑了笑。很多人都知道，这种"大杂烩"的工作平凡又琐碎，要想做好可不是那么容易的。而林秀一路做下来，不仅不厌其烦，而且做得井井有条，让领导满意的同时，亦深受同事和客户的好评。

采访中，林秀形容自己的工作就是"当家"的。但比起一个家庭里的那种"当家"，林秀解释说，这个"当家"可要烦琐多了。她说，自2018年1月中旬到农行杭州黄龙支行后，虽然之前已有相当长时间的运营主管经历，但还是备感压力，除了做好一些相同的日常工作外，还需要具备更多的内功。

林秀说，自毕业以来，她在农行杭州保俶支行营业中心做过，在农行杭州枫华支行做过。相对于以前工作过的单位，她刚进黄龙支行感觉氛围有所不同。如何把这个担子挑起来？林秀从头至尾了解并厘清内部情况后，她认为要想管好这个"家"，得从源头开始把好关，提高支行内部管理水平，把风险控制为最小化直至为零。可是，在新的单位由于她年纪最小，如何带领好这个团队呢？她深知员工凝聚力是做好工作的基本前提。因此，她首先从思想上进行疏导和防范。她放低姿态，主动找员工谈心，了解各自的心理状况、家庭以及工作情况。在这个基础上，她根据各自的情况取长补短，统一召开会议加强对员工的思想教育，加强员工的安全防范意识、制度执行意识。通过学习教育以及正面典型的宣传、反面典型的剖析，员工思想认识得以提高，也进一步明白了坚持按章操作既是银行内部制度的要求，也是每个员工依法保护自己的内在需要，让员工懂得控制风险、规范操作的重要性。

"我这个人最大的特点，就是做在前说在后。"林秀说，作为一个主管，她处处带头以身作则，要求员工做到的，自己首先做到。无论是上班时间，还是在实际工作中，该如何就如何，她从来不会因为自己是主管而让自己有所放松或懈怠。林秀住得比较远，为了让自己最早一个到单位，她每天6点不到就起床，而下班她又是最后一个离开单位的。她说，榜样很重要，只有自己做到，才会有感染力。同时，她经常组织员工学习相关办法、规定等，组织员工学习，给他们讲解工作中可能会遇到的一些要点重点，一起相互交流，既让员工熟练掌握了要领，又相互促进。不仅如此，她还花大力气从凭证、银企对账、代客办理业务等环节入手细抓落实，规范业务流程管理，防范操作风险，防止违规现象和经济案件的发生。

与员工一起快乐成长

林秀说，她与员工一起进步的同时，又快乐地与员工一起成长。看到有的员工在业务技能方面存在欠缺，她看在眼里，急在心里。她知道，如果不提高业务技能水平，万一发生差错或事故就会带来诸多麻烦。工作之余，她对员工进行业务辅导，对一些业务操作上不太熟练或接受新知识较慢的员工，她总是耐心地给予辅导和帮助，直到对方熟悉并掌握为止。

每当员工遇到什么事情，林秀总是设身处地为员工着想。有一年5月份，一位员工因家里有事要出国，便向单位请假。但他的工作是对公业务，一旦请假，显然行里没有谁更适合顶替这个位置。可林秀知道这位员工的签证时间迫在眉睫，不妥善解决，既影响工作，又影响对方出国的时间。怎么办？她一下子找不到适合顶替这个岗位的人。于是，她只好千方百计说服行里另一个柜台员工来顶替这个位置，使得对方得以顺利请假出国。然而，这个员工根本不熟悉对外业务，操作起来一窍不通。但林秀毫无保留手把手一一教她。为了让这个员工思想上不至于产生不良情绪，她还和对方说，多掌握一些业务也会多一些机遇。在林秀耐心指导下，这个员工很快一项项地熟悉起来，并在工作质量和速度上都让客户十分满意。事后，大家对这位年轻的主管更是刮目相看。

此外，林秀还十分关心员工的学习、生活情况，经常与员工交心、谈心，帮助员工解决实际困难，了解员工的思想动态，营造内部和谐的氛围；发现一些苗头性、倾向性的问题和现象，她总是耐心教育和引导员工，并及时向相关领导汇报，以便尽早化解矛盾，消除隐患。

由于工作忙碌，林秀很少有时间休息，有时甚至饭都来不及吃。员工们担心她长期这样下去会弄出病来，经常劝她要多注意休息，她总是说："放心，我年纪轻，多做点事没问题。"有时看到员工忙不过来，她就主动去帮助他们。

作为行里的"内当家"，林秀有时还要接待一些前来处理各类问题的客户。在这方面，林秀亦自有一套，她总是面带微笑，起身让座，然后递上一杯茶水，再和风细雨地倾听，然后一一妥善解决。很多当事人与林秀沟通交流后，都很佩服她的为人。他们带着问题来，总是十分满意地离去。

　　"看似平平淡淡的岗位，但要真正做到让领导放心、让同事舒心还真的不容易。"林秀说。然而，林秀兢兢业业，不仅成为一位优秀出色的"内当家"，更是行长的好助理、同事们的好帮手。俗话说，平凡中显可贵，细微中见精神，林秀用自己实际行动在平凡的琐碎工作中做出了不平凡的成绩……

银行营销能手

■ **徐学萍**

女，2010 年 6 月毕业于金融管理与实务专业。班主任：朱维巍。

2010 年 7 月 —2011 年 12 月，任建行诸暨店口支行柜面岗位；

2012 年 1 月 —2013 年 12 月，任建行诸暨璜山支行高级柜员；

2014 年 5 月—2016 年 12 月，任建行诸暨暨东支行营业主管助理；

2017 年 1 月至今，任建行诸暨暨东支行见习行长。

荣获建行绍兴市分行先进个人及建行诸暨支行先进个人、优秀柜员、营销能手等称号。

　　想起在浙江金融职业学院的两年里，徐学萍大多数的回忆主要关于学习以及组织过的一些有意义又有活力的社团活动。同时她也爱去图书馆、实训室，学习很多感兴趣的课外内容，也阅读一些经济学类书籍。学校的记忆是温暖、美丽的，也有一年四季看不完的风景，校园的每个角落都让她有一种宁静的感觉。

　　银领学院是她最喜欢去的地方，丰富的藏书、浓郁的氛围以及先进的设施，像磁铁吸引铁块一样，银领学院吸引着她。大量的银行实操训练丰富了她的专业知识，对她的学习与实践有很大帮助。得益于银领学院专业老师的大力培养，她工作后将理论结合实践，经过 10 年来的努力工作，出色完成支行布置的任务，先后获绍兴市分行先进个人和诸暨支行先进个人、营销能手、优秀大堂经理等荣誉称号。绍兴市行先进当时诸暨支行仅她一个人得到此荣誉。经过多年的努力与付出，她也得到了分行支行领导的肯定，她被安排到作为支行网点负责人副职的岗位。这一切归功于母校和老师的培养，金院不仅给了她一个良好的学习环境，教给她披沙拣金、融会贯通的精髓。同时，她也不断分享自己所掌握的知识和经验，带动同事共同进步，带领团队协作完成支行布置的各类任务。

2020 年她营销了一件 500 万元的金融产品，全行也对她进行了表扬。在全行会议上她做了分享，总结了工作中的两个关键点。

持之以恒地经营客户关系

作为一名理财经理，除了做好本职工作外，要经常通过电话、微信、拜访等方式尽量维护与客户之间的亲密关系，特别要处理好网点高净值客户、企业主、企业高管之间融洽的关系。因为他们资金多，会产生较大的资金投资需求。平时与他们保持紧密联系，银行便有机会在第一时间了解客户的投资方向、资金安排，最重要的是捕捉客户的金融需求，找到关键利益点，若是有中长期资产配资或者资产传承需求的客户，便是最佳的目标客户。

抓住关键时间节点一击即中

经过长期的跟进，她第一时间了解到客户资金动向，日常寒暄后了解到客户资金安排意向，当得知他想投资些稳健型产品作为家产传承，便向他介绍了核心金融产品。经过与客户反复沟通，客户也充分了解到该司诚信稳健的经营理念以及产品稳健增值保值的特征。当客户来行里办业务时再主动出击，当客户仔细地对比了几款产品后，她与客户达成一致意见，完成500万元大单的营销。

金院三年是她生命中最美好的时光。在这个美丽的校园里，有亲切的老师传道授业解惑，有宽敞的图书馆供大家汲取知识，有绚丽的四季见证个人的成长。

时光荏苒，感激记心底；斗转星移，岁月难忘怀！感谢母校，愿母校事业更上一层楼！

脚踏实地　勇攀高峰

■ **沈晓琴**

女，2010 年进入中行订单班学习，2011 年 7 月毕业于国际金融专业，班主任：樊祎斌。

2011 年毕业后进入中国银行德清支行工作。2014 年、2015 年，在中国银行浙江省分行业务技能比武中，连续两年夺得个人蓝图对公业务技能第一名。2015 年 1 月，被共青团湖州市委评为"湖州市青年岗位能手"；2015 年 7 月，在中国银行全国业务技能比武中，夺得个人蓝图对公业务技能第二名，被授予"中国银行业务技能标兵"称号；2015 年 10 月，被评为 2013—2014 年度中国银行浙江省分行青年岗位能手、五星级柜员。2012—2016 年，连续 5 年取得中文录入、蓝图对公一级能手成绩。2016 年 3 月，被湖州市银行业协会评为"湖州银行业最美银行人"称号；2016 年 11 月，获得全国金融系统银行证券保险综合业务技能竞赛银行类对公项目一等奖；2016 年 12 月，荣获由中国金融工会全国委员会颁发的"全国金融五一劳动奖章"。2017 年初，成为中国银行浙江省分行首批一级核心专业人才、浙江省分行卓越员工；2017 年五一节前夕，荣获"2016 年度中国银行五四青年奖章"，受邀参加中国银行全球青年节活动。

凭着对金融事业的满腔热忱，多年来，沈晓琴立足本职工作，认真履行职责，不断开拓创新，始终以高度负责的态度，五年如一日辛勤耕耘在平凡的工作岗位上，实现着她的人生价值，并以其良好的职业道德素养、扎实的专业理论基础知识和职业技能，获得全行干部职工的一致好评。

勤奋学习，默默奉献

刚从学校毕业时，沈晓琴是一名从高职学院毕业的特招生，个人学历也只是大专，与她一同入行的都是名牌大学的本科生，面对学历弱项、完全陌生的工作环境及业务，她没有因眼前困难而屈服，她凭着不服输的劲头，认真观察，仔细体会，白天在单位跟着学，晚上在家自学，通过各种途径向老员工学习业务知识，一个月时间她对营业部大大小小的岗位全部熟悉了一遍，一周的时间就具备了独立上岗办理柜面业务、熟练操作各类电子机具的能力。之后，她对营业部各对公业务岗位刻苦钻研，直至精通每个岗位业务。每当营业部遇到其他员工休息或有其他任务时，部门领导想到的总是她，但她从没有怨言。她经常一个人承担两个人的工作量，默默奉献为营业部解决人力资源紧张的难题。

勤勤恳恳，积极创新

沈晓琴到营业部工作后，无论在哪个岗位，她都干一行、爱一行、精一行。营业部对公开户是一项较为烦琐、等待时间较长的工作，要合规、又要让客户满意，对柜台人员来说任务艰巨。在她之前，营业部客户对新开户不能及时开立曾有意见。由她负责开户及其他对公传票输入工作后，为了提高柜台服务效益，减少客户等待时间，她一方面利用休息时间，熟记了在营业部开户的所有客户账号，提高自己的阅读反应速度；另一方面，苦练电脑传票输入技能，以熟练的业务素质，提高为客户服务的质量。人常说：老虎也有打盹的时候，但她每天在有上千万元资金进出的对公柜台上，本着认真负责、耐心、细致的工作态度以及准快的工作效率，硬是让她经手的每笔业务没有发生一笔差错，为保证资金安全交上了一份满意的答卷。

营业部作为中国银行的对外窗口，职工的一言一行都代表着中国银行的形象。在营业部开展"文明优质服务"和安全生产活动的过程中，沈晓琴时刻以中国银行文明优质服务标准要求自己，积极参加金融职业道德教育，规范文明服务用语，努力提高服务水平和服务质量。在三年的一线工作中，她始终面带微笑热情接待客户，耐心解答疑问，为客户营造了一个优质、文明、规范、高效的服务环境，同时也体现了中国银行员工的良好精神风貌。

广研深钻，努力进取

为进一步提高自己的知识层次，弥补专业知识上的不足，沈晓琴通过考试参加了中央广播电视大学金融本科专业的学习，取得本科文凭。在每次的新业务推广中，她始终能做到勤学苦练，反复捉摸，虚心向老同志学习，向业务尖子请教，使自己在较短的时间内掌握了各项系统的操作技能，从而胜任本职工作。为了更好地适应工作，她总是利用休息时间勤练基本功，从传票输入到中文录入练就了一手过硬的本领，为保质保量地完成工作任务打下了坚实的基础。几年中她结合工作岗位特点，有针对性地学习了《会计法》《支付结算办法》《票据法》，参加会计人员继续教育培训；在面对新业务、新知识时，做到精通业务知识，熟练操作程序。更可贵的是，沈晓琴能把所学知识和实际工作有机地结合起来，根据平时工作中积累的经验和相关知识提出了有实践价值的意见，充分体现了一名业务骨干的作用。

众所周知，在营业部工作加班加点是常事。特别是每逢月末年终，沈晓琴从不计较个人得失，加班加点完成工作任务。几年来，她始终如一地以优秀员工的标准要求自己，遵守中行的工作制度和劳动纪律。

沈晓琴在工作和生活中，各方面都经得起考验，是一名"思想好、作风正、工作出色"的优秀员工，无愧于"全国金融五一劳动奖章"的光荣称号。

微笑挂在脸上　服务铭记心中

■ **赵炯**

男，2011 年 6 月毕业于农村金融专业，
班主任：应烟山。

2011 年进入杭州银行营业部工作，从柜
员做起成为明星大堂经理、"杭金工匠"、
杭州市"优秀青年岗位能手"。

　　在长期的大堂经理岗位上，赵炯要求自己除了要对银行金融产品、
业务知识熟悉外，更要加强自身职业道德修养，做到爱岗敬业。在平时
工作中，大堂经理的一言一行通常会第一时间受到客户的关注，因此综
合素质必须相当高，在服务礼仪上也要做到热情、大方、主动、规范。
服务的首要要求是具有主动性，主动服务进入网点的每一个客户。因此
在工作中，赵炯认为自己不仅是银行的工作人员，同时也是客户的"代
言人"。在客户遇到困难时，他能积极帮助；当客户疑惑时，他能耐心
解释；赵炯不但急客户所急、想客户所想，而且能机智处事，及时处理
一些突发事情，避免被投诉。要让每一位客户感受到他的微笑，感受到
他的热情，感受到他的专业水平。

　　服务是吸引客户、留住客户的一个有效手段，而大堂是客户接触银
行优质服务的开端，是客户对银行的第一印象，所以对大堂营销人员的

服务要求也格外严格。杭州银行股份有限公司营业部坐落于市中心，老式居民区环绕，每天来办理业务的客户中有很多中老年客户，且客户量大，从而加大了柜面的压力。为了解决这些问题，赵炯主动做好客户分流，对于老龄客户大多都是存折凭密码存取业务，他及时带这些客户到自助设备上去补登存折，帮助客户查账并且帮助其自助取款，尽量减轻柜面的压力。赵炯不仅以身作则，而且积极协调团队成员做好大堂服务，在自助交易区设置两人定岗为客户服务，通过客户进门的一次分流以及等候超过 15 人后的二次分流，将适用于自助机具办理业务的客户从柜面等候区内分流至自助区，从而减轻柜面压力。除主动分流外，赵炯还积极做到三声、站立、双手、5S 服务，并且落实首问责任制。在工作实践中，赵炯总结出银行业竞争的法宝，就是"服务＋细节＋高效率＝成功"。经过这几年的工作积累，赵炯逐渐开始归纳总结了适合他自己以及本网点大堂管理的工作法，他牵头设计《杭州银行营业部客户动线服务示意图》《杭州银行营业部大堂服务人员作业流程》。经过学习与讨论获得全体团队成员的一致认可。这些工作方法为本网点服务客户提供了标准化流程，并且规范了员工上班时的服务行为，明确了工作职责，增强了互助精神，且提高了服务及营销效率。除此之外，赵炯还组织本团队成员一起学习《杭州银行营业网点服务标准规范手册》《中国银行业营业网点文明规范服务考核标准》。通过学习标准、行为规范，团队成员的工作精神风貌及服务水平得到了长足的进步。

2017 年是杭州银行股份有限公司营业部创建中国银行业文明规范服务百佳示范网点的关键之年，零售营销任务艰巨，所以对于服务及营销要求都更加严格。银行零售业务大多都是通过网点大厅和柜面交易来实现的，但受互联网金融及银行自助渠道分流的影响，如今到银行网点办理业务的客户逐步减少。从营销的角度来看，这部分主动上门的客户就显得尤为重要。因此，"大厅制胜"是提高银行基层零售网点经营能力的一大法宝。网点个人金融产品营销业绩的好坏，基本取决于本网点厅堂管理的水平。"大厅制胜"的灵魂就在于客户服务与营销的有机结合，做到主动厅堂营销。营销是以客户需求为导向，是客户需要什么就主动为客户提供什么，让客户感觉你在为他提供方便，以服务带动营销。一天，赵炯在大厅值班时看见一位50岁左右的女士衣着华丽，坐在大堂左顾右盼，似在寻找什么，他便主动上前询问，得知客户有一笔资金即将到期，想看看有没有安全性较好的金融投资产品。想到他们的安全需求，赵炯主动向客户介绍理财产品，通过专业的理财产品风险及收益分析和对产品说明书的讲解，打动了客户。了解到客户的资金有1000多万元时，又引荐了杭州银行私人银行理财经理为其详细介绍。最后成功争取到该私人银行客户，该客户目前在杭州银行金融资产为1500余万元。赵炯着力于厅堂营销取得斐然成绩，引荐理财客户，帮助团队提升了存款及理财业绩。

"洁身自好勤耕耘，真情奉献品德高。"金融机构的大堂经理是一个外延极具伸缩性的岗位。大堂经理作为银行服务的第一道岗，承接了银行客户从"针头线脑"到存款理财所有的需求。面对这个岗位，赵炯不是被动等待，而是积极主动；不是冷漠应付，而是满腔热忱。工作在银行大堂经理岗位上，就是要做客户最需要的人。2013年7月，一位客户在杭州银行办理业务后不慎将皮夹遗落在大堂，经查看后发现里面有1300元现金、多张银行卡及超市卡券合计5000元。发现这一情况后，赵炯马上查看客户预留的信息并联系到了客户，经过身份证件核验及监控比对后将失物还给了客户。客户对赵炯拾金不昧的高尚品质予以高度评价。2016年5月，一位80岁的大伯在杭州银行门口不慎摔倒，见此情景，赵炯立即安排好厅堂工作，在了解客户并无大碍后亲自将客户送回家。今年是赵炯从事大堂经理工作的第四年。在这4年里，他以热情的服务态度、规范的服务礼仪、全面的业务知识服务每一位客户，得到了许多客户的肯定。

除了做好本职岗位工作，赵炯还不断提高自己的业务水平。他深知作为一名优秀的大堂经理，不仅要熟悉银行的各项业务，更要具备一定的专业技能。为了能更好地服务各种客户，赵炯利用业务时间自学，考取了银行从业公共基础、银行从业个人理财、AFP金融理财师资格、会计从业资格证书、基金从业资格证书等专业技能证书。

事实上，平常而又不平凡的事迹远不止这么几件。赵炯就这样每天在自己平凡的岗位上，为银行的金融事业默默奉献着、勤恳工作着，为银行的广大客户真情服务着、无私关爱着。他始终认为，追求优质服务无止境，银行服务工作没有最好，只有更好。

七彩生活　精彩人生

■ 李泽原

男，2013 年 6 月毕业于金融管理与实务专业，班主任：周锋。

毕业后进入浙江省农村信用社联合社工作 7 年；2020 年考入桂林理工大学，攻读工商管理硕士。

在我们生活的七色板上，需要亲朋好友的掌声，需要温暖人生的阳光，需要海洋般的胸怀，需要……但更需要的是坚忍不拔的毅力。正如狄更斯所说，顽强的毅力可以征服世界上任何一座高峰。

入学，执着之心显端倪

生于 1992 年的李泽原，是一名土生土长的杭州人。与大多数同学不同，他没有参加过高考，而是选择了高校"自主招生"这条升学道路。当然，无缘亲身体会高考前后的百态滋味，也成为他人生当中的一大憾事，然而这条路的选择注定不平凡。

"选择学校不能马虎，毕业就失业的情况决不能出现在自己身上。"李泽原在选择学校时有自己的想法。后来，他了解到浙江金融职业学院与金融机构合作开办的银领学院以"订单班"形式定向培养金融人才，从"订单班"出来的学生基本都能进入银行工作，于是锁定了目标。最终，他通过自主招生考试顺利进入浙江金融职业学院。在专业填报上，他结合自己的兴趣和父母的建议，选择了金融管理与实务专业。他认为，这个专业不仅能够学到管理方面的知识，更能掌握不少技能。

刚入大一，李泽原就想趁着年轻多学点技能，这样毕业后找工作就更有优势。从此，他一门心思扑在点钞、五笔和传票三项技能学习上。上课认真听老师讲解，下课研究提高操作速度的方法，一有想法马上跑到技能教室尝试。在技能学习过程中，李泽原展现了超强的毅力，每当遇到突破不了的瓶颈时，他都会主动请教技能老师或是学长、学姐。他觉得，既然认准了一件事，就应该一门心思把它做好。当然，老师的帮助也是让他技能得以提升的关键因素。

到了大二，李泽原开始有意识地参与一些学校的学生会工作和社团活动。他说："利用这个平台可以实现'三人行，必有我师也'，并发挥自己的兴趣专长。"在卢劼老师和学长的建议下，他加入了学校的体育部，担任副部长一职。那时，学校正大力推进"校园体育"建设，其中包括"晨跑打卡"活动，规定每个学生在学期内必须完成相应的晨跑次数，并列入学分考核。身为体育部副部长的李泽原，每天要按时守在操场上等待一个个同学晨跑完毕、排队打卡。这并不是一项轻松的工作，一年四季，每天早上6点多就得准时到操场待命，没有足够的毅力是坚持不了的。"那段时间，我都是寝室里起床最早的一个，同学们只要达到学校规定的晨跑次数就可以不用继续晨跑了，但我作为考核人员必须坚持到学期末，等待全部数据统计完毕才算完成。'晨跑打卡'磨炼了我的毅力，让我受益匪浅。"李泽原如是说。

学业，坚韧气质露锋芒

大二第二学期，李泽原得知银领学院"订单班"开始招生，便毅然选择了参加面试。当他选择报名参加浙江省农村信用社联合社的"客服中心订单班"面试时，同学们都很不解，认为客服专员是更适合女生的岗位，柜员岗位才是男生的最佳选择。"尽管同学们不理解，但我认为客服专员是直接面对需要帮助的客户，如果能够用自己的服务帮助他们解决问题，那么我的价值就能得到最大的体现。如果我能做好这个岗位，那么其他男生同样可以，这也为今后其他想报这个'订单班'的学弟们提供了一个参考。"李泽原说道。对于认准的事情，他总会执着追求。

顺利进入"客服中心订单班"之后，李泽原遇到了班主任孙淑萍。孙老师是学校打传票最厉害的老师，这一点他早有耳闻，他知道这是精进自己专业技能的绝佳机会。为了能够引起孙老师的注意，他毛遂自荐，表达了想当"订单班"班长的意愿。孙老师非常欣赏他的自信，加上他是班里唯一的男生，管理这个几乎清一色的女生班级，或许更得心应手，于是很爽快地答应了他。身为班长，李泽原不仅把班级的各项事务管理得井井有条，而且营造了良好的学习氛围。

这一切，孙老师都看在眼里、喜在心上，也对他提出了更高的要求："尽管你就读的是'客服中心订单班'，但只有熟练掌握点钞、传票和五笔三项技能，你的金融职业生涯才能左右逢源。如果想要学好学精，尽管来找我。"李泽原等的就是孙老师的这句话。从此，他只要一有时间就找孙老师求教。名师出高徒，有了孙老师的指点，李泽原的专业技能自然是更上一层楼了。

职场，非凡毅力遂其志

到了大三的第二学期，李泽原正式进入浙江省农村信用社联合社实习。他知道，这是一轮新的挑战，但是两年半的大学生活告诉他，不管遇到什么困难，一定要坚持下去，坚信自己的毅力能够战胜一切。

初来乍到，单位安排他担任客服专员，他对这个岗位充满了期待。然而，万事开头难，尽管在学校已经对一系列流程演练得驾轻就熟，但是真正切换到实战中，还是出现了不适应。令他印象最深的是，刚进入单位实习不久，一次，部门的两位主管要集中对"订单班"的学员进行模拟测试，部门主管在电话的另一头以客户的身份向学员们咨询一些问题。眼看着一名名学员登场测试，李泽原本来就不平静的心变得更加焦虑起来。当叫到他的名字时，他的脑袋里几乎一片空白。在随后的测试环节，紧张的情绪显然影响了他的正常发挥，他甚至出现了答非所问的情况，测试结束后他也意识到了自己的失误，显得十分懊恼。"这是自己第一次正式实战操作，加上电话那头是部门主管，回答的时候考虑得比较多。其实测试的那些问题都是平时训练过的，但我实在是太紧张了，都不知道自己回答了什么。"回想起这件事，李泽原仍感慨万千。

根据李泽原在测试中的表现，部门林主管告诉他："制约你的并非专业技能，而是心理素质。"主管的话一针见血，李泽原欣然接受。可是，要养成过硬的心理素质并非一朝一夕之事，需要长时间的打磨，极其考验一个人的意志。他并没有因此而退缩，且他给自己制定了两条硬性目标：第一，接听更多电话，以此发现问题寻找不足，并锻炼自己的心理素质；第二，每天接电话不少于 100 个。随后，他就是这么做的。此后，他即使碰到一些难以沟通的客户，甚至出现被客户谩骂的情况，他都"逆来顺受"，并保持耐心，一次不行就多解释几遍，直到问题解决为止。"客户在遇到解决不了的问题时，自然会想得到我们客服中心的帮助。偶尔碰到一些比较难缠的客户，我们也不能跟他们一样出现情绪波动，而要用执着的服务精神为他们解决问题。"李泽原说道。

正是自己对待业务的这份执着与坚韧不拔的可贵品质，让他一步步坚持到了现在，并且已能够从容应对突发状况。他进入单位一年之后，恰逢单位客服专员晋升的机会。在熬过了那段最艰难的岁月之后，李泽原觉得自己各方面的能力和心理素质都有了长足进步，但是相比于一些经验更丰富的同事，他的优势并不明显，要不要报名竞争，他一时举棋不定。他把自己的困惑告诉了孙老师，孙老师告诉他："你不尝试，怎么知道你就比别人差呢？你的年轻、执着、永不服输的性格，就是你最大的优势。"孙老师的一席话让李泽原如释重负，他鼓起勇气报名参加坐席班长助理岗位的竞争。机会总是垂青有能力的人，李泽原从几名竞争者中脱颖而出，如愿坐上了坐席班长助理的岗位。

职位的提升，意味着李泽原的职责随之增加了，他拥有了自己的一个十余人的小团队。他懂得把压力转化为动力，在带领团队不断前行的基础上，自己也在不断摸索与尝试，尽管遭遇苦难在所难免，但是一贯具有的毅力还是让他勇往直前。出色的带队能力，优秀的个人表现，赢得了部门主管的一片赞赏："李泽原是客服中心稀少的男员工，也是做得非常好的一位，岗位适应能力极强，性格活泼，创新意识和主动服务意识很强。"林主管还透露，她最看重的还是小伙子身上的那股韧劲儿。在早期客服中心实习的那段时间，由于部门里女同事居多，一些人要照顾小孩和家庭，所以对上晚班比较排斥。李泽原主动向林主管提出来与这些人调班，最忙的时候曾连续上了近2个月晚班。换作别人，可能坚持不了一周就要打退堂鼓了，而李泽原硬是扛了下来，这份担当、这种毅力让他在同事中备受好评。

深造，磨炼心志再出发

随着人生道路的推进和职业生涯的发展，李泽原愈发意识到自己理论方面的不足，也深刻体会到社会竞争的激烈。他没有犹豫，毅然辞去了稳定的农信工作，选择到外面的世界"看一看"。在正式离职前，为了更好地适应残酷的环境，他还一次性考取了证券从业资格证、基金从业资格证和期货从业资格证。这些从业资格证的考取，在他事后看来，确乎为时已晚，因为这几门基础的证书，都是曾在学校老师口中的"三令五申"。但是，"只要想，什么时候都不迟"，他依然坚定地说道。

然而当他感受到外面"世界"的残酷时，还是有点措手不及。在人生又一次陷入低谷和迷茫的时候，他在和友人交流的过程中，得知自己的工作年限已经达到了可以报考各大高校的工商管理研究生专业要求。在李泽原心里，始终还有当年没有参加高考的遗憾。所以，这回他决定要和千军万马挤一次独木桥。

在确定下这个目标以后，他开始选择适合自己的专业方向和院校，与此同时，也迅速规划了他接下来一年的学习计划。"因为我知道自己的基础薄弱，所以从英语单词和数学公式的记忆逐步入手。"可以看出，虽然他认识到差距，但依然有一股不服输的精神。他在回忆这一年的学习生活时，总是津津乐道。他找到一家市区的自习室，开了一年的小隔间，每天早上 7 点到晚上 10 点，日复一日的努力。"我也觉得自己努力了，虽然考前还是看到不足，但是时间不等人，也算'跟跟跄跄'地进了考场。"这也是他阔别学校 7 年后，又一回参加全国性的统一考试。

其实在李泽原看来，之前这一年的努力，本就是一种心智上的提升。可谁知道，突如其来的疫情，让研究生初试成绩、研究生国家分数线公布一周又一周地推迟。"人生肯定不会一帆风顺，遇到挫折和等待，都是对我的锻炼，我们要学会去面对和拥抱。"他又一次表达了自己淡定的心态。然而当分数线出来的时候，他还是不淡定了。因为没有考取东部线，使得他不得不面临调剂或者再战一年的选择，如果是申请调剂，他又将面临新的择校选择。李泽原心里很清楚，当下时间紧迫，所以短时间的沮丧过后，他认真分析了当下的情况，最后决定先申请调剂，因为他知道兴许努力还是有机会的。

功夫不负有心人，他最终被桂林理工大学商学院录取，成为一名研究生。重新回到校园，让李泽原燃起了对学习的渴望，虽然课程比较繁杂，甚至各科对没有受过系统教育的他来说都具有挑战性。然而他仍然通过一步一个脚印让自己不断地成长。在校期间，他还是记得服务同学，作为班长，服务精神和理念再一次得到了同学们的认可。

最后他说道："不论是生活里的淡然、学习上的坚持，还是工作中的冲劲，我拥有这些品质都要感谢我的家庭、浙江金融职业学院和浙江省农信联社对我的培养和教导。人生路很长，但我一直都不会忘记！"

专业赢得信任　服务创造价值

■ **廖文靖**

2013 年 6 月毕业于国际金融专业，现为杭州银行贵宾理财经理。班主任：孙颖。

2013—2016 年，任浦发银行理财经理；2017 年至今，任杭州银行科技支行理财经理。获得杭州银行科技支行优秀员工和杭州分行十佳、服务之星、优秀之星等荣誉。

2013 年 8 月，廖文靖进入银行工作，目前在杭州银行科技支行担任理财经理。从业 7 年多，作为客户和银行间的纽带，每天面对形形色色的客户群体，她都能以饱满的状态，微笑着迎候每一位客户，认真做好每一件琐事。在她看来，每个人只要诚恳尽职，做自己喜爱的事，在使别人得到愉悦的同时，也能让自己变成一个具有魅力的人。她外表不是最靓丽的，但她的服务是最具特色的。工作中，她喜欢用一句话来鼓励自己：如果你足够热爱自己的工作，你每天就会竭尽所能地让自己变得更加完美。

由于有多年的工作经验，廖文靖在业务能力、营销能力等多方面得到很大的提升，多次参与分行组织的团体营销竞赛，也协助团队取得了斐然的成绩。在推动支行创赢活动中，她积极响应分支行"多开口、多转介、多营销"的号召，协助客户高效办理业务，并且抓住每一个机会营销理财基金等，常常利用晨夕会和柜面同事进行总结和演练。以2019年为例，她的储蓄存款额在支行排名第一，先后获得"最美微笑之星""信用卡营销达人""乘风破浪的理财经理""2019年度优秀员工"等荣誉称号；2020年以来，她的存款余额新增9000多万元，理财余额新增3.5亿元。名下管理基础客群5000多户，这与她热情的厅堂营销密不可分；通过精准的营销、专业化的分析，最终成功拿下客户。她的种种业绩对零售部年末考核排名起到关键性的作用。从地理位置来看，科技支行并不在闹市区，周围居民也较少，客户大多都是来办理对公业务的，这对基础客群的增长造成了一定的困难。她经常放弃休息时间和同事一起上门为优质企业服务，也常常利用节日问候客户的契机入驻社区，给社区居民当志愿者，在为大家无私奉献的同时也宣扬了杭州银行的企业文化，同时也积累了一定的客群。事无巨细，这些都是她平常工作中一点一滴的积累。

廖文靖常常用精细化的服务来打动客户的心。举个工作中的小例子，那是忙碌的周一，她接到一个个人客户的投诉电话，客户对于支行的"季添益"产品自动续买规则极其不满，她耐心安抚仔细询问，得知该客户没有专属理财经理，平常工作较为繁忙，对于理财也都是随意购买没有仔细看规则，她便主动申请成为客户的专属理财经理，和客户耐心讲解杭州银行产品的具体规则，将该产品下一期开放赎回的时间以短信的形式发到客户手机上，同时也在日程表里做了备注，以便于到期前一周电话再次提醒客户。客户对这一精细化的服务感觉特别满意，也加了她微信，在之后的几天内从他行转进500多万元原在浦发银行的账户资金，还介绍其他客户前来购买理财产品。服务就是这样，你真心对待客户，客户也会真心对你。

从菜鸟到雄鹰
——民警张健的成长之路

■ 张健

男，中共党员，2014 年 6 月毕业于金融管理专业。班主任：潘锡泉。2014—2016 年，任浙江生辉照明有限公司采购员；2016 年 6 月—2021 年 5 月，任杭州市公安局下城区分局民警；2021 年 6 月至今，任杭州市公安局拱墅区分局民警。

护航 G20

张健刚入警时，正值 G20 杭州峰会安保的最后冲刺阶段。大型活动的安保历来都是重中之重，G20 杭州峰会安保同样面临着巨大的挑战。这不仅仅与打击恐怖主义的严峻形势紧密相关，还与世界卫生防疫等全球挑战有关。G20 杭州峰会的安全顺利进行，安全是最根本的前提和基础，杭州为峰会做了万全的准备，采取了最高级别的安保措施。那时候他们经常在西湖断桥、市民中心、龙翔桥等重点区域开展驻点巡逻，盘查车辆、人员，确保峰会安保期间无事故。

2016 年是张健参加公安工作的第一年。6 月他刚到杭州市公安局特警支队报到，便被编入战训队，起床、训练、学习、就寝，周而复始，休息成了"海市蜃楼"。对于未被"五特精神"武装的菜鸟而言，他对生活的苟且显得难以适应。曾经他不解，问过领导为什么只是训练，为什么不出去执勤，领导只回了他八个字"基础不牢，地动山摇"。确实，万丈高楼平地起，只有把基础打好才能一往无前无惧一切。唯有全力以赴去点亮苟且，才能在明日宁静的清晨，一起去憧憬诗和远方。高温中的训练已然变为精神与肉体的纠缠博弈，纪律悄然扮演着铁面裁判。没人愿意被判出局，大家知道，痛苦的蜕变终将迎来破茧成蝶。所以，勤学、专注是不二选择，"不抛弃、不放弃"也一再鞭策激励他们愈挫愈勇。终有一天，筋疲力尽的他们在不经意间抬头，便看到了寻找已久的阳光。到了 8 月中旬，他们同一批菜鸟中有 10 人被抽调到大队参加叠加型武装巡逻工作，很幸运他是其中的一员。还记得那时候队长告诉他说，叠加型武装巡逻就是为了提高路面见警率、管事率，震慑违法分子，处置突发警情，服务群众及完成 110 指挥中心的其他指令。武装巡逻是特警刷出存在感的独门秘籍。威武挺拔的执勤英姿、刚毅帅气的特警形象，俨然已成为杭城街面的新景致。而披坚执锐的巡逻生活则点燃了他们的男儿豪情，救助走失儿童、盘查可疑人员、制止打架斗殴更是引爆了内心的职业荣誉感。在这里的每一天，他们都在尝试进步，刚入行的菜鸟也有一双翅膀和向往蓝天的心。

他说为自己能参加值守 G20 杭州峰会这场具有历史意义的安保活动而感到骄傲，对为护航 G20 杭州峰会奉献出自己的一份力量而感到自豪。

抗击疫情

2020 年一场新冠肺炎疫情突如其来，席卷整个中华大地。"疫情就是命令，防控就是责任。"大年初三的晚上，他在得知下城区要成立第二隔离点的时候，主动提前结束休假，毅然回到自己的工作岗位，呈上请战书摁下红手印，申请参战第二隔离点的安保工作。疫情面前警察不退，在最危险的时候，他们深入最危险的地段。把人民群众的安危放在第一位，将疫情防控阻击战工作放在第一位，在疫情面前不顾个人安危，发扬共产党员"不怕累，不怕艰难和连续作战"的精神，在疫情防控工作中将保护人民生命健康的使命放在心头，将遏制疫情蔓延扩散的责任担在肩上，积极参与疫情防控工作，用实际行动扛起抗疫使命担当，充分体现了一位共产党员的博爱精神和情怀，他们以高度负责的政治态度，坚决打赢新型冠状病毒感染的肺炎疫情攻坚战。在隔离点，他们通过分区、分级管控，以隔离人员所在的楼层为核心区，依次分设缓冲区、交接区、消毒区、警戒区、休息区，并根据风险等级，落实足量警力进行 24 小时不间断值守，确保集中隔离点的绝对安全。自大年初三开始至隔离点隔离工作圆满结束，他在隔离点完成了总计 1728 小时的日夜坚守和严密监管，开展驻点巡逻、体温检测、排查隐患等工作，累计接收隔离人员 400 余人，体温检测 2000 余人次，排查并解决安全隐患 10 余起，确保隔离点的绝对安全。在确保隔离点安全的同时，他还要安抚隔离人员的情绪，特别是在隔离人员购买的违禁物品被门岗扣下时，需要与隔离人员进行沟通并让其理解支持门岗的工作。通过他们的努力，安防工作得到了省委督导组、区委领导，以及市局、分局相关领导的一致肯定。抗击疫情，我们义无反顾；国难当头，我们众志成城；希望在前，我们必须牵手同行；未来可期，中华民族必将强大。

正如一位词人所说："流光容易把人抛，红了樱桃，绿了芭蕉。"弹指一挥间，三年的金融学生生涯已然成为过往；现在的他已经走上社会，加入了和平年代最危险的行业——警察。金融学子要用自己独特的方式挥洒热血青春，实现自己的人生价值，不负母校三年的教育和栽培。

最后，祝学校各位老师身体健康、工作顺利；祝学弟学妹们学业有成！

做自己的英雄

■ 赵畅桦

女，中共党员，2014 年 6 月毕业于金融管理专业。班主任：潘锡泉。

2014 年 6 月—2017 年 3 月，任杭州联合银行三墩支行综合柜员；2018 年 2 月—2018 年 7 月，任诸暨市海亮外国语学校初中部辅导员；2018 年 12 月—2019 年 5 月，任义乌市极聚进出口有限公司阿里巴巴国际站业务操作员、京东店铺运营员、亚马逊运营员；2019 年 6 月至今，创办义乌市杭林贸易有限公司，从事跨境电商。

获得杭州联合银行技能比赛五笔打字个人第三名、团体第六名；自有品牌"BACOPHY"获得美国电商平台亚马逊羊毛鞋垫类目"AMAZON'S CHOICE"标志。

2014 年 6 月 23 日，上午学校还在举行毕业典礼，下午赵畅桦便到杭州联合银行三墩支行报到，成为一名银行柜员。

她回想起初入银行工作的那些日子，除了充实和忙碌之外，更多的是青涩、稚嫩、懵懂。三年制专科学制比本科少一年，她本以为这只是文凭的区别。但在实际工作中，她才发现和同年进银行工作的应届本科生、研究生相比，除了文凭之外，在其他方面她和他们也存在着许多差距。她很清楚地记得，同年进去的研究生可以自如地和领导谈笑风生，而她面对领导或同事却不知道该说些什么。其中有年龄和阅历的原因——早三四年种植的树木总是比晚种的长得更高，能见到更多的阳光。当然也有自身性格的原因，那段时间是她的"溺水期"，她需要不断调整自己的心态，尽可能快地适应新的环境。

柜面工作需要精神高度集中，不能有一丝放松；客户流高峰期不要说喝水，饭点延迟也是常态。更不要说每天接待如此多的客户，遇到一些特殊情况，像是收缴假币，少数客户的刁难与蛮横也是家常便饭。但总的来说，尤其是在世俗眼里对女孩子来说，银行柜员到底是一份不错的工作：有稳定且相对不少的收入；干净整洁的工作环境，不必忍受风吹雨淋；尽管生活在高房价的杭州，但所在的支行为她提供了宿舍，只是象征性地收取一些房租。

随着时间的延展，赵畅桦内心的不安与躁动越来越剧烈。一份稳定的工作让人产生不安感，这听起来很矛盾；但这种"不安"恰恰来源于"稳定"。她越来越频繁地问自己，如果离开银行能做些什么？对这个问题，她回答不出来。

于是在 2017 年 3 月赵畅桦从银行辞职，辞职的决定几乎遭到了周围人的一致反对和不解。为了说服家人和朋友，她一度花费了许多的精力与心神。

从银行辞职之后，赵畅桦仍然不知道该做什么。回想起高中时候的愿望是当老师，同时也是为了消磨时间，她参加了 2017 年的研究生考试。结果失败了。这件事让她在一段较长的时间里质疑自己是不是一个"Loser"。很多人也在这个时间站出来，或明或暗地表示她从银行辞职是一个错误的决定。

到了 2018 年，赵畅桦还是没有看到未来的方向。其间也有人出于好心想替她指明方向，但那显然不是她想要的。很多人都曾经问过她到底想要什么。其实至今也说不明白自己到底想要什么，金钱？自由？挑战欲？控制欲？成就感？也许是，也许不是，她唯一能够清楚的是"我不想要什么"。

2018年上半年，她在诸暨海亮外国语学校当了一个学期辅导员，久违的校园生活让她备感美好。但体验过后，她发现也只是短暂圆了年少时的梦想，并不是长久之计。恰好在这个时候，她读到了《毛泽东选集》中关于20世纪知识青年"上山下乡"时的著名论断："农村是一个广阔的天地，在那里是可以大有作为的。""广阔天地，大有可为"，这个想法在她脑子里出现了之后就再也挥之不去。觉得是时候跳出许多条条框框，大胆地去外面看一看了。

2018年冬天，赵畅桦来到了义乌。来义乌的目的非常明确：自己创业。因为当下似乎只有创业这件事是完全可以由自己全盘布局、操控，是由自己指挥而非他人指挥，既能高度满足控制欲，又极具挑战感和新鲜感，一旦成功，这种成就感绝对不是简单地用"开心""激动"这样的词汇所能形容的。

凡到义乌做生意的，不是从事电商，就是从事外贸进出口，或者二者兼有。赵畅桦到义乌之后，在义乌市极聚进出口有限公司做了阿里巴巴国际站的业务操作员，日常工作就是负责国外客户的询盘。这对她来说是非常大的挑战，因为不仅要用英语和客户邮件沟通，而且有些时候还需要电话联系客户。一方面，需要配合国外客户的时间，因此三更半夜爬起来接待客户是常有的事。另一方面，她原本英语水平就不怎么样，书面英语水平还可通过翻译软件辅助，口语交流则完全是仗着厚脸皮和胆子大了。抱着从零开始和"不破楼兰誓不还"的心态，她不到一个月就做成了一个订单，刷新了当时公司新人开单的最快纪录。

这件事情对赵畅桦自信心的增强影响很大。之后又接触了同公司的另外平台的业务——京东平台店铺的运营，并在 2019 年 3 月去了京东北京总部洽谈京东自营业务，以及美国亚马逊平台的店铺运营。在这个过程中，她慢慢走出了原来相对被动的社交局面。尽管依然不喜欢社交，但她现在去见供应商谈业务，或者和其他同行一起交流，完全不是几年前刚从银行辞职的那个社交稚嫩的自己。

2019 年 5 月，赵畅桦觉得对这个圈子了解得差不多了，于是从进出口公司辞职，特地选择了 6 月 18 日这个电商节日注册了公司。考虑到目前国内电商市场过于饱和、一片红海的情况，在营业执照下发后，她又向美国商标局申请了第 25 类美国商标"BACOPHY"，专做服饰纺织类产品的跨境电子商务销售。

创业是一件非常艰难的事，成功率又低。她刚做的那段时间经常失眠，精神和资金上的压力都很大。因为资源有限，为了节省成本，选品，产品拍摄，美工，发货，售后，几乎都是她一个人完成。虽然辛苦，但是其间一直在不断地学习，很多时候一边百度或者在论坛、QQ群求助，一边使用单反、Photoshop 自己琢磨研究，慢慢地倒也掌握了一些摄影和美工的技巧。

在做完前期工作后，她发到美国的第一批货在 2019 年 8 月 23 日抵达亚马逊仓库，正式在亚马逊网站上销售，并于 8 月 28 日在自己的店铺上开出了第一单。虽然只有一单，但对于初次创业的她来说，无疑是一个充满希望的象征。为了获得客户的好评，每个客户的售后邮件都是自己根据客户的订单和产品信息一封一封写过去的，而不是采用一些固定模板。她认为每个人都喜欢被人重视的感觉，客户更不例外——用心编辑的拜年短信看起来总是比群发的要真诚得多。除此之外，为了可以尽可能实时调整广告营销的数据，在那段时间几乎都是日夜颠倒，过着北美时间。那个时候她只有一个信念，就是要把创业这件事做成。

到了 2019 年冬天，此时不仅是国内电商的旺季，也是北美电商市场的旺季，通过前面几个月的付出和积累，她的店铺在北美的销量也开始可观地增长，并且在 12 月的时候销量最为出色的羊毛鞋垫成功获得"AMAZON'S CHOICE"的标志。2020 年是赵畅桦创业的第二年，虽然新冠肺炎疫情对跨境电商有着不小的影响，但店铺业绩 4 月份以来依然在稳定增长。经过对北美市场的分析研究后，她准备再开一家店，主营烟具厨具用品，目前已经向美国商标局申请商标。

与许多其他同学相比，从学校毕业到现在，她换的工作着实是多了些，生活起伏也大了一些，即使是这几年跌跌撞撞后总算有了一点自己的事业，但在很多人对她依然不解。常态的生活并没有什么不好，但生活总归是自己的，它是什么样的都应当由自己决定、争取和塑造。相信每个人都有适合自己的路，喜欢了，选择了，就坚定地走下去。

鹰击长空，鹏飞海浪。也许人生的意义就在于做自己的英雄。

做工作中的有"心"人

■ **朱籽睿**

女，中共党员，2014 年 6 月毕业于金融管理专业。班主任：朱维巍。
2014 年 7 月—2016 年 12 月，任杭州银行金华分行综合柜员；2016 年
12 月至今，任杭州银行义乌支行主办会计。

　　朱籽睿是杭州银行义乌支行的一名综合柜员。她热爱自己的工作，
热爱自己的团队。她始终保持着良好的工作状态，认真对待每一项工
作，把客户利益放在首位，爱岗敬业，竭诚为客户服务。在具体的业务
办理过程中，朱籽睿努力做到用心、诚心、信心、耐心、细心地处理每
一笔业务、对待每一位客户。在工作上，她认真负责，严谨务实，能吃
苦耐劳，善于学习和总结经验，每天都以饱满的热情，用心服务，真诚
服务，以自己积极的工作态度赢得顾客的信任，搞好服务工作，树立热

忧服务的良好窗口形象，让每个顾客都高兴而来满意而归。面对各类客户，朱籽睿都热忱服务，用点点滴滴的周到服务让客户真正体会到杭州银行柜员的真诚，感受到在杭州银行办理业务的温馨。

在学习上，朱籽睿严于律己，积极主动地学习各项业务知识。积极参加总行、综合管理部以及营业部组织的各类培训。在培训中，能紧紧围绕着当前工作中遇到的重点和难点问题，开展业务知识的学习。通过培训，不断增长自身的知识，改善业务知识结构，了解新业务的操作流程，加强了与同事之间的交流，汲取了有益的经验，提高了自身的素质。

在具备娴熟的业务知识的同时，良好的业务技能也是不可或缺的。过硬的技能、熟练的业务是提供优质服务的基础。在休息时间，朱籽睿不间断地练习各项技能，自入行以来，其技能水平有了明显的提高。在营业部组织的业务技能练习和每月的技能测试中，她的技能成绩始终名列前茅，还代表金华分行参加了总行组织的技能比武，并取得了单项五笔打字第八名的成绩。朱籽睿坚信不断提高才会有更大的进步，练好技能是做好优质服务的基本。

银行临柜是一个集体，朱籽睿经常与同事们分享经验、畅谈人生。在同事们的眼里，她是个积极进取、团结友爱、乐于助人的小才女，像个小太阳，不断地传播着真、善、美的正能量。生活中的她热爱书法。练习书法不仅能修身养性，改变气质，还能使人身心清爽愉快。在忙余提笔挥毫，心情好时乐在其中，悠游其间；心情低潮时大笔一挥，自能去忧解闷，获得心灵的调剂，充实生活，增强文艺素养。闲暇时刻提笔练习，用毛笔那神奇、柔中带刚的笔触，来提升文艺素养，充实生活内涵。书法是一辈子的事，朱籽睿享受着其中的深沉与乐趣。

朱籽睿坚定不移地坚持"以客户为中心"的服务理念，创新求变，争做贡献。把平凡的事情重复做、把简单的事情认真做，用心办事、用情做事、精细行事，鞭策自己提高服务质量，与同事一起发挥团队协作精神，努力在柜台创造新的价值，为杭州银行的发展贡献自己的力量。

及时阻止可疑汇款，使客户免遭经济损失

古人云："不患无策，只怕无心。"朱籽睿始终坚持做一个有"心"人，耐心办理业务，热心对待客户。2016年2月16日下午2时左右，朱籽睿接待了一位要求转账的老年客户。该客户要求将其账户内的10万元资金汇往某投资集团有限公司账户。在办理业务之前，朱籽睿对其进行了"四必问"提醒，客户的回答许多地方含糊不清。警觉的朱籽睿觉得这笔业务疑点较多，从维护客户利益角度考虑，为了客户的资金安全，朱籽睿立即对客户进行了劝阻并向营业主管做了汇报。在进一步和客户交谈中得知，该客户被一些非金融机构所谓的"高息理财产品"所吸引，只是通过一个不熟悉的朋友推荐而相信，转账存在较大风险，诈骗嫌疑极大。经过反复劝阻，该客户最终放弃转账，并对分行营业部工作人员的认真负责态度表示了感谢与赞赏。

一句转账安全提醒，对柜员来说只是一句话的小细节，但却发挥着重要的作用。随着银行业务的不断发展，各种电信诈骗案件频繁发生，作为综合柜员，对待每一笔业务都须保持谨慎的态度。

主动上门服务，赢得客户好评

用点点滴滴的周到服务让客户真正体会到杭州银行柜员的真诚，感受到在杭州银行办理业务的温馨。2015年年初，杭州银行金华分行承接了金华市"二七区块"拆迁补偿款发放工作。此次补偿款发放涉及拆迁户4000余户，金额1.6亿元，业务量创分行开业以来之最。面对时

间紧、柜面人员不足的困难，杭州银行金华分行全体动员，通过周密充分的组织、细致高效的服务，推动了拆迁款发放工作的顺利开展。在此期间，朱籽睿时常放弃自己的休息时间，针对部分特殊原因行动不便的客户，主动去医院办理延伸业务，与同事密切配合为其提供一对一上门服务，并表示慰问。在保证客户账户安全的前提下，尽可能提高服务效率和服务质量，得到了客户的高度好评。同时，也扩大了杭州银行的社会影响力，提升了杭州银行的美誉度。

对母校教育教学工作的感言

浙江金融职业学院主要围绕知识学习、技能训练、能力培养和综合素质提升四大主题实施教学，并与金融企业建立长效化的产学合作机制，以"订单班"为载体，提前锁定优质就业岗位，为各类金融与类金融机构培养了高素质技术技能型金融人才。希望母校继续坚持此类教育教学工作，为学弟学妹们提供更多更好的工作岗位，为社会培养更多的高素质应用型金融人才。

优秀校友案例 | 上编

守住"两颗心"　收获精彩人生

■ **张培**

女，2015年6月毕业于金融管理专业。班主任：邱俊如。

2015年7月—2015年10月，任温岭联合村镇银行大溪支行综合柜员；2015年11月—2016年2月，任温岭联合村镇银行滨海支行综合柜员；2016年3月—2016年4月，任温岭联合村镇银行泽国支行综合柜员；2016年5月—2017年2月，任嘉善联合村镇银行营业部综合柜员；2017年2月—2019年12月，任嘉善联合村镇银行惠民支行综合柜员；2019年12月至今，任嘉善联合村镇银行天凝支行主办会计。

获得嘉善联合村镇银行职工技能比赛"多指多张"第一名、嘉善联合村镇银行职工技能比赛"单指单张"第二名、嘉善联合村镇银行职工技能比赛"个人全能"第三名，获评嘉善县级"巾帼文明岗"称号（所在部门）、嘉善联合村镇银行2019年度"优秀员工"称号、杭州联合银行联合系2019年度运营"优秀员工"称号。

时间总是在悄无声息中流逝，猛一回头已经毕业4年多了。刚毕业那会儿，她初入银行什么都不会，系统操作不会，点钞机也用得很慢，

专业知识也不够扎实，没想到跌跌撞撞地走到了今天。好在有同事的热情教导，以及她积极努力的学习，才有了今天的自己。

记得第一次坐在柜台的位置上，虽然还是实习生，师傅坐在她的身后，她表现得还是非常紧张不安。平日里，看师傅们熟练、大方、有序地办理业务，以为工作非常简单。直到自己真正做了，才发现每一个看似简单的工作步骤操作起来都不容易。简单的几句"你好，请坐；需要办理什么业务"，背后也需要有足够的业务能力储备，才能自己说的安心。办每一笔存取款业务，都要牢牢记在心里，打起十万分的精神，因为一不小心就会错账，事后再联系客户，再调账，都要花费更多的时间和更大的精力。柜台工作看似很平凡，但要做好并不简单。业务是机械的，但是要做到对每一位客户报以真诚的微笑和用心的服务才是最难学会的。这不仅要具备较丰富的业务知识，还要懂得待人接物的方式方法。渐渐地，她熟悉了银行这种紧张而有序的工作氛围，也自然地融入了这个优良的工作环境中。

工作中的她变得热情、礼貌、快捷。对每一位客户的询问她都能耐心解释，有问必答。参加工作以来，她始终坚持先学一步、多学一点、深学一点，苦练基本功，加快业务办理的速度，保证业务办理的质量。虚心向同事学习，使自己的理论和业务技能水平日益提高，得到了客户和领导的认可。

张培认为，想做好一名银行员工应该具备以下两颗心。

第一颗是责任心。都说责任重于泰山，在银行工作尤为如此。对工作充满责任感时，就能从中学到更多知识，积累更多经验，从而体会到工作带来的快乐。

第二颗是关爱心。服务是心与心交流的桥梁。在与客户进行交流时，注意说话时的语气、角度、方式、技巧，力争做到既不违反规章制度，又让客户欣然接受。"细节决定成败"，服务最重要的就是细节，让客户在细微之处体会真情，用真心打动客户，用诚心感动客户，让客户高兴而来满意而归，来了一次还想再来。也要经常换位思考，想客户所想，急客户所急，解客户之忧。只有这样，才能打造零投诉的"口碑"银行，才能吸引更多的优质客户。

张培深知，要做好工作仅仅业务能力强是远远不够的，还要有强烈的事业心和责任感。因此，她注重细节注重服务，努力改善客户体验度和满意度，不怕苦，不怕累，认真做好工作。为了上班时间能更好地服务客户，她尽量在中午时间处理完内部工作，对工作绝不说"不"，再多的业务也能做到不出差错。她认真负责的工作态度和热情洋溢的工作激情得到了客户和领导的认可，也能出色完成上级和领导交代的各项工作任务。

"不积跬步，无以至千里"，每个人都在努力奔跑，让自己离金融梦更近一点。望着跑在前面的人的背影，看到他们身上挥洒的汗水和精神，她不禁陷入深思。有的人以行为家，清晨到岗忙碌一天，时常加班到天黑，日日如此。甚至有家属调侃道："银行啊，请把我的对象还给我。"还有的人专业知识丰富，专业技能强，但仍然积极主动，虚心求教，不断提升自我。她们都是张培心中的学习榜样，是她前进和奔跑的方向，是追逐梦想的指路明灯。

在工作之余，她积极参与行内外的大小活动。入行4个年头，收获个人和集体荣誉18项，同时她积极发挥自身的优势，不怕苦、不怕累、不断砥砺前行，终于在毕业第4个年头升职为支行最年轻的主管。这些都是对她工作和学习最大的肯定。

角色的转换，意味着责任的增加，也意味着从另一个"0"开始。履行新晋的主管职务，总是会碰许多壁，因为她不再是只管好自己就可以了，也不再是下了班就一身轻松。整个支行，大大小小、里里外外每一件大小事都要放在心上。更多的是去思考如何才能更好地管理，如何让制度更完善，如何才能让支行发展得更好。回想起来，开始接手工作的第一个月，她显得格外的手忙脚乱。每天都无法准时下班和家人一起吃饭，有时甚至加班开会到晚上十来点，回到家中，还要安排第二天的工作。家人曾因心疼，问她要不要换一份轻松点的工作休息一下，不至于这么辛苦。她听到后，毅然决然地拒绝了。张培相信付出总是有回报的。可能人有热爱的工作，就是会不顾一切，一直努力坚持，不舍得放弃的吧。她曾害怕和质疑，质疑自己真的能够胜任这项工作吗？答案是肯定的。现在，她常常疏导自己：不论是否热爱自己的工作，不论做什么工作，不论在什么岗位，每个人都有来自工作和生活的压力；压力如果不能将她击垮，那她必将更加强大。面对烦琐的工作她始终保持乐观积极的心态。总结这些年的工作经验，她认为只要胆大心细肯吃苦，一定会成功。

作为一名朝气蓬勃的年轻人，她有着自己的理想、自己的人生观和价值观，能够通过自身的努力让自己在学习和工作中取得优异的成绩。张培希望自己能够一直像阳光那样简单而快乐，以微笑服务的样子，成为银行一道独特而亮丽的风景线，同时也希望自己能再坚持再努力，在银行业这条道路上越走越远，越走越好。因为工作成就更好的自己，也让工作因为自己更精彩！

心怀梦想　无悔青春

■ **章俊**

男，2015年6月毕业于农村金融专业。

班主任：王立成。

2014年8月—2015年6月，在宁波市区信用联社实习；2015年7月—2015年9月，任杭州安邦护卫公司员工；2015年10月至今，任兰溪市公安局巡特警大队中队长。

2017年，获得金华市"十佳巡警"称号；2018年，受到金华市公安局嘉奖。

在校期间，大家都叫章俊"小黑"，他担任过学院田径队队长一职，在平时课余的时候带领田径队的小伙伴们一起训练，与大家共同享受运动带来的乐趣，他也是学院第九届十佳大学生"体育之星"。7年前的他积极响应国家的号召应征入伍，成为一名武警战士。部队严明的纪律生活和魔鬼般的训练，赋予了他军人应有的钢铁意志，在部队里收获了坚持、坚韧、坚守。退伍后，当他迷茫于未来之路如何前行时，党和国家给了他又一次重塑自己的机会。2012年9月，他进入了浙江省金融界的黄埔军校——浙江金融职业学院学习。

在校期间，虽然有很多的不适，但章俊始终保持军人应有的本色，努力学习，不断提升自己的综合素质和职业能力，不断发挥自身特长。秉承朋辈互助的理念，他连续 3 年担任学院新生军训教官，向学弟学妹传递正能量、传播新思想。在课余之际，他积极参加体育锻炼，凭借自己顽强的拼搏精神，连续 3 年蝉联学院运动会 5000 米冠军，同时打破学院 5000 米和 10000 米的记录，获得了浙江省第三届大学生田径锦标赛 5000 米季军和男子 10000 米冠军。3 年的学习生涯使他的知识变得更加丰富，处事更加成熟稳重，感谢 3 年以来为他成长付出心血的学院领导和老师，让他始终相信心若在梦就在。

毕业来临，章俊再一次站在人生抉择路口。一次偶然的机会，他看到了特警招考信息。特警是他一直向往的职业，他从小就立志当一名警察，在家人、老师和同学们的鼓励下，毅然决定报考。功夫不负有心人，经过不懈的努力，章俊终于实现了自己的梦想，成为一名特警，现就职于兰溪市公安局巡特警大队。工作以来，他始终牢记老师教诲，不忘内心的信念，带领中队奋勇前行，屡破大案要案，参加 G20 杭州峰会安保工作并出色完成任务，每次大队考核都取得第一名。在中队全体成员的共同努力下，他所在中队被评为 2016 年度"先进中队"，章俊也担任巡逻二中队中队长一职。当头顶警徽、身着警服的时候，当《人民警察之歌》响起的时候，他感受到了神圣的责任感和使命感。人民警察，不仅仅是一份职业，更是他心中坚守的信念，是忠于党、忠于祖国、服务人民群众的信念。

承担光荣使命，认真护航 G20

2016 年 G20 峰会在杭州召开，安保工作面临着巨大的挑战，全体公安干警放弃周末休息时间，加班加点，全身心投入到峰会安保中，展现了新常态下公安干警"敢于担当、勇于奉献"的精神，成为"两学一做"活动的一道亮丽风景线。那一年，是他参加工作的第一年，刚到兰溪市公安局巡特警大队报到。高温中的训练已然变为精神与肉体的博弈，8月中旬，他很荣幸地被抽调到市局的武装巡逻工作中，心里依然记得大队长的叮嘱：叠加型武装巡逻就是为了提高路面见警率、管事率，震慑违法分子；处置突发警情；服务群众及完成110指挥中心的其他指令。武装巡逻是特警刷出存在感的独门秘籍，威武挺拔的执勤英姿、刚毅帅气的特警形象，成为兰溪城市一道靓丽的风景线。回忆当时的经历，章俊为能参加G20杭州峰会这场具有历史意义的安保活动而感到骄傲。

抗击疫情，责无旁贷

新冠肺炎疫情突如其来。大年初三的晚上，在得知兰溪城区要成立隔离点的时候，章俊提前结束休假，毅然回到自己的工作岗位，申请参加隔离点的安保工作。疫情面前警察不退，在最危险的时候，他深入最危险的地段，把人民群众的安危放在第一位，将疫情防控阻击战工作放在第一位。在隔离点迅速开展工作，通过分级管控，以隔离人员所在的楼层为核心区，依次分设缓冲区、交接区、消毒区、警戒区、休息区。同时，根据风险等级，落实足量警力进行24小时不间断值守，确保集中隔离点的绝对安全。自疫情防控开始至疫情防控圆满结束，总计1500小时的日夜坚守和严密监管、排查隐患等工作，他们累计接收隔离人员300余人，排查并解决安全隐患10余起，确保隔离点的绝对安全。他说：抗击疫情，责无旁贷。

履职厦门金砖五国会议安保工作

自成为一名特警以来，章俊始终对自己高标准严要求，在上级领导和同事的关心爱护下，时刻牢记使命，忠实履行职责，正确处理苦与乐、得与失、个人利益与集体利益的关系。日常工作中不折不扣地服从领导的安排，在厦门金砖会议安保期间，做到兢兢业业、刻苦勤奋，努力为大会安保做出应有的贡献，展示了新时代公安特警的靓丽风采。平时和课余时间，积极学习理论知识，努力训练特警工作技能，积极学习相关法律法规，用先进的思想、科学的观点思考问题、分析问题。努力在实践工作中提高自己解决问题的能力，不断开拓特警工作新局面。在会议安保期间，他因水土不服发烧感冒，但为了大会的安全，考虑到同事们都是第一次到厦门支援，工作流程不熟悉，岗位多，人员少，工作压力大，他坚决不打退堂鼓。他发扬特别能吃苦、特别能战斗的新时代特警精神，挺起胸膛带病工作巡逻、站岗，一个班值下来，已是腰酸背痛，口干舌燥，但他没有退缩，没有叫苦叫累，顽强拼搏，连续工作10小时。领导知道后劝他休息，他婉言拒绝了领导的关怀和好意，发扬敢打敢拼、迎难而上、不怕苦的作风，继续坚守在工作岗位上。

顽强拼搏、辛勤的工作取得了一定的成绩。大队安保期间，共查获管制道具30余把，盘查违法嫌疑人员20名，盘查过往车辆1500余辆。章俊把领导的表扬转化为工作的动力，激励自己更加努力工作，坚守为平安峰会做贡献的初心。

磨砺耐心　厚积薄发

■ 潘公权

男，2015 年 6 月毕业于金融管理专业，毕业后进入浙江农信教育培训部工作。班主任：金广荣。

这个世界，每天都有各式各样的事情发生，每个人都要做着自己的工作，而潘公权在省联社教育培训部至今已经工作了 4 年多。从一开始的职场菜鸟，到现在慢慢找到感觉，这份工作带给他很多的乐趣。

2015 年 7 月入职，一开始的工作是银行客服，潘公权经常听到一句被客服中心奉为经典的句子，"客户虐我千百遍，我待客户如初恋"。是的，做客服最重要的是要有耐心，客服需要处理的事有时非常琐碎，每天都会碰到各种各样的客户。刚开始工作的时候，他每天的情绪也会随着碰到的事情、碰到的客户而改变。被客户骂了两句，心情变得沉重，笑不出来；被客户表扬了，马上轻快起来，热情而周到。随着工作经验的积累，他慢慢认识到只有一步一步学会控制自己的情绪，不被客户影响，才能够有自己的判断，为客户解决他们想要解决的问题。在客服中心，每天都会出现许多好人好事，这些事虽小，但从这些小事中让大家感受到的是教育培训部大家庭般的温暖。工作紧张忙碌的气氛常常给人带来压力，但是压力就是动力，他被身边师傅们和新学员们的热情、欢迎、微笑所感染，能让紧张工作的自己感到轻松。在工作期间，他不断向身边的同事们学习，听着师傅亲切熟悉的话语，看着他们娴熟的操作，体味着他们在工作时的认真和笃定，青春的浮躁也与之褪去，多了一份成熟和稳重。要把一件事做好，考虑周全，拿捏准确，需要花费很多工夫；所谓为客户着想、替客户分忧、达成客户心愿，绝非口上那句"先生，您的心情我能理解"就可以完成的，而是需要工作人员具有敢于承担的责任心、善于分析和处理的判断力与执行力，只有具备这些责任和能力才能真正为客户完成心愿。

2016 年 8 月，潘公权通过内部竞聘成为一名助理储备，协助班长处理组内日常事务，解答组员问题，审核客户工单，这期间也让他的管理能力有了明显提升。如今，潘公权已经独立带组，可以承担大部分运营现场的工作。多年的工作经历已经让他明白，没有什么成功是一蹴而就的，你永远不知道下一刻等待我们的是幸福还是灾难，就像永远不知道看似外表完美的苹果里面是好是坏，只有自己去品尝、去接受，才知道那未知结果的味道。人生的道路漫长，且蜿蜒崎岖，让人往往迷失了方向，忘记了来时的路，也不知将去往何处。走着走着，前方的灯光暗淡了，远方的目标不见了，匆忙四处张望，一片茫然；生活的舞场里有太多的无常，夕阳黯淡无光，星光无序飘荡，常常让人找不到自己的坐标。

岁月流逝，身边的人事物不断变化，平凡的我们不一定平庸；乐观勇敢地接受生活的挑战，认真对待任何一份工作，热情对待每一个人。

优秀常伴 持梦前行

■ **陈嘉鸿**

男，2015 年 6 月毕业于金融管理专业。班主任：牛涛。

2015 年 7 月—2016 年 12 月，先后担任兴业银行杭州分行零售部产品经理、分行营业部客户经理、团队长；2017 年至今，任华福证券浙江分公司直属营业厅机构业务负责人、资深投资经理。

获得华福证券 2020 年度"十佳青年"、2019 年华福证券优秀员工、2019 年浙江分公司上市公司业务之星、2019 年兴业银行兴乐学优秀学员、2018 年华福证券优秀投资经理、2018 年华福证券优秀员工、2018 年浙江分公司最佳营销奖、杭州西湖风景名胜区民宿协会顾问等荣誉。

　　陈嘉鸿在校期间，曾在校党委宣传部勤工俭学，工作认真勤勉，协助领导做好各项事务性工作，学校领导和同学对其都赞许有加。

　　2015 年毕业前夕，陈嘉鸿先是在兴业银行杭州分行实习，实习期间较好地完成领导安排的工作计划，毕业后进入兴业银行杭州分行工作。在兴业银行工作的这段时间，他努力认真，慢慢地把自己从"方"打磨成"圆"，工作业绩排名靠前，引进多位理财钻石客户，较好地完成领导安排的工作；积极参加总分行培训，曾获得分行优秀奖、营销奖等奖项。工作之余，积极参加行里组织的文艺活动，表演项目入选浙江省分行年会，与同伴们一起努力获得省行特等奖。

2016年，陈嘉鸿被西湖风景名胜区旅游局下属民宿协会聘任为行业顾问，长期关注研究民宿行业及其生态链的发展。2017年底，陈嘉鸿进入华福证券系统工作，从零开始，从银行突破到券商，转行带来了全方位的挑战，在协助领导筹建新的营业部初期就遇到了各种各样的挫折，但是他没有气馁，爱拼才会赢的拼搏精神和坚韧不拔的性格让他勇于担当、迎难而上，营业部最终在监管要求的时间内顺利通过验收开业。工作期间，他个人名下新增资产逾3亿元，营业部新增各项资产超过10亿元，个人零售业务与机构业务齐头并进，与小伙伴们一起火力全开，向精英团队看齐学习，努力为华福事业开拓进取，激情奋斗！在各项规模不断创新高的同时，富阳营业部的队伍也在慢慢壮大。光阴间隙里欢乐小鸟雀跃林间，也有轻舞飞扬的落叶飘落钱江，时光缱绻，陈嘉鸿与小伙伴们两年半的努力终获得公司的肯定，他也连续两年获评公司优秀员工，在2020年还获得了浙江分公司优秀投资经理奖和优秀营销奖，获评上市公司服务之星等荣誉。

在工作之余，他积极参加各类社会公益慈善活动，参加中国狮子会杭州分会在杭州城西关于脑瘫儿童的关爱行动，为杭州地区的脑瘫儿童奉献自己的爱心；网上很多经过核实的定向募捐活动，他看到也会参与捐赠，力所能及地为世界上其他更需要爱与希望的人们点燃星火。

陈嘉鸿热爱运动，定期与银行系统工友组织篮球、乒乓球等运动，在形成健康生活圈的同时，也与朋友们交流学习业务知识；在增厚自身业务修养的同时，也与同业团队一起解决业务需求问题。

陈嘉鸿与高校保持良好的关系。2019年受到母校浙江金融职业学院的邀请，以特邀嘉宾、外部讲师等形式，与同学们进行交流，分享着自己的宝贵经验。同年，陈嘉鸿受推荐，参加了由杭州市委主办的杭州市国际金融人才研修班。这对年轻的陈嘉鸿是一种肯定，更是一种期许。修炼十八般武艺，书写无悔青春。

2020 年，因为抗击新冠肺炎，全国医用物资紧张，陈嘉鸿积极参与关于浙一防护服捐赠的行动，联系兴业、泰隆、浙商银行等金融业朋友开展定向募捐活动。该行动共募集 50 余万元款项与医疗物资，默默地为全国的抗疫之战贡献力量。2020 年 5 月，陈嘉鸿被中国共青团华福证券委员会授予"2020 年度十佳青年"称号！

寓兴趣于工作之中　拥抱快乐

■ 万潞

女，2016 年毕业于农村金融专业，现为浙江新源控股集团有限公司初级会计。班主任：王德英。

　　时间过得飞快，转眼间万潞已经毕业快 5 年了。回想起在母校的日子，似乎还在眼前：忘不了与同班同学首次自我介绍时的紧张；忘不了面试订单班时的忐忑；忘不了参与各种活动时的快乐；忘不了结伴去图书馆的温馨……许多许多，她难忘在金融学院美好的校园记忆！大三时，万潞进入了横店影视订单班，在银领学院参与职业培训，使她在工作岗位上能够很好地发挥自己的专长。

　　在横店影视工作的 4 年中，万潞从一名出纳人员升职为助理会计，并且在这一段工作经历中学到了许多，对今后的工作生活都有很大帮助。当时选择横店影视股份有限公司，是出于对电影的喜爱，并且工作与所学专业比较对口，于是在订单班面试时毫不犹豫地选择了它。这个决定是非常正确的，在工作中学习是非常快乐的一件事。

入职出纳岗位，开始先学习前台的各种操作，很快万潞就熟悉了工作流程，工作越来越熟练。她便开始向会计请教各种日常账务的处理，深入了解货品、原料等等，为之后的工作提前进行学习。在努力做好自己工作的同时，万潞还非常热心地帮助同事们解决工作困难，这一切都为今后的工作奠定了基础。公司第一次调动结束后，她成为一名助理会计，调到了纷腾电影生活馆。这是横店影视旗下首家旗舰店，不同于其他影院，"纷腾"是一个综合体，不仅有影院，还有餐饮、甜品、酒廊等，对万潞是一个巨大的挑战，她害怕自己没有办法胜任，但同时她也非常感谢能拥有这一段工作经历，这使她变得更加仔细认真。从开始的焦虑到慢慢习惯，各种的餐具、固定资产、蔬菜、水果等账目，在工作中的每一步都需要更加仔细，这里的账务工作也不同于其他影院，工作之外需要不断地自我学习和提升。在那段工作的时间里，万潞迅速提升了自己的业务水平。在横店影视的工作经历为后来的工作打下了坚实的基础，现在万潞在浙江新源控股集团有限公司工作，依旧从事财务会计工作。

万潞时刻提醒自己保持初心非常重要，她也将自己这些年的工作进行了总结：作为一名财务会计人员，不仅要具备相关的职业技能，更要有履行岗位职责、坚守工作岗位的精神，要有良好的职业道德和严谨的工作作风。首先，专业技能是执行会计工作的基础，一名合格的会计工作者不仅要学会记账、算账、报账，准确无误地记录每一笔经济业务，如实反映企业财务状况和经营成果，更要立足企业自身的经营特点，充分考虑经济环境的影响，科学地进行财务决策，将企业费用控制在预算之内，并积极参与企业经营活动，及时提供参考建议，改善经营管理、降低成本、提高经济效益。其次，要有较强的社交沟通能力，做好部门之间的沟通、协调，保证各个部门间信息的传递。必须要有积极向上、勤于学习的心态，学无止境，善于掌握新知识，注重会计法规的知识更新，及时学习各项财务知识。当然，严谨的工作作风也尤为重要，从点滴做起，养成良好的工作习惯，小到一个阿拉伯数字的记载、一张票据的粘贴、一张记账凭证的填写，都要做到井然有序，保证信息完整无误，这些是一名会计人员职业道德的体现。

最后，她想对在校的学弟学妹们说：请珍惜大学的美好时光，努力去考试去学习去突破自我。未来，你一定觉得自己曾经的努力是值得的！

最好的创业源于生活

■ **石浩**

男，2017 年 6 月毕业于金融管理与实务专业。班主任：沈雯。

从 2016 年 10 月开启创业之路，创业初期加盟了可爱可亲品牌，成立了自己的母婴用品生活馆。经历了几年的创业之旅，目前已经创立了自己的品牌 Baby Time。

在选择创业之前，石浩也曾去咖啡厅、工地打过工，做过兼职，每一段经历都是一个突破，都是在挑战自己。性格决定了他不甘愿就过这样无趣的人生，总想经历更多、懂得更多，什么东西自己都想懂一点、学一点，于是萌发了自己当老板的想法。原先的这些打工经历也为他积累了更多的勇气，每天接触形形色色的人，和各种人做生意、打交道。于是有了做生意创业的打算，秉持一颗既然做了就要做好的心，一直走到了今天。

石浩一直坚信，最好的创业一定是来源于生活，脱离了现实生活和人们当下或将来的需求的创业计划一定会失败的。他的创业计划的灵感就来源于国家出台二胎政策，选择了当下热门的母婴行业。也恰恰在这时当地最大一家母婴店由于经营不善而倒闭，会有一大波客源流出；同时他也发现当地很少有设备完善的一站式母婴店，因此毫不犹豫地选择投入母婴这个行业。

或许很多人会觉得一个男孩子做母婴行业会很奇怪，但是石浩却并不这么想，他觉得在任何一个行业只要能做成功都是值得被别人认可的。在确定了目标之后，马上开展了相关的问卷调查，估算了社会对该领域的需求量，也正是如此他看到了这个计划的前景。与此同时，石浩向父母展示了自己的市场调研报告，详细讲述了自己的创业方案，并拿出了各种风险应对措施，让父母觉得他所做出的不是草率的决定，而是经过深思熟虑后的完全具有可操作性的创业计划。随后获得父母支持，并给予创业启动资金。

回学校以后，石浩先向班主任沈雯老师说出了要自主创业的想法。老师在听了他的阐述以后，对他的想法给予了肯定，同时也积极帮助他联系院系领导，院系领导也对他自主创业的想法表示明确支持。于是，在院系领导和班主任老师的指导、帮助和鼓励下，石浩一边学习一边为自己的事业做起了初期准备。

开店最开始就是要选一个合适的店铺，通过实地考察，固定时间蹲客流量，观察附近小区入住率和周围母婴店分布情况，他最后选择了一个认为比较合适的店铺，很快就开始了店铺的装修。那段时间，石浩平均每天睡眠时间只有3小时，但是创业的欲望让他坚持了下来。店面新开张的时候由于知名度低，生意冷清，需要经常发朋友圈推广，每天6点就要到附近发宣传单推广，店内还要不间断地搞活动，来刺激顾客消费欲望。刚开始的时候还需要整理货物，与供货商联系，与客户沟通，每一件事都要亲力亲为。虽然困难不少，生意很小，可他还是要本着对顾客负责的态度努力经营着。货真价实才能做得持久，在他看来，这不仅仅是生财之道，也是一种生活的分享。最终他取得了成功。

摸着石头过河必定是一个艰苦的过程，但是每当遇到困难，石浩心底总会有这样一个信念，那就是坚持。既然已经选择这条路，就算再苦再累也要咬着牙坚持下去，脚踏实地，一步一个脚印，都会扛过去的，是信念支撑他继续在创业道路上前行。每一个细节，石浩都是抱着百分百认真的心态思考。创业的激情将一直伴随着他，不论成败他都将以高昂的姿态、饱满的精神面貌来面对它，因为这一过程远比从普普通通的成功中学到的东西要纷繁。他给自己一个承诺，承诺把这件事做好，于是他想把创业这个想法守护好。最终他成功地给自己交了一份满意的答卷。

创业最需要的是胆大心细，在刚开始选择创业之前，尽量选择一个风险小投资少的项目，毕竟刚开始经验不足，以成功为目标，为失败做打算。所以在经营之前一定要了解这一行的行规，熟悉市场的走向和规定，这样成功率才会大大提高。最后就是要不怕失败。失败并不可怕，可怕的是失败后就再也站不起来。如果创业的途中经历过几次的失败千万不要丧气，即使没有成功，但你可以从失败中积累经验，起码你知道这样做是错的，这条弯路以后就可以少走了。

做一个优秀证券运营者

■ 王洁

女，2017 年 6 月毕业于金融管理与实务专业，目前在浙商证券杭州绍兴路营业部担任柜员。班主任：沈雯。

在校学习经历

在金院三年的大学生活是充实的。在此期间，王洁不断进步，努力提升自己，为以后的工作奠定厚实的基础。最让她印象深刻的是大一学习经历，浙江金融职业学院一直以来以培养优秀的金融从业人员为宗旨，学生的高水平专业技能是众所周知的，所以大一的课程主要以技能学习为主，点钞、电脑传票输入、五笔汉字输入，那段练技能的时光对她而言，是痛苦的，回想起来却又感到甜蜜。每天她都会去图书馆的二楼练技能，为之后的银行订单班面试做好充分准备。后来当得知与订单班无缘后，经过一段时间的心态调整，她对自己未来的工作规划有了明确的方向，打算从事证券行业相关工作，报名证券从业考试和基金从业考试，渐渐地将重心放在考证上，陆续获取会计从业资格证书、银行从业资格证书。很快大家都要去实习，她在招聘网站上投递简历、面试，偶然得知学校需要一名实习生去中国农业银行杭州解放路支行个人金融部，因为实习的单位距离家很近，王洁立即主动报名。实习期间，她一边认真完成师傅交代的工作，一边留意之前面试单位的通知。

努力就有收获，在农行的实习就要结束时，王洁收到了浙商证券的通知。2017年4月，她去浙商证券萧山恒隆广场营业部实习，等毕业后入职。

工作业绩及成长过程

浙商证券是她人生中的第一个工作单位，这是她职业的起点，她也希望这份工作可以做到最后。在浙商证券企业文化"同创、同享、同成长"的熏陶下，她不断进步，从萧山恒隆广场营业部助理理财顾问到杭州绍兴路营业部柜台岗，最后获得2019年度浙商证券杭州分公司优秀运营工作者奖项。在浙商证券萧山恒隆广场营业部，她认识了许多良师益友，负责带她的团队长是她的师傅，从他身上学习到很多，虽然她之前是学习金融的，但对于基金、股票这类知识知之甚少，团队长耐心教她各种关于金融、理财产品的知识，也常常提供机会让她上台分享晨会内容，浙商证券的企业文化"同创、同享、同成长"在这里体现得淋漓尽致。但是，助理理财顾问是属于营销岗位，工作业绩要求也是不可避免的压力，而且为期一年转正的达标要求也是非常苛刻，需要创收或积分，团队长兼师傅也很焦急，尽他所能地提供帮助，陪她面见客户，她非常感谢师傅和其他的同事们。

就在转正的期限将要截止时，王洁的机遇来了，公司总部决定在杭州开设新营业部，需要招聘柜台人员，她主动向营业部负责人提出，愿意参加公司的内部调动招聘。她经过面试后成功获得新设营业部柜台岗一职，由于新设营业部正在装修，她仍旧留在萧山恒隆广场营业部，营业部负责人也非常照顾她，让她跟着柜台的两个同事学习办理基本业务的相关知识。两个月的学习，她了解了柜台业务的基本操作流程和要求，这会让她更快地融入新营业部的柜台岗一职。

2018年8月，王洁来到新设营业部——浙商证券杭州绍兴路营业部，开始柜台岗的工作。最开始对业务还是比较生疏，领导和同事很包容，负责带她的运保经理也耐心指导，她更加仔细学习相关业务的操作及流程。渐渐地，对各种业务越来越熟悉，网上开户的审核差错率也逐步减少，公司和领导、同事也看到她的付出，给予了肯定。作为一名共青团员和营业部年轻员工，王洁始终以满腔热情和积极的心态，发挥自己的光和热，与单位同风雨、共成长。

在杭州绍兴路营业部工作一年多以后，领导和同事都认可王洁的飞速进步，所以在2019年浙商证券杭州分公司的表彰大会上，经营业部领导统一推荐她被评为优秀运营工作者。这一荣誉称号不仅是对她工作的肯定，也是她继续努力工作、不断提升自己的动力。在以后的工作中，她仍要学习各种知识，毕竟相对于那些工作十几年的老员工来说，她懂的东西还是太少了。她做好本职工作，为单位出一份力，不辜负母校的栽培。

未来展望

工作几年后，王洁也从一个职场新人转变为比较资深的从业人员，收获很多，特别感激一路走来帮助她包容她的领导和同事们，也万分感谢母校对她的培养，不仅教会她专业技能和相关知识，更教会她严谨务实、无私奉献、诚信这些难能可贵的品质。"桃李不言，下自成蹊"，自己能有现在的成就离不开浙江金融职业学院的栽培，更应该成为学弟学妹们的优秀榜样，赢得社会赞誉，提升母校的社会声誉和品牌影响力。衷心祝福母校日新月异，桃李满天下，培养更多各行业的优秀人才！

展望未来，王洁希望现在的工作单位，这个新设的营业部，在 5 年之内能够快速从小微营业部成长为一类营业部，她有信心并且也坚信在有魄力的领导带领下，在各位优秀的新老员工奋斗下，营业部会招聘更多优质人才，发展越来越好。而对自己的未来职业规划，她希望从优秀的领导、同事身上学习到更多，积攒到一定程度厚积薄发，在岗位上能够有提高，路越走越宽，成为母校的骄傲！

坚定信念　走出一片繁花盛开的绿洲

■ **李元耀**

男，2018年6月毕业于国际金融专业。班主任：屠莉佳。

2018年9月—2020年6月，就读于浙江工商大学杭州商学院；2020年7月至今，任国信证券浙江分公司财富顾问。

具备证券、基金、期货从业资格，通过证券投资顾问考试、沪深交易所期权考试，上交所期权策略顾问。

起点是成功的开端，目标是行动的航标。李元耀毕业后开始了在方正证券为期两个月的实习，实习期间便确立从事证券行业的目标，在学习证券各项业务的同时积极备考证券、基金、期货从业资格证书。

青，取之于蓝而青于蓝；冰，水为之而寒于水。2018年9月，李元耀进入浙江工商大学杭州商学院金融学专业进行本科学习。在本科阶段继续担任班长，凭着在金院多年担任班长的经验，将班长的职责履行得更优秀。李元耀陆续组织了主题班会、秋游、聚餐、篮球比赛、羽毛球赛、乒乓球赛、滑板比赛、志愿者活动、班委会议、寝室长会议、班级座谈会、学习交流会等活动，很快带领班级在学习、文体方面取得了出色的成绩，在班级风采大赛中设计班徽、班服和班级宣传视频，让全校认识了一个积极向上的班集体。

如果生活的要义在于追求幸福，那么旅游便能让我们明白紧张工作之外的另一种生活意义。李元耀热爱旅游，在金院期间已经走遍杭州上百个大小景点，拍摄了上万张照片，留下了几十篇文章，在本科阶段继续对省内外的一些城市进行探索，北至北京、天津，南至广州、深圳，在沪宁杭沿线一带的南京、无锡、苏州、上海等城市，都有李元耀留下的足迹。在微信公众号、知乎、豆瓣等平台上都有李元耀的身影，在大众点评上，李元耀发表的《南宋御街游记》单篇阅读量超过3万人次。2019年4月，李元耀将其所写的杭州游记整理成册，并在学校举办主题为杭州旅游的个人讲座，同时在某直播平台举办在线直播。2019年9月，李元耀又召开了以浙江旅游为主题的个人讲座，建立旅游社群，丰富校园活动的同时也传递了生活中的正能量。

华夏复兴，衣冠先行；始于衣冠，达与博远。李元耀对汉服同样有着浓厚的兴趣。2019年3月开始参与原创汉服品牌推广，负责品牌微博、抖音、QQ群的运营与管理，协助品牌参与多场大型活动，例如湖滨银泰in77华服时尚周活动和中国丝绸博物馆国风大赏活动。2019年5月，他在学校成立汉服工作室，为在校学生提供优质的汉服约拍、租赁服务，同时也积极举办了多场校园活动，为汉文化的传播尽了一份力。

对于一个学生来说，增强自身的社会竞争力最重要的是要有专业知识。2019年9月，在本科学习阶段的最后一年，李元耀用了大量时间和精力学习金融专业知识，特别在证券、基金、期货等方面刻苦钻研。他取得了证券从业资格，同时通过了证券投资顾问考试。能够熟练使用金太阳、同花顺、东方财富、Choice金融终端、天天基金、蚂蚁财富、雪球等软件，能够结合K线、均线、多项指标和宏观经济政策分析股票，对未来趋势有预见眼光，注重短线票的盘口分析，善于发现分时图强势股，一直保持盘后研究当日涨停股和复盘的习惯。能够结合 Choice 金融终端、SPSS 和 Excel 进行数据分析、图表制作。李元耀同样具备基金从业资格，了解绝大多数基金细分种类，具备全球投资眼光，能够根据行情强弱调整资产配置结构，曾撰写万字论文研究 ETF 基金定投是否能够改善投资人效用。李元耀还具备期货从业资格，在基本了解商品期货的同时，他偏好研究金融期货，他认为期货学习是服务于股票和基金的，能够将期货与股票、基金市场相结合来做出相关判断。

经济可以在生活中体现，而生活中的现象也都可以回归到经济本身。李元耀热爱宏观经济分析，能够发现生活中的经济现象。从 2019 年 10 月开始运营公众号"李元耀经济 FM"，用音频和大家分享经济生活，话题涉及房价、股市、价格歧视、电商直播、实体书店、下沉市场、新能源汽车、区块链、5G 商用等话题。2019 年 10 月底，李元耀在学校开展第三场个人讲座，主题为"王者荣耀中的经济学"，创新性地以热门手游"王者荣耀"为引子，引发在校学生对经济学的学习热情。2020 年前夕，在公众号发表 3000 字长文《李元耀展望 2020》，对 2009—2019 年的宏观经济进行回望，展望 2020 年，对新闻、政策有敏锐的洞察力和解读方式，曾获学校实践优秀奖学金。

就像建一座高楼要打好地基一样，一切的准备都是为了找到一份合适的工作。李元耀在 2019 年下半年参加了多家证券公司的面试，最终选择了国信证券浙江分公司。2020 年 3 月，李元耀进入国信证券浙江分公司实习，凭着自己的券商实习经验和丰富的专业知识，很快就熟悉了公司的工作模式，为公司招到了数位优秀员工，辅助公司日常运行的同时制定了员工正式入职后的详细工作计划。2020 年 7 月，李元耀正式加入国信证券浙江分公司，担任财富顾问一职，秉持着为客户创造价值的目标，给客户传递科学配置资产的理念，让许多人的理财方式完成了从现金、存款到股票、基金等多元投资方式的转变。

种一棵大树，最好的时机有两个，一个在十年前，一个在今天。因为十年前种下树苗，到十年后就有棵大树可以乘凉；今天种树十年后也会有成果。李元耀一定没有忘记当年选择浙江金融职业学院的初心，所以才有了现在这份事业。毕业后，他把工作当成了生活的一部分，在工作中，李元耀虚心向优秀的同事学习，也积极地不断接触新客户、结识新朋友，只因最初的那份坚持。

生活本是一条粗粝的石板路，在路途中，我们唯有披沙拣金、融会贯通，用坚定而自信的气息，让走过之处成为繁花盛开的绿洲。

难忘的工作之旅

■ **沈秦伊**

女，2018 年 6 月毕业于金融管理专业，毕业后进入招商银行宁波分行工作。班主任：靖庆磊。

犹记得那是一个下着雨的午后，被业务折磨得焦头烂额的她，突然接到分行领导要求会面的通知，心情更显低落，一路上都在惴惴不安，回想自己先前工作上是否出了什么差错。但当她听到分行领导要求她作为产品经理前往深圳总行负责闪电贷（招行一种主打的线上贷款产品）上线业务的通知时，她的忐忑变成了惊喜与迷茫。惊喜是因为去总行对分行的每一位员工来说都是非常向往的事；而迷茫是怀疑自己是否可以扛起这份重担，以及该如何应对这份全新的任务。

来不及交接完手头的工作，几天后她便坐上了前往深圳的飞机，直到落地在偌大的宝安机场时，她依然感觉身处梦中，此时此刻她竟突然体会到了那些背井离乡独自在大城市打拼的人的心情。可当她第一次见到拔地倚天的总行大楼时，她的紧张与不安顿时烟消云散，取而代之的是一种强烈的责任感。这次总行之旅，并不仅仅是她个人的任务，她代表的是宁波分行，任务能否成功完成将会直接影响宁波分行后续的业务发展，她暗暗下定决心，一定要圆满完成任务啊！

与想象中不同，她原以为总行的领导、同事都是不苟言笑甚至严厉的，可在第一次与他们的接触中，发现他们都是平易近人、和蔼可亲的；她原以为在之后的日子里她将会单枪匹马，可看到一屋子来自全国各地各家分行带着同样任务的产品经理时，她心中的大石头落地了一部分。可还有一部分没有落地，因为有初来乍到的茫然不解。看看电脑前那一堆堆天书一般的代码，不知该如何下手，再看看周围各家分行的产品经理已经完全投入工作如火如荼的样子，她刚刚建立起来的胸有成竹的姿态，瞬间被击垮了。其实，她只是一个刚毕业的大学生，在此之前担任的是与业务工作毫不相关的房贷客户经理一职，而别的分行的同事都是颇有经验的正正经经的产品经理，在这群人当中，她还是年纪最小的那个。可还有什么办法呢，出发前领导深切的告诫在她耳边响起："不懂就要问！"是啊，除了学习别无他法。在接下来的两天中，大家的相处非常和谐，也让她有勇气进行她的"十万个为什么"计划。她停止了手头的工作，专心看别的客户经理是如何操作的，从名称到原理再到方法，全盘从零开始。产品经理们的不厌其烦使她在孤立无援的深圳感受到了一份温暖，也为她的学习提供了莫大的帮助。虽说在几天的学习后她还处于一知半解的状态，但至少可以缓慢进行下去了。在总行每天都是在解决一个又一个的难题中度过，同时积累到的知识也越来越多，刚开始混乱的天书代码也逐渐变成日常熟悉的基本业务，她甚至可以帮到其他新来的产品经理了。

这让她联想到了在金院学习技能的经历。刚开始打传票的时候手指好像不是自己的一样，打五笔的时候完全记不住每个按键对应的汉字部首，点钞时连钞都握不稳，真所谓万事开头难。在金院从技能小白到技能尖子，她靠的是无数个日夜的技能练习，只要下功夫，每一天都会成为进步的积累。

日子一天天过去，闪电贷上线工作进行得很顺利。在借调总行三个月的时间里，她帮助上线了公积金闪电贷及小微闪电贷，也得到了总行"优秀"的评级。在听到技术人员宣布成功的那一刻，她的眼前犹如走马灯般闪过这段时间来大家并肩前行的画面，充满挫折，但也热血沸腾，她终于实现了圆满完成任务的目标。这个任务对于刚入社会渺小的她来说，是信任、是机会、是锻炼、是工作中一次别样的体验，同时也让她意识到了自己的多种可能性，并且收获了许多别样的启发。在工作上遇到问题时，她认为首先要用自信来面对，而不是一味地否定自己，不试试怎么知道自己能做到呢？学会调整心态也是生活中一个不可或缺的技能，许多事情的成功与否其实更多取决于是否调整好自己面对生活的态度。而且在工作中，机会的到来充满随机性，要随时做好抓住机会的准备，毕竟错过了这次机会就不知道下次它将何时来临了。

三个月的深圳总行之旅，有欢笑、有泪水、有遗憾，更多的是让她学会重新审视以前的工作状态，改掉以往的不足，用更好的心态及加倍的努力投入到未来的工作生活中。

趁风华正茂　做披荆斩棘的勇者

■ **翁梦宁**

男，中共党员，2019年6月毕业于金融管理专业。班主任：潘锡泉。

2011年，应征入伍在厦门警备区服兵役；2011年12月—2013年9月，在福建省军区厦门警备区机关服役；2013年9月—2015年12月，在解放军特种作战学院学习，2015年12月退役；2016年9月考入浙江金融职业学院；

2016年1月—2019年6月，创办翁梦宁餐饮企业管理有限公司、浙江环朋信息技术有限公司；2019年6月至今，创立嘉兴麦远文化传媒有限公司。

服役期间，曾就读于解放军特种作战学院，参加中国抗日战争胜利暨世界反法西斯胜利70周年大阅兵，获得执行国家重大任务奖章、2次个人三等功等诸多荣誉；求学和创业期间，获得团中央青年创业百强、全球"红船杯"二等奖、浙江省互联网＋金奖、浙江省第五届操舞锦标赛"优秀运动员"称号等荣誉。

在校期间，翁梦宁心怀创业之梦，积极参加学校各项创新创业大赛，曾获得中国青年餐饮大赛百强、互联网＋大学生创新创业大赛浙江省金奖、浙江省职业生涯规划暨创新创业大赛三等奖等。经学校推荐参加了团中央 2017 年全国大学生创业实训营，所在团队被评为优秀团队，获得了丰富的创业经验。

在学校浓厚的创业环境的熏陶和老师的指导下，翁梦宁于 2017 年 2 月成立了翁梦宁餐饮企业管理有限公司，注册资金 200 万元，主营餐饮技术和设备服务输出，面向年轻群体。发展至目前，公司服务辐射全国千余家店面，公司获评浙江省餐饮企业诚信经营承诺单位。

2017 年，翁梦宁作为联合创始人创立浙江环朋信息技术有限公司，注册资金 1000 万元。公司主营进出口贸易及社区新零售业务，股权融资千万余元，公司被认定为浙江省高新技术企业，获评中国互联网电子商务诚信示范企业、浙江省诚信经营示范单位等等。翁梦宁餐饮企业管理有限公司和浙江环朋信息技术有限公司成立以来，始终秉承国家精准扶贫战略在学校的落地实践，为浙江金融职业学院在校贫困生提供课余兼职岗位，为部分家庭经济困难的学生提供生活基本保障，用实际行动支持学校运动会、学生会和社团活动的开展，丰富学生的课余实践活动。

同时，翁梦宁在创业成功后，不忘学校对其的培育，胸怀感恩之心，积极主动地为在校学生提供实习岗位和就业岗位，为教师提供实践锻炼的机会，促进产教融合，服务于学校的教学和育人工作，助力学校发展。

毕业后，他参加全球"红船杯"创新创业大赛，所在团队获得二等奖，并被评为领军型创业团队。此外，他被嘉兴市政府以人才名义引进至中国·乌镇大数据高新技术产业园区，创立嘉兴麦远文化传媒有限公司并任总经理。嘉兴麦远文化传媒有限公司是浙江大学旅游与休闲研究院的孵化合作单位，系浙江省"十四五"规划制定单位，以浙大旅游管理、休闲学科的专家为基本研究队伍，以相关学科资源为支撑和依托，开展信息调查分析、综合研究与应用推广工作，是一支专为文旅融合服务、进行文旅品牌价值创造的团队，深耕于"区域文旅品牌／文旅IP"的研究和实践，基于"三位一体"提供一站式、系统性的品牌服务解决方案。通过智慧景区云服务系统建设、优质语音内容开发、文创产品开发设计、流媒体平台培训入驻等多维度，为景区提供以文促旅、以旅彰文、流量带动的全新运营模式。以品牌激活产品价值，用文化赋能产业升级，推动区域／文旅高质量发展。

下编

优秀校友风采

永不服输　争先创优

姓名：马丽芳　　性别：女

政治面貌：中共党员

入学时间：2000 年 9 月

毕业时间：2003 年 6 月

专业（班级）：金融 00（1）

工作单位：大华银行（中国）有限公司杭州分行

职务或职称：营业经理

班主任：彭陆军

主要工作简历

1. 2003 年 7 月—2007 年 12 月　　工商银行余杭支行综合柜员

2. 2008 年 1 月—2013 年 6 月　　东亚银行杭州分行综合柜员

3. 2013 年 7 月至今　　大华银行杭州分行营运经理

主要工作业绩

马丽芳目前是大华银行杭州分行业务骨干，几年来在平凡的工作岗位上兢兢业业、任劳任怨、埋头苦干，对困难永不服输，对工作永不放松，以饱满的工作热情迎接每一天，迎接每一次挑战。马丽芳2003年毕业后进入工商银行余杭支行工作，一直以来以母校的校训激励自己，以母校的职业规则严格要求自己。在工商银行余杭支行工作期间表现优异，以扎实的技能和踏实的工作作风获得好评。曾代表余杭支行参加"党员在我身边"演讲比赛。于2007年进入最早获准在内地注册的外资银行东亚银行，在岗期间热爱本职，忠心职守，积极钻研，开拓创新，得到了领导和同事们的首肯，曾多次获得卓越服务大奖。2013年进入大华银行杭州分行，以严谨、细致、负责的工作态度和扎实的银行业务功底，准确处理各种类型的业务难题，经过各方面的磨炼，从业务主办到业务复核到柜面业务主管到营运经理，曾获得年度之星、致心服务大奖，2020年4月作为业务骨干支持苏州分行业务，一步一个脚印，一步一个新起点。立足岗位，严于律己，始终保持党员的优秀品格。

所获荣誉

1. 2009年　　东亚银行卓越服务大奖
2. 2015年　　大华银行年度之星

对母校的祝福语

感谢母校，春风化雨，所受教益伴我一生成长。祝福母校桃李芬芳，祝福母校蓬勃发展。

泰隆银行优秀管理者

姓名：林兵　　性别：男

政治面貌：中共党员

入学时间：2000 年 9 月

毕业时间：2003 年 6 月

专业（班级）：金融 00（1）

工作单位：浙江泰隆商业银行总行

职务或职称：中心主任

班主任：彭陆军

主要工作简历

1. 2003 年 7 月—2003 年 12 月　　浙江泰隆商业银行城中支行柜员

2. 2003 年 12 月—2010 年 10 月　　浙江泰隆商业银行银行卡部业务管理岗

3. 2010 年 11 月—2013 年 3 月　　浙江泰隆商业银行银行卡部中心主任

4. 2013 年 3 月—2014 年 9 月　　浙江泰隆商业银行湖州分行市场管理部总经理

5. 2014 年 9 月—2020 年 9 月　　浙江泰隆商业银行银行卡部中

心主任

6.2020 年 9 月至今　　　　　浙江泰隆商业银行线上事业群

信用卡中心负责人

所获荣誉

1. 2007 年、2008 年　　　　　全行优秀员工
2. 2010 年、2011 年　　　　　泰隆学院优秀讲师
3. 2016—2020 年　　　　　　全行优秀管理者

中国工商银行浙江省分行
"优秀共产党员"

姓名：谢海燕　　性别：女

政治面貌：中共党员

入学时间：2000 年 9 月

毕业时间：2003 年 6 月

专业（班级）：金融 00（2）

工作单位：工行杭州江东支行

职务或职称：副行长

班主任：彭陆军

主要工作简历

1. 2003 年 8 月—2005 年 3 月　　　萧山工行结算科综合柜员

2. 2005 年 4 月—2009 年 6 月　　　萧山工行义盛分理处现场经理

3. 2009 年 7 月—2014 年 11 月　　工行杭州南阳支行网点负责人

4. 2014 年 12 月—2018 年 11 月　　工行杭州江东支行网点负责人

5. 2018 年 12 月至今　　　　　　　工行杭州江东支行副行长

主要工作业绩

作为浙江金融职业学院首届毕业生，她一直心存感恩，感恩母校对她的培养。犹记得作为工行新员工的第一次综合测试，全省 100 余名新员工，在业务知识测验、点钞、小键盘等多项考试中，她均排名第一。那时候的自豪，就是因为她来自金院。

母校培养了她过硬的业务技能，让她在以后的工作中找到了自信。2003 年进入工行，两年后她便转岗成现场经理。角色的转换，更加促使她努力学习业务知识和业务技能。其间，她多次代表萧山支行参加省市的业务技能比武，并取得了优异的成绩。2009 年，她开始走上二级支行负责人岗位，于是，她沉下心接受岗位带给她的挑战，并以一名共产党员的标准严格要求自己，爱岗敬业，乐于奉献，带领团队完成上级行下达的各项任务指标。

2018 年，受领导的信任与厚爱，她开始担任江东支行副行长一职。在公开竞聘自我介绍时，面对众多的"985""211"对手，她自信地说：我毕业于有"金融人才黄埔军校"之称的浙江金融职业学院，母校已培养了众多的行长，我也希望成为继任者。当时的她并没有胆怯，相反还是挺为母校自豪的。

雷锋同志曾经说过："共产党员是块砖，哪里需要哪里搬。"作为一名基层管理者，她将时刻牢记共产党员的身份，用自己的言行带动身边的人。

所获荣誉

中国工商银行总行"网点运营标准化管理改革先进个人"、总行"党员服务先锋岗"，中国工商银行浙江省分行"优秀共产党员"、浙江省分行"优秀工会积极分子"、浙江省分行"最美家庭"等荣誉。浙江省金融教育基金会第六届"金星奖"。

安吉农商银行"市级优秀管理者"

姓名：金志强　　性别：男

政治面貌：中共党员

入学时间：2000 年 9 月

毕业时间：2003 年 6 月

专业（班级）：金融 00（2）

工作单位：安吉农商银行

职务或职称：支行行长

班主任：彭陆军

主要工作简历

2004 年 12 月至今　　安吉农商银行

主要工作业绩

进入银行工作近 20 年，在工作岗位上恪尽职守，辛勤劳动，精益求精。2004 年，任综合柜员；2007 年，任会计主管；2009 年，任客户经理；2012 年，任主任助理；2014 年，挂职乡镇任普惠金融指导员；2015 年，任总行风险主管；2018 年至今，任支行负责人。

所获荣誉

1. 2007 年　　　　　金融机构金融知识比武个人一等奖

2. 2008 年　　　　　县金融机构金融知识比武团队二等奖

3. 2010 年　　　　　市级合规征文三等奖

4. 2011 年　　　　　杭垓镇"十佳优秀党员"

5. 2017 年、2018 年　连续两年"县级优秀管理者"

6. 2019 年　　　　　"市级优秀管理者"

对母校的祝福语

饮水思源，不忘培育之恩。愿母校蓬勃发展，再创辉煌。

坚守初心　绽放人生价值

姓名：徐奔　　性别：女

政治面貌：中共党员

入学时间：2000 年 9 月

毕业时间：2003 年 6 月

专业（班级）：金融00（3）

工作单位：农行鹿城支行

职务或职称：网点负责人

班主任：徐俊琦

主要工作简历

1. 2003 年 7 月—2006 年 7 月　　农行鹿城支行综合柜员

2. 2006 年 8 月—2010 年 2 月　　农行鹿城支行运营主管

3. 2010 年 3 月—2013 年 1 月　　农行鹿城支行产品经理

4. 2013 年 2 月—2017 年 5 月　　农行鹿城支行网点副职

5. 2017 年 6 月—2020 年 5 月　　农行鹿城支行个人金融部经理

6. 2020 年 6 月至今　　　　　　农行鹿城支行人中支行行长

主要工作业绩

徐奔 2003 年金院毕业后进入温州农行工作，始终牢记母校愿景规则。立足眼前、着眼未来，以"一年熟悉岗位、三年成为骨干、五年成为尖子、七年实现事业发展、一生平安幸福"的职业规划严格要求自己。不断实现各个岗位的华丽转身，坚守初心，在平凡中绽放人生价值。

在农行工作十几年间，入行的第一年就以扎实的技能和踏实的工作作风迅速成为岗位能手，2006 年以优秀柜员转岗至运营主管岗位，成长为业务骨干，2010 年以行内运营考核第一转岗至个金部产品经理成为业务尖子，2013 年成功竞聘网点副职成为中层干部，同时也初步实现了她的事业发展阶段性目标；2017 年提拔为个人金融部经理。不管在哪个岗位，她始终怀着阳光心态；面对困难，她积极找方法；面对困局，她积极寻求突破。把工作当作事业去经营，踏实干事、诚实待人、全力以赴、全情投入，在平凡的岗位上发挥最大能量。

面对 2020 年突如其来的疫情，作为农行鹿城支行个金部经理的她不忘岗位职责担当，"隔离日"成"工作日"，牵头执行线上 24 小时值班制。结合实际情况，快速响应，牵头制定客户"维护 6 个必做"，指导网点做好疫情期间金融服务工作，确保客户金融服务需求能够迅速得以满足；同时，面对人力、物力、资源紧缺的情况，紧急联系多家物资方和配送方，疫情期间为本行 300 多名财富客户配送了蔬菜等关爱礼包，得到了客户暖心点赞；最终其制定的"维护 6 个必做"被选为维护模板，其事迹被评为"齐心战疫巾帼争先"二等奖。

回望 17 年的职业生涯，她多次带领团队奋勇争先，她本人也获得优秀员工、优秀管理者等荣誉称号。面对荣誉，她始终怀着一颗无比炽热、坚守的初心，主动践行金融行业社会职责，在平凡中绽放人生价值。

所获荣誉

1. 2005 年 1 月　优秀柜员

2. 2007 年 1 月　管理之星

3. 2010 年 1 月　先进个人

4. 2012 年 1 月　管理之星

5. 2015 年 1 月　服务三农先进工作者

6. 2020 年 3 月　"齐心战疫巾帼争先"二等奖

对母校的祝福语

理想与信念在母校发芽，梦想与情感在母校交汇，拼搏与奋进在母校定格，愿您的摇篮能培育更多的金融人！

用过硬的金融业务能力开疆拓土

姓名：施舒界　　性别：男

政治面貌：群众

入学时间：2002 年 9 月

毕业时间：2005 年 6 月

专业（班级）：国金 02（1）

工作单位：常裕金融控股集团

职务或职称：金融市场部总经理

班主任：金广荣

主要工作简历

1. 2005 年 6 月—2007 年 5 月　　兴业银行下沙支行主办会计

2. 2007 年 6 月—2008 年 5 月　　招商银行庆春支行国际业务主管

3. 2008 年 6 月—2010 年 5 月　　泰隆银行杭州分行客户经理

4. 2010 年 6 月—2014 年 12 月　　平安银行杭州分行大客户部经理

　　及投行部经理

5. 2015 年 3 月—2016 年 4 月　　民生财富杭州分行财富中心副总

　　经理

6. 2016 年 4 月至今　　常裕金融控股集团金融市场部总

　　经理

主要工作业绩

施舒界，金融管理学院国际金融专业 021 班学生，毕业后一直从事金融行业，现担任常裕金融控股集团金融市场部总经理一职。

施舒界从浙江金融职业学院毕业后，先后在银行从事过会计业务、国际业务、信贷业务、理财业务，凭借着在多家金融机构、多个业务岗位的从业经历，提升了其在金融领域里的业务能力。常裕金控集团也正是看中了他突出的业务能力、丰富的从业经验以及阔泛的金融人脉，将其招至麾下。他在资产业务领域干得风生水起，得心应手。

资本市场是一个多层次、多维度的市场，而其中私募基金更是一个非常大的概念，除了传统的固收类产品、非标债权，还有很多类型，比如不良资产。在常裕金控任职期间，施舒界凭借其多年的经验及敏锐的金融嗅觉，通过对专业的市场分析，深入考察研究，认准了不良资产行业是金融领域又一个朝阳产业。他在公司力推不良资产业务，主张将资源向不良资产行业倾斜。他认为在当前的经济周期内，不良资产会有 5 年左右的黄金期，作为金融从业者，应更早地看到该行业的前景。在不良资产领域他有着自己独到的见解，2016 年 11 月，在接受《钱江晚报》记者采访时，他表示"涉足不良资产也是体现对实体经济的支持"。事实证明，不良资产行业自 1999 年、2005 年以后，随着经济周期的变化，第三个迸发期到来了。

施舒界在处理不良资产相关业务时有他自己的方式和方法。他在公司内组建了专业的不良资产团队，从银行拿到第一手不良资产信息后，专业评估收购价格不高于最低保值交易变现价值，择优选取性价比高的不良资产，在确保资产包价格低的同时，也尽可能在最短的时间内将其处置，在极大限度地规避操作风险的同时也有效保证了资产收益。

除了不良资产业务，施舒界还涉足其他各类资产业务。2016 年 11

月，常裕金控拟在湖州德清收购约 10000 平方米的办公大楼用于业务发展，总投资 5 亿元，并成立 4 家平台公司（资产管理、科技金融服务、财富管理、大学生创业分期）。施舒界利用其自身丰富的业务经验，带领团队借力地方政府，充分利用地方优势，对接资本市场，整合各类金融资源推动了整个项目的顺利进行，实现了服务地方金融市场，助推实体经济稳健发展的目标。同时也为公司集聚了巨大能量，带来了丰厚效益。

对母校的祝福语

回顾过去，我们无比自豪；展望未来，我们信心十足。在这特殊的日子里，让我们再次向母校致以最诚挚的祝福，愿母校永远辉煌、永远充满生机！

立足岗位做好本职工作

姓名：翁琳玲　　性别：女

政治面貌：群众

入学时间：2003 年 9 月

毕业时间：2006 年 6 月

专业（班级）：金融 03（4）

工作单位：金华银行东方前城社区支行

职务或职称：负责人

班主任：牟君清

主要工作简历

1. 2006 年 7 月—2013 年 1 月　　金华银行兰溪支行营业部综合柜员

2. 2013 年 2 月—2014 年 4 月　　金华银行兰溪支行营业部副主任

3. 2014 年 5 月—2016 年 1 月　　金华银行兰溪支行溪西支行副行长

4. 2016 年 2 月—2017 年 4 月　　金华银行兰溪支行东郊支行副行长

5. 2017 年 5 月—2019 年 1 月　　金华银行婺城支行江北支行副行长

6. 2019 年 2 月至今　　　　　　金华银行东方前城社区支行负
　　　　　　　　　　　　　　　　责人

主要工作业绩

2006 年 7 月毕业后，翁琳玲进入金华银行股份有限公司兰溪支行
工作，先后从事综合柜员、主办会计、营业科副科长、溪西支行副行长
等岗位，现在担任金华银行东方前城社区支行负责人。在从事金融工作
的这 11 年里，她时刻铭记学校的校训，时刻保持热忱的工作状态与学
习态度，勇于批评与自我加压，坚持把学习作为自我完善和提高的重要
途径，踏实主动，将理论和业务知识相结合，在日常工作中能出色完成
分管的各项任务。

职业技能是干好工作的基本功，更应成为专长。入职后，她曾多次
参加总行组织的员工技能比武擂台赛，在 2007—2008 年的技能比武
擂台赛中，多次获得单指单张点钞、电脑传票等比赛的擂主；2006—
2013 年，间多次被评为"兰溪市青年岗位能手"；2017 年 3 月被评为
"2016 年度金融工会优秀工会工作者"。

在日常管理工作中，她立足本职，求职务实，以德立威，以智立
威，以行立威，积极学习各项业务知识，身体力行。在其努力下，2013
年度营业科未发生一起重大安全事故，未发生一起因业务不精而产生的
客户投诉，各项任务目标均能很好地完成，营业科在年度考核中获得兰
溪支行部门综合排名第二名的好成绩，同年还争创了网上银行支付示范
区。在总行组织的星级员工考试中，营业科星级员工达标率高达 90%
以上，其中四星级员工 5 名。

11 年时间，她从懵懂无知到如今社会经验相对丰富，能熟练高效
完成各项工作任务。在此她很感谢学校的栽培，也感谢老师们兢兢业

业的工作与谆谆教诲。她也希望学校继续狠抓学生职业技能培养，充分发挥专业技能教学这一特色，为社会输出更多业务能力出色的人才。同时也希望学校注重培养学生专业素质和修养，在狠抓职业技能教学的同时，也重视提高学生专业知识水平，多组织学生社会实践，提高实践能力，丰富阅历，让学生多参加各类专业文化考试。在现代经济发展转型的过程中，银行业也正面临着巨大的挑战，这就要求每一个员工具备足够的学习创新精神和能力。面对金融产品、金融服务的高速发展、日新月异，我们要时时学习、处处学习，才能避免被淘汰出局的厄运，才能提高立足本职做贡献和驾驭市场经济的能力。

海到无边天做岸，山登绝顶我为峰。同学们要充分利用订单班这一特色模式，悉心听取老师们的谆谆教诲与人生导向，努力丰富自身专业知识与素养，熟练掌握基本业务技能，善于积累社会经验和总结教训，未来掌握在我们自己手中。世上无难事，只怕有心人，今日我以母校为荣，明日母校必将以我为荣！

所获荣誉

1. 2007—2008 年　　单指单张点钞、电脑传票输入赛擂主
2. 2006—2013 年　　兰溪市青年岗位能手
3. 2017 年 3 月　　2016 年度金融工会优秀工会工作者

相信种子　相信岁月

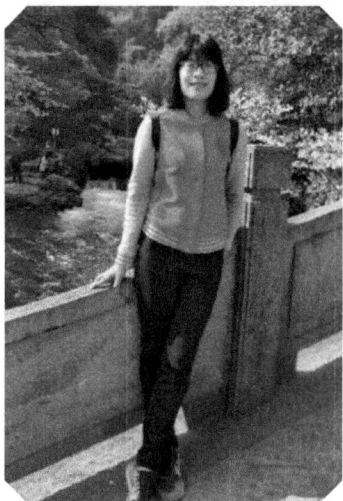

姓名：徐伟芳　　　性别：女

政治面貌：中共党员

入学时间：2003 年 9 月

毕业时间：2006 年 6 月

专业（班级）：金融 03（4）

工作单位：浙江凯越家具制造有限公司

职务或职称：业务经理

班主任：牟君清

主要工作简历

1. 2007 年 4 月—2014 年 7 月　　浙江合美休闲用品有限公司总经理助理

2. 2014 年 9 月—2017 年 5 月　　杭州凯信玻璃有限公司总经理助理

3. 2017 年 6 月至今　　浙江凯越家具制造有限公司业务经理

主要工作业绩

回想起来，徐伟芳仍然庆幸自己没有白白浪费在学校的美好光阴，经历了平生第一次军训，从老校区换到了下沙新校区，参加了校啦啦队表演，舞台经验为零的她又破天荒地参加了院"卡拉 OK"比赛，光荣地加入了中国共产党。这一切的一切，对于当时性格内向的她来说，都来得太新鲜！

在校期间，压力最大的无疑是技能考试：点钞、珠算、五笔输入、电脑传票。除五笔输入外，其余她都是零基础，但凭着老师们的谆谆教诲、良好的学习氛围及自己的一点点小倔强，难关还是一个个被攻克了。而当时练下的这些"本事"，也的确在日后的工作中得以发挥，对数字更加敏感，实现盲打击键。

练习到最后，她发现练习不只是为了提高速度应付考试，更重要的是锻炼思维与身体的高度配合，享受那一刻的专注。近段时间热播剧《人民的名义》，剧中有一幕银行人员现场点钞片段爆红，外行看热闹，内行看门道，其实她看了挺亲切，这不是特技，是真真切切练出来的技能。她从学技能这件事上，领悟出世上没有一项事情是学不会的，勤学勤练终会有所成就。再把这件事放在工作上，其实也是一个理，没有人天生是什么都会的，身边或许经常有人抱怨这个不会、那个不懂，为什么不把这些技能训练看作是机会与自我提升的突破口呢？

工作之后，人们会渐渐发现身边有许多问题制造者、问题复制者、问题传递者，而直面并解决问题的人却较少，但她是始终勇于去直面并解决问题的人，她的收获一定是最大的，并表示做得越多、能做的就越多，现在越忙将来就会有越多的空闲。

大学是梦想萌芽的地方，同学们都是一粒粒种子，都是世上独一无二的种子，愿他们洒下的每一滴汗水都能灌溉种子，认真踏实过好每一天，心怀感恩，砥砺前行，相信岁月会给她们一张张自信的脸！

所获荣誉

2013 年 12 月　公司优秀员工

对母校的祝福语

祝福母校勇立时代潮头，未来能培养更多行长及复合型人才！我们以母校为荣，母校也以每一个学子为荣！

脚踏实地　稳步提升

姓名：沈英　　性别：女

政治面貌：群众

入学时间：2004 年 9 月

毕业时间：2007 年 6 月

专业（班级）：金融 04（1）

工作单位：台州银行南片区域

职务或职称：营销策划培训岗

班主任：汪卫芳

主要工作简历

1. 2007—2011 年　　　中国建设银行温岭新河支行柜面

2. 2011—2015 年　　　台州银行南片区域信贷岗

3. 2015—2017 年　　　台州银行南片区域信贷培训岗

4. 2017 年至今　　　　台州银行南片区域营销策划培训岗

主要工作业绩

2007 年毕业于浙江金融职业学院，2007—2011 年在中国建设银行温岭支行就职，2011 年至今在台州银行南片区域就职，现在区域业务发展部营销策划培训岗。曾在中国建设银行从事银行柜面对私、对公业务及贵宾服务，在台州银行曾从事小额信贷业务、信贷人员培训岗。自参加工作以来，不管处于哪个岗位，都能严于律己，兢兢业业，尽职尽责。工作中一直认为坚持学习是为了创造更多的机会，困难是为了挑战自己、为了充实经验。生活中一直秉承着"你想要别人怎么对你，你就首先要怎么对待别人"的原则。无论是工作还是生活的必修课，都是学会总结与检讨，发现自己的不足并克服。

1. 柜面从业期间。中国建设银行柜面是她从事的第一个岗位，由于就读于浙江金融职业学院，学校的专业柜面教育及辅导，让她在柜面岗位中脱颖而出，获得领导的认可。4 年的柜面经历，完成在校学生到职业人员的转变，从对业务操作的生疏懵懂成长为业务精英，从客户眼中的实习生转变成客户最信赖的业务能手，并被评为中国建设银行优秀员工。其间她收获的不仅仅是领导、同事的认可，更多的是职业能力及社交能力的提升。

2. 信贷岗位从业期间。从中国建设银行辞职，选择台州银行信贷岗位是对自己的挑战与激励。当大部分人都反对时，她依然坚定信念，相信天下无难事、只怕有心人。3 年信贷生涯，经手近 900 笔信贷业务却零风险。从中掌握了专业的信贷风险防控技能及市场营销沟通技巧。一分耕耘、一分收获，努力越大收获越多。在 2014 年度单位高潜质选拔中，她很荣幸入选，并被评为优秀行员。

3. 管理岗位从业期间。明确个人职业发展方向，机遇偏爱有准备的人，2015 年被提拔到信贷人员培训岗。4 年的管理部室工作，一个连PPT 都不会制作的菜鸟，通过努力学习、同业交流、思考分析，不断地提炼及总结，获得区域领导的嘉奖。其间，积极参加讲师选拔、讲师能力培训及课程开发，并 3 次获得总行级奖励，且在 2017 年调入区域核心业务发展部门。新岗位意味着新挑战，同时也是新机遇。在这发展迅速的社会中，一成不变势必会面临淘汰。有句话说：世上最保险的投资就是投资自己，持续学习，不断提升自己能力，创造专属于你的价值，才能走得更远。

学校的毕业意味着职场的开始，如何在职业生涯赢得一席之地？多观察、多学习、多思考并学以致用；清晰自己的优缺点，在擅长的领域积极表现，勇于挑战自己的弱点，你会发现原来自己是可以更优秀的。

如今的一切，除了与她个人的努力有关外，更多的是来自母校的教导。她很庆幸选择了浙江金融职业学院，有机会学习金融知识进而在金融界从业。人生能有几个十年，这十年来虽不能说很成功，但她对自己平凡的人生还是满意的。她坚信浙江金融职业学院能带领更多的人成就辉煌。

所获荣誉

1. 2017 年 12 月　　总行最佳微课制作奖
2. 2019 年 4 月　　总行最佳微课推广组织奖

对母校的祝福语

愿母校的发展蒸蒸日上，人才辈出、桃李天下！

浙江平安"优秀团队管理者"

姓名：杨子纯　　性别：男

政治面貌：群众

入学时间：2004 年 9 月

毕业时间：2007 年 6 月

专业（班级）：金融 04（2）

工作单位：中国平安人寿保险公司嘉兴中心支公司

职务或职称：资深业务主任，培训部讲师

班主任：汪卫芳

主要工作简历

1. 2007 年 1 月—2007 年 12 月　　中国农业银行嘉兴分行秀洲支行综合柜员

2. 2008 年 1 月—2009 年 3 月　　中国交通银行太平洋信用卡中心嘉兴渠道经理

3. 2009 年 1 月—2011 年 11 月　　自主创业

4. 2012 年 2 月至今　　中国平安人寿保险公司嘉兴中心支公司

主要工作业绩

2004年9月15日，杨子纯跨进了金院的大口。通过两年多的专业学习，他第一次走进实习单位——农行嘉兴秀洲支行，被人事部安排到中间业务柜台跟师傅学习。正值年底，银行的工作十分繁忙，中间业务柜台虽然不需要面对大排长龙的人流，但每天需要完成大约20个企事业单位的代发工资及年终奖的工作。师傅只问了句"会五笔打字吗？"，他就开始修炼自己勉强够毕业标准的五笔输入法。到过年放假的那天，他才发现用了一个月，学到的只是把五笔练得十分熟练，这原本在学校里就能完成的事，却成了他实习工作的全部内容。

过完年开工第一天，他就被带到了离原来工作地方有20千米远的小镇上，正式开始了他的柜员生活。即将离开柜台工作的老员工坐在他的身边，教了他两个星期的临柜操作，然后他就直接单独上岗了。

2007年6月返校，领了毕业证，继续每天重复同样的工作，直到9月也没见人来找他签劳动合同，问了主任也没给他个准信。工作了9个月就发了2400元，还只是逢年过节的奖金。心里着急却也不知道该怎么处理。同事关系虽然表面挺和谐，但每天有250—300个流水号实在没功夫套交情，下了班各回各家。自己坐40分钟的城乡公交车到家时，就开始琢磨自己到底这样混到什么时候是个头。临柜的都是结婚生子的小镇本地人，他们的生活好像和他想象的未来并不一样，难道5年以后他也是这样？

年底，他毅然辞职了，并没跟家里人商量就自己决定了。第二份工作是交行信用卡的销售，选择这份工作有两个原因：其一是因为当时淘宝刚开始走红，他也顺势开了一间网店经营体育器械，而这份工作时间上真的很自由，除了早晚开个会，其余时间都自己安排，他有大把的时间去经营自己的小店。其二是销售的工作十分锻炼人的综合能力，这对他自己打算将来把网店做大的想法十分有帮助。

2008—2009 年，信用卡的工作做得还不错，他慢慢成为一个区域的负责人，他自己的网店也开始赚得多起来了。这时他发现自己的时间完全被两个工作安排得一点空余也没有，人的精神也开始跟不上忙碌的工作，大半年时间每天就睡四五个小时。两相权衡，他放弃了交行的工作，一心一意开始经营自己的网店。代理了知名品牌，开了实体店，招了店员，成了小老板，开始每天盘算租金、水电、人工、效益。

2009—2011 年，小店开得还行，陆陆续续买了房、买了车，表面看来还算过得有滋有味，其实只有他自己知道其中的艰辛。2011 年底淘宝的竞争越来越激烈，价格透明度越来越高，导致利润空间被挤得所剩无几，他只能凭借薄利多销的原则勉强经营。

2012 年初，他升级当了爸爸，小店交给了员工打理，自己在家照顾老婆孩子，也真正地休息了一个月。这一个月里，他考虑了很多日后的生活。为了有更多的时间照顾家庭和小孩，他收掉了 3 年多的心血，开始去找一份能够朝九晚五的工作；却发现除了机关单位基本没有这样的工作。所以他加入了平安，销售总是能多一点时间让他自己把握。

2012 年至今，他已经在平安 7 年多了，从一个业务员，到现在的资深业务经理，从被别人培训，到培训别人。从初为人父到女儿都快幼儿园毕业了。三十而立之后的他自己回头看自己毕业后的这十年，虽有不少遗憾，却也十分精彩。未来的日子现在考虑的反而不多了，如何处理工作与家庭之间的矛盾变成了时下的重点。

所获荣誉

1. 2014 年 7 月　　平安一星导师

2. 2015 年 1 月　　平安二星导师

3. 2016 年 1 月　　　平安三星导师

4. 2014—2015 年　　浙江平安"优秀团队管理者"

对母校的祝福语

饮水思源，作为校友，深切感谢母校的栽培，也密切关注着母校的建设和发展。祝愿母校积历史之厚蕴，宏图更展！再谱华章！

小荷才露尖尖角

姓名：胡振华　　性别：男

政治面貌：群众

入学时间：2004 年 9 月

毕业时间：2007 年 6 月

专业（班级）：金融 04（3）

工作单位：中国银行杭州市城北支行

职务或职称：派驻业务经理

班主任：王海棠

主要工作简历

1. 2007 年 8 月—2014 年 5 月　　中国银行杭州市城北支行柜员
2. 2014 年 6 月至今　　　　　　中国银行杭州市城北支行派驻业务经理

主要工作业绩

　　胡振华 2007 年进入中国银行，现在在城北支行从事派驻业务经理工作。在领导的亲切关怀和同事们的精心指导下，他立足于本职工作，刻苦学习，勤奋努力，从自己做起，从身边的每一件小事做起，从点点滴滴做起，凭着对中国银行这份工作的满腔热忱，兢兢业业，踏踏实实，以强烈的敬业精神和实事求是的工作态度，在本职岗位上开拓出了一片自己的新天地，找准了他自己的人生坐标。

刚入行时，胡振华被安排在业务发展部从事零售贷款工作。他从录入贷款合同的输机工作起，逐渐了解了零售贷款的发起、审批、贷款发放和档案移交等工作。后来在老师的带领下，开始学习如何接触目标客户，了解他们的贷款需求，推荐合适的贷款产品给客户。在业务发展部的学习让他对银行工作有了初步的了解：银行工作不光光是简简单单的营销，把产品推荐给客户，更多的是细致入微的服务，以服务吸引人，让客户成为中国银行的忠实客户。半年后，他渐渐对中国银行的业务有了一定的认识与了解，而他憧憬要成为一名优秀员工，必定要从一线做起，这样才能打好坚实的基础。于是，他来到了营业部，开始了漫长而努力的柜台学习……

在2010年5月，领导推荐他作为"IT蓝图核心银行系统"的兼职教师，去省行培训学习相关业务知识，作为第一批接触"IT蓝图核心银行系统"的员工，他深知培训学习的重要性。在学习培训期间，他努力学习，勤奋思考，积极与其他行的兼职教师讨论问题，使他对核心银行系统的业务操作和各项规章制度有了比其他同事更扎实的基础。而在随后的几个月为城区行员工辅导中，他不断巩固业务知识。在2010年12月底，又一次非常荣幸地被省行派遣至总行进行相关学习测试工作。在总行学习的两个月里，他对核心银行系统的基本架构有了更清晰的认识。上线后，他一直在一线工作，核心银行系统的业务操作和各项规章制度不断更新，他更加努力学习业务知识，目的是能更好、更快、更高效率地为客户服务，他亦在不断地学习中成为核心银行系业务的佼佼者。同时作为省行兼职教师，每年根据培训中心的要求做好新入行员工的培训工作，每次为新员工培训都在50课时以上。由于他深知新入行员工对业务知识、技能操作的薄弱点，以"缺什么，学什么；差什么，练什么"为目标，培训内容由浅入深，课堂气氛活跃，教学质量较好，新员工能够迅速地理解知识点，掌握业务操作技能。

除了要有丰富的业务知识，良好的服务、过硬的业务技能才能有更高效率、更高质量的服务水平。他努力练习技能，在历年的技能测评中获得了对私蓝图、中文录入、计算器三项一级能手，多次代表支行参加省行的技能比武，并取得较好的成绩。

所获荣誉

1. 2014 年 10 月　2014 年度浙江省分行"优秀讲师"

2. 2016 年 10 月　2016 年度浙江省分行"优秀兼职教师"

3. 2017 年 10 月　2017 年度浙江省分行"优秀兼职教师"

4. 2017 年 4 月　　浙江省分行三级核心专业人才

5. 2018 年 10 月　2018 年度浙江省分行"优秀兼职教师"

6. 2018 年 12 月　2018 年度杭州市城北支行"优秀业务经理"

7. 2019 年 2 月　　浙江省分行二级核心专业人才

8. 2019 年 10 月　2019 年度浙江省分行"优秀兼职教师"

对母校的祝福语

祝愿母校为祖国培育更多的优秀人才，创造新的辉煌。

自强不息　追求卓越

姓名：毛韵　　性别：女

政治面貌：群众

入学时间：2004 年 9 月

毕业时间：2007 年 6 月

专业（班级）：金融 04（3）

工作单位：上海钜派投资集团有限公司

职务或职称：高级理财经理

班主任：汪卫芳

主要工作简历

1. 2007 年 7 月—2015 年 11 月　中国建设银行柜员、客户经理

2. 2016 年 4 月—2020 年 9 月　上海钜派投资集团有限公司高级理财经理

3. 2020 年 10 月至今　　　　　上海钜派投资集团有限公司私人银行客户经理

主要工作业绩

1. 2007 年 7 月—2015 年 11 月。大三的时候毛韵进入了建行订单

班，然后毕业就去建行工作，在柜台岗做了 4 年，然后转岗客户经理 4 年。这段工作经历，是她学习成长的一个重要阶段，也为她后面的工作经历做了一个很好的铺垫。她在大学期间把会计证、反假币证拿到了手。然后毕业后马上报了专升本，参加建行所有组织的考试，包括经济师职称考试，AFP，保险从业资格，基金从业资格。在这 8 年的建行工作中，在做柜员的时候，就努力把所有业务都学精，从对私到对公，境外业务，个人贷款，然后不断积累客户，在她力所能及的范围内，帮客户解决一些银行业务上的问题。

2. 2015 年 11 月—2016 年 3 月。这 5 个月是她职场生涯中最难过的。在 2015 年 11 月，她没有和建行续签合同，而是离开建行，转行去私募基金行业。让她离开工作 8 年的职场，对她来说是一个很大的挑战。在她 30 岁的时候，对自己做了一次挑战，也许在外人眼里，从银行转到私募，是一个很容易的过渡，但是只有自己经历过，才知道当中的泪与苦。离开建行是因为随着业务的发展，银行会有不同的问题出现。作为一个客户经理，她觉得银行能给客户提供的产品和服务越来越少了，而且随着银行的转型，她的精力有限，她就想换一个工作环境，能让她专心做一件事，所以她就辞职了。当时 30 岁的她没有结婚，换工作对女人来说，在这个年纪其实是一个比较冒险的事，因为建行的工作是比较稳的，不会有那么残酷的优胜劣汰。她去了一家较大的私募基金公司，但是在这 5 个月里，她没有做出一单业绩，很多人都奇怪：你银行出来的，怎么会没有客户，没有业绩？看着别人每个月漂亮的业绩、丰厚的工资，难道她不心动、不羡慕吗？她是一个比较负责的人，到了一家新公司、新的业务领域，她首先会去仔细观察。她不会为了业绩而去做一些不理智的事，因为她的每一个客户都是多年累积下来的，她只选适合他们的产品；但是在她细细了解了两个月后，她发现有一些产品并不适合她的客户，产品业绩也很一般。然后她和她的所有客户说了她已离开银行了，当然很多客户不理解，觉得小姑娘在银行工作多好，多稳定。建行的客户还有一个特性，就是比商业银行和外资银行的客户更保守。那是她的转型期，她很感谢现在公司的一位老总，在她最迷茫的时候，整天睡不着觉，每天凌晨三四点都没睡着。不是公司老大和她谈话、分析她的现状，而是另外一个公司老总和她聊，分析她的问题，让她豁然开朗。

3. 2016 年 4 月—2020 年 9 月。毛韵从上一家公司跳槽到现在的钜派投资集团，是因为钜派集团老总对她的关心和帮助打动了她。她觉得人在职场中，要选一个拥有优秀文化的公司、有一个好的领导和一群能共事的小伙伴。到了钜派，她学到很多。公司开展培训，团队给她支持。其实银行和私募是有很大差别的，她花了两个月时间学习，她还是没有很快去推销产品，因为她给自己的定位是一名专业的金融理财师，而不是一名金融销售员。但是钜派的发展脚步太快了，没有太多的时间给她去慢慢调整，她会每天加班到晚上。父母也质疑她的选择，觉得在建行已经很忙了，到这公司，钱也没多，还比以前更忙，她也和他们争论过，但是她给自己订了一个 5 年计划，她 2016 年在公司业绩惨淡，甚至收到过公司的警告信，但是她跟着自己的计划和节奏走，不让外部太多的因素来打乱自己的节奏。2017 年，她升了职，客户有什么金融上的问题，也会来咨询她，她会给他们建议和渠道，因为她想发展的渠道是多方面的，除了她在钜派能做的工作，她还拓宽自己的生活和工作圈。不管客户几十万元到几十亿元，她都和他们是平等的，交谈都是自信的，因为她相信，在她的领域，她才是专业的。

4. 2020 年 9 月至今。在工作的十几年里，她不断地学习和摸索，她庆幸自己是一个主观性比较强的人。毕业后，她给自己就每 5 年订一个计划目标，并根据现状不断地调整，然后达到目标。人生一定要有目标，这样才能让自己做得更好。

所获荣誉

1. 建行优秀员工

2. 钜派投资 top20

对母校的祝福语

祝愿母校，积历史之厚蕴，更展宏图，再谱华章！

忠于岗位　服务客户

姓名：吴艳馨　　性别：女

政治面貌：中共党员

入学时间：2004 年 9 月

毕业时间：2007 年 6 月

专业（班级）：金融 04（4）

工作单位：建行高新支行

职务或职称：私人银行客户经理

班主任：汪卫芳

主要工作简历

1. 2007 年 7 月—2010 年 10 月　　建行高新支行临柜

2. 2010 年 11 月—2011 年 5 月　　建行高新支行产品经理

3. 2011 年 6 月—2013 年 1 月　　建行高新支行银行对公业务

4. 2013 年 2 月—2017 年 4 月　　建行高新支行私人银行营运主管

5. 2017 年 5 月至今　　　　　　　建行高新支行私人银行客户经理

主要工作业绩

吴艳馨毕业至今已十几年了，时间让她成长，从学校出来工作，遇到的事和人很多，都是她成长的催化剂。她在建行一干就是十年，经历了不同的岗位，接触了不同的客户，也遇到了不同的领导。如何转换自己的心态，调节每个不同岗位带来的挑战是她这十年最大的收获。下面就和大家分享一下吧。

2007年7月—2010年10月，在建行高新支行做临柜工作。初尝工作滋味，结识朋友，多做事，少计较，默默地付出其实是收获果实最有效的方法，对工作充满着激情。

2009年10月—2010年9月，担任网点临柜。领导改届，市场局势和银行经营方式的转型，慢慢地，银行开始进入转型期，在柜面做业务不仅要准确无误地完成客户的业务要求，还要进行一句话的营销，增加客户对银行产品及代销产品的了解，这对于一线员工来说是件非常反感的事，当然，这是工作指令必须完成。这一年，做的怨气满天，一度有要辞职的打算。

2010年10月—2011年5月，担任产品经理。做人实在的回报开始显现，因为转型而细分的岗位增加了一个产品经理的岗位，又正巧原来一位产品经理要休产假，她推荐了吴艳馨。因为专业知识的不足，产品经理岗位做的压力甚大，不得已向行长提出转岗，全面学习银行业务。

2011年6月—2013年1月，转型做银行对公业务。因为很多资产类客户涉及企业主，所以做会计对对公业务的学习是她当时很渴望的岗位，转岗时向行长大胆提出想法，也得到了领导的支持，于是就开始新岗位的挑战。

2013年1月—2017年4月，任私人银行营运主管。银行要发展，必须抓住 20% 的高端客户，建行在中行之后推出私人银行概念，推出 1+1+N 的服务理念，西湖区的私人银行就设立在高新支行，她也荣幸成为开行元老，主要负责风控，业务指导以及内部检查核算。

2017 年 5 月至今，担任私人银行客户经理，银行真正创造财富的一个岗位，把多年的积累进行实践，用十年的业务积累、营销积累真正服务于客户。

对母校的祝福语

祝金院培养出更多的金融人才，学院办得越来越好！

发现你的可能性

姓名：朱尔立　　性别：男

政治面貌：群众

入学时间：2004 年 9 月

毕业时间：2007 年 6 月

专业（班级）：金融 04（4）

工作单位：浙商期货有限公司

职务或职称：研究中心分析师

班主任：王海棠

主要工作简历

1. 2010—2014 年　美国道富

2. 2015—2020 年　浙商期货（杭州）

主要工作业绩

英国著名作家狄更斯在长篇小说《大卫·科波菲尔》中写道："学校是社会的缩影。"的确，大学生活就像是我们踏入社会前的最后一次模拟。回想大学时光，朱尔立依稀记得 2004 年夏天踏入浙江金融职业学院大门的那个涉世未深的懵懂少年，对未来大学生活的那股原始般的好奇。在金院的日子里，少年接触了形形色色的人，领悟到合作与协调在这个小小的社会里的重要性。3 年的大学校园生活使他成长为更全面的人才，在母校资源的支持下，离开象牙塔的他可以凭自己的努力拥有立足之处。在实习和工作的一年中，出国再深造的想法不断在心中发芽。往后的近十年经历大致可以分为再学习和付诸实践两个阶段。

前 4 年他听从自己的内心重新踏上求学之路。上海到荷兰首都阿姆斯特丹的距离超过 8000 千米，而距离阿姆斯特丹不到 1 小时车程的欧洲第一大港口城市鹿特丹，则是他海外求学的第一站。2008—2010 年，他花了两年时间完成了鹿特丹商学院国际工商管理专业的课程并获得学士学位。在这个以郁金香和风车闻名世界的国度，他对社会的认知又扩展到了世界的层面。在截然不同的文化碰撞下，他感受了前 22 年从未有过的体验。毕业后他幸运地被英国杜伦大学录取，于 2010—2012 年攻读金融与投资硕士学位。这是一所拥有超过 900 年历史的英格兰第三古老大学，也是联合国教科文组织世界文化遗产之一。寄宿制的学院制大学为学生们参加社会与学术活动提供了极佳的场所。小镇古朴而宁静，学校在学术上严谨的学风一直影响着他至今从事着的研究分析工作。

后 5 年将他的所学和所见付诸工作实践。2012 年归国以来，他前后在券商和外资资产管理公司实习和工作，积累了丰富的经验。自 2015 年加入浙商期货有限公司，任职总部研究中心股指研究员、贵金属分析师，目前主要负责国内外宏观、策略研究工作，并提供投资咨询服务。同时，他也是中国黄金协会注册分析师。

他的学习生活经历和工作经验，培养了他独立思考并解决问题的能力。在人生不同阶段尝试了各种可能性，他对于发掘自我潜力和塑造逻辑思维有着浅显的认识。他希望能将自己的经历和经验分享给所有浙金院的学弟学妹们，因为再小的可能性也值得我们全力以赴地去勇敢尝试。

对母校的祝福语

一所学校怎么记录她的过去，意味着她将如何面对她的未来。作为一个个体，有幸被记录在母校的历史长河中，谨以此送上最真挚的祝福，愿母校在创新时代的大环境下，培养出更多的复合型专业人才，为国家金融系统输送优质的新鲜血液。

从优秀学子到优秀员工

姓名：姚剑峰　　性别：男

政治面貌：中共党员

入学时间：2004 年 9 月

毕业时间：2007 年 6 月

专业（班级）：金融 04（5）

工作单位：温州银行杭州分行

职务或职称：小企业银行部副总经理（主持工作）

班主任：黎贤强

主要工作简历

1. 2007 年 7 月—2012 年 8 月　　招商银行杭州分行

2. 2012 年 9 月—2019 年 4 月　　宁波银行杭州玉泉支行

3. 2019 年 5 月至今　　　　　　温州银行杭州分行

主要工作业绩

2007 年 7 月—2012 年 8 月，姚剑峰进入招商银行杭州分行工作，先后任职营业部柜员、零售银行部客户经理等岗位，多次获得分行表彰，2009 年起任招商银行杭州凤起支行团支部书记。

2010 年，被招商银行总行企业文化中心聘为《招银文化》特约撰稿人。

2009 年度、2011 年度，均被评为招商银行杭州分行优秀员工。

2012 年被评为招商银行杭州分行 15 周年行庆优秀零售客户经理，同年被评为招商银行总行 2011 年度优秀共青团员。

2012 年 9 月，进入宁波银行杭州分行工作，先后担任分行营业部个人银行部门副经理、玉泉支行个人银行部门经理、玉泉支行行长助理。

2019 年 4 月，进入温州银行杭州分行工作，先后担任分行个人银行部副总经理、个人银行部副总经理兼小企业银行部（普惠金融部）副总经理。目前任杭州分行小企业银行部副总经理（主持工作）、分行团委书记、小企业银行党支部书记。

所获荣誉

1. 2011 年　　招商银行总行优秀共青团员
2. 2019 年　　温州银行总行优秀共产党员

对母校的祝福语

披沙拣金辛勤培育助力社会发展，融会贯通续写金融黄埔辉煌篇章！

优质发展　心系母校

姓名：赵武俊　　　性别：男

政治面貌：中共党员

入学时间：2004 年 9 月

毕业时间：2007 年 6 月

专业（班级）：金融 04（6）

工作单位：萧山农商行杭州城中支行

职务或职称：副行长

班主任：黎贤强

主要工作简历

1 2007 年 1 月—2007 年 6 月　　民生银行杭州湖墅支行实习

2. 2007 年 3 月—2008 年 12 月　西南财经大学在职专升本学习，
获得硕士学位

3. 2007 年 8 月—2008 年 3 月　华夏银行杭州分行风险管理部风
险经理

4. 2008 年 4 月—2010 年 3 月　华夏银行杭州分行客户六部客户
经理

5. 2010 年 4 月—2015 年 12 月　南京银行杭州分行营业部总助

6. 2016 年 6 月至今　　　　　　萧山农商行杭州城中支行副行长

主要工作业绩

班主任黎贤强以及那些授课老师，像一盏盏引航灯照亮了他的大学生活，指引了他未来的职业方向。他说："不管将来我在什么岗位，浙江金融职业学院在我心中，不只是简单的一所大学，在学院求学的几年更是我成长路上最重要的一个阶段。"

由于对母校的热爱以及对母校学子的殷切关爱，他与校友及社会爱心人士自发组织募集 8 万余元，设立"初心远行"助学基金，寓意为"不忘初心，方得始终"。该基金第一期落地在浙江财经东方学院，二期回到了母校，"初心远行"助学基金资助 10 名品学兼优的贫困学生两学年，每人每学年 2000 元的奖励资助。他希望通过自己的行动为母校的建设发展贡献一份力量，向母校在经济上有困难、品学兼优的学弟学妹们献出一份爱心。他本人作为基金发起人之一，将更积极地团结"初心远行"助学基金的同仁们，向广大校友及社会各界爱心人士募集资金、壮大基金，并向受助学生提供实习、实践、就业等方面的机会和平台，指导他们树立职业发展目标、找准职业定位、做好职业规划，实现多层面助学助困。

在南京银行杭州分行工作期间，他连续多年被评为优秀行员、总行先进个人等，带领团队完成规模达 20 亿元的业务。在萧山农商行工作期间，他带领支行，连续多次被评为"先进党支部""业务经营优胜单位""平安示范单位"。

所获荣誉

1. 2013—2016 年　　南京银行总行先进个人
2. 2015 年　　　　　南京银行杭州分行优秀管理者

3.2015 年　　　　　浙江省金融教育基金会"金星奖"

4.2016 年　　　　　萧山农商行优秀管理者

对母校的祝福语

祝愿母校桃李满天下，明天更美好！

爱岗敬业　造就优秀

姓名：严芳芳　　性别：女

政治面貌：中共党员

入学时间：2004 年 9 月

毕业时间：2006 年 6 月

专业（班级）：金融 04（8）

工作单位：中国工商银行股份有限公司湖州

吴兴支行营业部

职务或职称：营业部主任

班主任：金朗

主要工作简历

1. 2006 年　　工商银行吴兴支行柜员

2. 2009 年　　工商银行吴兴支行客户经理

3. 2014 年　　工商银行吴兴碧浪湖支行副行长

4. 2016 年　　工商银行吴兴二里桥支行行长

5. 2020 年　　工商银行吴兴支行营业部主任

所获荣誉

市级优秀营销人员、市级优秀共产党员、浙江省优秀客户经理。

对母校的祝福语

愿母校风光无限，桃李遍地。

把握机会　提升自我

姓名：王路　　性别：女

政治面貌：群众

入学时间：2005 年 9 月

毕业时间：2008 年 6 月

专业（班级）：国金 05（2）

工作单位：杭州富阳蕃茄田艺术中心

职务：中心校长

班主任：严卫华

主要工作简历

1. 2007 年 12 月—2010 年 11 月　　国泰人寿

2. 2011 年 3 月—2013 年 5 月　　杭州中厦装饰有限公司

3. 2017 年 8 月至今　　杭州富阳蕃茄田艺术中心

主要工作业绩

　　十年前的王路应该怎么也不会想到：十年后的她会以校友的身份回到母校，和学弟学妹们分享职业规划的一些经验，更不会想到她会和其他一些优秀校友以及校领导们，坐在一起讨论当下孩子学习、就业方面的种种问题。因为在校期间的她真的很普通！不管是学科成绩还是技能成绩都很一般。所以在讨论会上，当提到现在学院有些孩子各项技能不扎实、对就业不着急不上心等问题的时候，她总是心里一紧，自己一条一条地对号入座，这不就是在说十年前的她吗？是的，十年前的她应该也很让老师操心吧！实习那一年，看着同学们工作纷纷有了着落，她对自己的职业方向一片茫然；而为了掩饰这样的茫然和不自信，她表现出一点也不着急找工作的样子。当时学院为了解决学生就业问题想尽了各种办法，邀请了很多单位来学校招人，而她的人生就在那次校园招聘时发生了翻天覆地的转折，她被一家大陆和台湾合资的保险公司录取了，当时面试她的是公司的高层领导，后来也成为她第一个人生导师。

其实在那之前她排斥保险排斥销售，所以去之前非常犹豫，她很庆幸当时选择了去尝试，公司里有很多厉害的前辈，跟着这些人的脚步感觉自己提升得也很快，这是学校书本里学不到的。那时候她才明白实践是多么的重要。在这么一个锻炼人的行业她坚持了下来，并且做到了同期第一的成绩。她非常感谢公司对她的信任，当她拿到毕业证半年以后公司邀请她做了公司的兼职讲师，给新人培训。销售工作给她带来了自信与成就感，而她现在的创业也是源自多年做销售时积累的经验以及沟通处理事情的能力，不得不承认只要拥有了营销能力，不管从事哪一行都可以生存！人生有很多可能性，所以请抓住每一个可能的机会，也许你会发现一个不一样的自己！

所获荣誉

1. 2009 年 5 月　　国泰人寿华东区销售冠军

2. 2009 年 12 月　　国泰人寿荣誉金牌讲师

对母校的祝福语

三年，在人生的旅程中不过是短短的一瞬间，然而和您朝夕相处，是我终生难以忘怀的。您是记忆中的一粒珍珠，心里的一颗明星，一直照耀着我们的未来。

全力以赴　践行初心

姓名：沈杭平　　性别：男

政治面貌：预备党员

入学时间：2005 年 9 月

毕业时间：2008 年 6 月

专业（班级）：金融 05（4）

工作单位：杭州联合银行

职务或职称：支行业务部经理

班主任：蔡茂祥

主要工作简历

1. 2008 年 6 月—2010 年 4 月　　杭州联合银行周浦支行综合柜员

2. 2010 年 5 月—2014 年 10 月　　杭州联合银行双浦支行零售客户
经理

3. 2014 年 11 月至今　　　　　杭州联合银行双浦支行业务部
经理

主要工作业绩

沈杭平读大学时是金融管理学院的一分子。他一直严格要求自己，他希望自己可以进入梦寐以求的银行去工作，而这个目标在 2008 年 6 月实现了。如今的他一直在杭州联合银行工作，他在工作岗位上认真刻苦，赢得不少赞扬。

他一直坚信，只有夯实基础、砥砺前行，才可以成就精彩人生。初到工作岗位会有很多的不适应，但他凭借着初生牛犊不怕虎的冲劲儿和魄力，让别人注意到他。正因为如此，他有更多的机会去尝试很多新鲜的事物。在坚守原则的情况下，敢做敢说，这为他之后的工作打下了良好的基础。

他在学校时就一直努力将所有能考的证书全都考了出来，即使现在踏上工作岗位，他也丝毫不松懈。他一直努力培养良好的人际关系，他相信广交朋友有利无害。

从 2008 年到现在，他在杭州联合银行工作了十多个年头。他认为选择了一个工作就需要脚踏实地，既来之则安之，在几年之后，必须要定好自己的人生定位，把自己的心沉下来，打好各种基础，机会只会留给有准备的人，且要有持之以恒的毅力，抵得住诱惑。

他知道人生在乎的不是目的，而是沿途的风景。所以他一直坚持自己的初心，砥砺前行。

所获荣誉

2020 年　　杭州联合银行双浦支行优秀员工

对母校的祝福语

　　廿载树林，新苗成材，桃李满天下；百年育人，春风化雨，栋梁荣中华。祝愿母校更展宏图、再谱华章，明天更加辉煌！

敢于拼搏　追逐梦想

姓名：金荣　　性别：男

入学时间：2006 年 9 月

毕业时间：2009 年 6 月

专业（班级）：金融 06（3）

工作单位：天首资本控股有限公司杭州分公司

职务：副总经理

班主任：邱俊如

主要工作简历

1. 2009 年 7 月—2010 年 7 月　　招商银行杭州钱塘支行储蓄柜员

2. 2010 年 8 月—2015 年 7 月　　招商银行杭州钱塘支行贵宾理财
经理

3. 2015 年 8 月—2017 年 7 月　　平安银行杭州滨江支行零售部
经理

4. 2017 年 8 月—2020 年 3 月　　转角活力工厂 CEO

5. 2020 年 4 月至今　　　　　　天首资本控股有限公司杭州分公司
副总经理

主要工作业绩

金荣自 2009 年 6 月从浙江金融职业学院毕业之后，就职于招商银行杭州钱塘支行。他深知从专科学校毕业，在银行想要站稳脚跟，就需要从基础岗位开始，从柜员做起。热心的服务，加上专业的服务技能，使他一年后就从柜面走向了营销岗位。工作以来，他始终坚持每天多学一点，每天比别人都花一点时间进步。他非常感恩大学时代老师的教诲及学生会工作的锻炼，让他在与客户沟通方面更顺畅，从行里同期的新人中脱颖而出。他先后被评为服务明星、销售冠军，连续多年被评为优秀员工。

2015 年 8 月，平安银行向他抛来了橄榄枝，金荣开始担任团队负责人。在一个新的环境，他依然坚持每天比别人多学一点，一切为伙伴和客户着想。在营销过程中，他带领团队的小伙伴们注重客户服务与细节，努力提高客户的满意度，所在团队被评为最佳团队。优秀的工作业绩也让团队小伙伴们拥有了满满的成就感。他自己也先后被评为先进个人、优秀员工，以及最佳管理人。

在银行打拼的 8 年中，金荣始终没有忘记当初大学时期的梦想，就是去汶川建一所希望小学。2017 年 8 月，他离开了如日中天的银行事业，正式开始创业，与夫人陈聪女士创立了转角活力工厂，帮助更多国人塑造良好的体型，收获健康并成为康宝莱（中国）中级服务的提供商，同时荣获康宝莱（中国）优秀服务商称号。

在自我创业进入稳定期之后，他又做了一个新的决定，再次回归金融行业。2020 年，金荣的夫人陈聪女士担任转角活力工厂 CEO，金荣回归金融行业，担任天首资本控股有限公司杭州分公司副总经理。他说，创业与工作要完美结合，他希望把大健康产业（身体健康和财富健康）做到极致。金荣，还是那个爱拼搏的少年，他始终没有忘记当初的梦想。让我们共同期待！

所获荣誉

1. 2011 年 3 月　　招商银行杭州钱塘支行工作进步奖、服务明星

2. 2012 年 3 月　　招商银行杭州钱塘支行优秀员工

3. 2013 年 3 月　　招商银行杭州分行优秀员工

4. 2014 月 3 月　　招商银行杭州钱塘支行优秀员工、服务明星

5. 2014 年 5 月　　MDRT（全球寿险精英）成员

6. 2015 年 3 月　　招商银行杭州分行优秀员工

7. 2016 年 5 月　　平安银行杭州分行先进个人、最佳管理人

8. 2017 年 5 月　　平安银行杭州分行优秀员工、管理标兵奖

9. 2018 年 2 月　　康宝莱（中国）优秀服务商、万点俱乐部成员

10. 2019 年 2 月　　康宝莱（中国）中级服务提供商

11. 2020 年 2 月　　康宝莱（中国）全国优秀服务商

对母校的祝福语

光辉历程更辉煌，人才辈出代代强。桃李满天扬四海，硕果累累振中华！

用"三心"立足岗位

姓名：何剑　　性别：男

入学时间：2007 年 9 月

毕业时间：2010 年 6 月

专业（班级）：金融 07（1）

工作单位：杭州银行绍兴店口小微企业专营支行

职务或职称：业务发展部副经理

班主任：韩国红

主要工作简历

1. 2010 年 7 月—2013 年 2 月　　绍兴银行店口支行综合柜员

2. 2013 年 3 月—2014 年 9 月　　杭州银行诸暨支行综合柜员

3. 2014 年 10 月—2015 年 1 月　　杭州银行店口支行理财经理

4. 2015 年 2 月—2020 年 1 月　　杭州银行店口支行零售客户经理

5. 2020 年 2 月至今　　　　　　杭州银行店口支行业务发展部副经理

主要工作业绩

2009 年，在学校的关心支持下，何剑进入了绍兴银行订单班，

2010 年 3 月开始通过绍兴银行各项培训测试，2010 年 7 月成功签订人生第一份劳动合同，开启了在银行业的工作旅程。

进入银行后，何剑跟随师傅们学习基础业务知识和业务操作流程。在此过程中他争分夺秒，认真利用好跟班时间快速学习，提升自己的实操能力。工作之外，何剑平衡好生活和学习，继续补充理论知识，不断为自己充电。作为金院的毕业生，也要发挥金院学子的优势，利用空余时间继续勤练各项技能，让自己快速从行里的技能比赛中脱颖而出，让更多的人认识、了解他。两年多后因个人发展需求，何剑选择离开绍兴银行进入杭州银行。

进入杭州银行前期，何剑被安排到了对公柜口上，主要工作为"跑交换"。在该岗位上他工作了近半年，在这半年时间里他认真学习杭州银行的各项业务知识，包括零售和小微业务，同时利用中午休息时间及下班后的半小时时间努力练习技能水平。通过半年左右的练习，单指单张基本可以做到 5 分钟 12 把全对，并在分行选拔比赛中以第一名的成绩进入单指单张团队，代表分行参加总行比赛，且在那年和团队同事一起努力取得总行团体亚军的好成绩。回来后何剑和同事们并没有因此而骄傲，相反他们觉得还有提升空间，要提高正确率。在分行庆功宴上立下军令状，第二年再来，誓夺第一。固有团队成员在一年的努力练习下，他们最终赢得了总行冠军。

在柜面的一年多时间里，因各项技能较好，领导安排何剑调岗进入了零售条线，主要工作为营销个人储蓄存款、个人理财及家庭消费类贷款。当时因店口支行尚未开业，何剑团队在支行行长的带领下积极走街串巷，分派传单，认真做好当下工作，同时利用下班时间认真和团队成员进行当天工作的复盘，商讨如何更好更有效地与客户沟通交流并落地。在从事零售业务的 5 年时间里，他从没有客户资源的一个普通客户经理成长为部门负责人，他将这一路的工作经验总结为"三心"：用心、耐心、细心。

对于本职工作，要本着用心的态度去对待每件事、每个人。近几年银行业务发展越来越难，各银行之间的竞争愈演愈烈，在这样的大环境中要想生存，银行工作人员必须全身心投入工作，放置于环境中，对于总分行下发的每个文件都必须认真学习，用心去解读文件背后的意思，将行内的工作思路落到实处，要学习行内的各项产品，不能局限于自己条线上的业务知识，要多产品、多渠道学习，提升自己的综合营销能力，让自己能与客户有更好的沟通，能在客户需要什么的时间内提供给客户需要的相关服务。在维护客户的时候就更要用心了。想起2018年9月的时候，何剑通过与银行合作的房产中介为一个老板娘办理二手房按揭业务，在办理过程中，他多次上门服务，在与该客户沟通过程中发现，该客户购买二手房主要原因为经营地址变更，原来在杭州办家具公司的，现因政策问题至店口开办企业，为生活方便就在公司附近购买了一处房产。在了解到该信息后，他不断联系走访该客户，但因她的厂房已办理抵押贷款1000万元，且因特殊原因无法置换至他所在的银行，后续通过1年半的持续跟进，终于在2020年她将该贷款置换至杭州银行，同时在他的银行开立基本账户、工资代发等，为支行创造不少后续利润。当然其中主要还是以诚心待人为主，在与客户交流过程中要耐心，对待营销客户也一样，不要因为一时的不顺利而放弃，同时在与客户接触中要细心观察了解客户的动态。在2019年6月左右，该客户因压力大有过心理疾病。当时了解到情况后，他多次联系该客户上门陪她聊天谈心，同时安排该客户参加银行组织的对外活动。经过近两年的努力，帮助客户走出困境，维护好客户关系。对于工作还需要沉下心，深入自己的客户群体，深挖自己的客户群体，要利用好自身资源与客户资源，集众人之力，同时也要聚团队之力，发挥自己的潜力，提升自己的职业能力，将自己打造成一个综合型的银行人员。

所获荣誉

1. 2013 年 9 月　　总行技能比赛单指单张团体亚军

2. 2014 年 9 月　　总行技能比赛单指单张团体冠军

3. 2015 年至今　　总分行营销能手

对母校的祝福语

祝母校越办越好，校友生态圈越发稳定高能，祝学弟学妹们就业无忧！

以"专业、严谨、阳光、敬业"
做好金融服务

姓名：郑丽霞　　性别：女

政治面貌：中共党员

入学时间：2007 年 9 月

毕业时间：2010 年 7 月

专业（班级）：国金 07（2）

工作单位：中国农业银行江山支行营业室

职务或职称：副经理

班主任：姚星垣

主要工作简历

1. 2010 年 8 月—2017 年 7 月　　中国农业银行江山支行贺村分理
　　　　　　　　　　　　　　　　处综合柜员

2. 2017 年 8 月—2018 年 5 月　　中国农业银行江山淤头支行运营
　　　　　　　　　　　　　　　　主管

3. 2018 年 6 月—2019 年 11 月　中国农业银行浙江山峡口支行副
　　　　　　　　　　　　　　　　行长

4. 2019 年 12 月至今　　　　　　中国农业银行江山支行营业室副
　　　　　　　　　　　　　　　　经理

主要工作业绩

郑丽霞 2010 年进入中国农业银行工作，曾于 2013 年、2016 年、2020 年 3 次被评为支行先进工作者，获 2019 年度市分行优秀内勤副行长，2013 年被评为省分行百优柜员，2016 年所写的读书心得获得农总行优胜奖，是浙江省内农行系统唯一获奖文章。不论在哪个岗位，她都表现出一个银行人应有的"专业、严谨、阳光、敬业"的担当意识和奉献精神。刚入行时，郑丽霞被分配到偏远的乡镇网点从事柜台工作，一干就是 7 年。在 7 年的柜台生涯中，她勤勤恳恳，任劳任怨，将柜台的业务学到极致，不到一年的时间便成为支行的业务骨干。工作中，她极力做好对新员工的"传、帮、带"，为支行人才输送创造有利条件。

2017 年，郑丽霞通过竞聘成为一名运营主管，被分配到了更偏远的乡镇支行网点，负责柜面业务管理、人员管理及网点日常工作管理。针对支行新员工风险意识薄弱的现状，每日晨会及时传达风险案例及每项业务操作过程中的风险点，做好风险提示与关注。针对部分"问题"员工，采取切实有效的方法引导他们拥有积极向上、乐观阳光的工作态度；针对所在支行运营基础薄弱、网点绩效较差的状况，及时采取措施，通过"过程管理"的精细化考核措施，支行运营精细化考核实现从全市第 26 位跃升到全市第 3 位，支行名次从末位提升到第 2 位，同时连续 3 年营业网点无风险事件发生、无负面舆情发生、无重大违规违纪事件、无重大责任事故发生，实现安全运营无事故；针对电信网络诈骗案件的高发，加强营业网点现场管理，强化案防控制，每月组织开展案防分析会，学习风险案例及风险提示。通过有效的防范，郑丽霞带领所在团队堵截疑似网络诈骗事件 3 起，劝阻非正常开卡事件 2 起，为客户挽回诈骗资金 20 余万元。通过郑丽霞有效的措施并引导，2019 年她所在的峡口支行 3 名新入行员工在全市信用卡营销中包揽全市前 3 名，取得了骄人的业绩。同时其中 2 名新员工在"ETC 专项营销"活动中位列新员工序列前茅，整个网点形成了良好的营销氛围。2019 年，她所在的网点机构绩效考核较上年提升 19 位，从 2018 年末的全市第 25 名跃居 2019 年全市第 5 名。

所获荣誉

1. 2013 年　中国农业银行江山支行"先进工作者"
2. 2013 年　中国农业银行浙江省分行"百优柜员"
3. 2015 年　中国农业银行衢州市分行波音四期工程推广先进个人
4. 2016 年　中国农业银行江山支行"先进工作者"
5. 2019 年　中国农业银行江山支行"先进工作者"
6. 2019 年　中国农业银行衢州市分行"优秀内勤副行长"

对母校的祝福语

桃李芬芳时，感恩母校情。祝福母校再谱华丽乐章，再续黄埔辉煌。

"从细、从小、从实"着手
做小微金融的引领者

姓名：徐晓青　　性别：女

政治面貌：群众

入学时间：2007 年 9 月

毕业时间：2010 年 6 月

专业（班级）：金融 07（2）班

工作单位：浙江泰隆商业银行

职务或职称：总经理

班主任：韩国红

主要工作简历

1. 2010 年 6 月—2012 年 4 月　　浙江泰隆商业银行杭州分行客户
经理

2. 2012 年 5 月—2012 年 10 月　　浙江泰隆商业银行城北支行客户
经理

3. 2012 年 11 月—2013 年 4 月　　浙江泰隆商业银行良渚小微支行
（筹）客户经理

4. 2013 年 5 月—2017 年 10 月　　浙江泰隆商业银行良渚小微支行
（筹）副总经理

5. 2017 年 11 月—2018 年 7 月　　福建龙海泰隆村镇银行（筹）筹建组成员

6. 2018 年 8 月至今　　　　　　福建龙海泰隆村镇银行营业部总经理

主要工作业绩

2010 年 6 月参加工作以来，徐晓青一直在浙江泰隆商业银行体系内任职，从客户经理到总经理，从营销工作转为管理工作，致力于从个人对小微金融的贡献到团队对小微金融的贡献。也从一个简单的从业人员，到如今把它看作自己的事业，同时从浙江省外派到福建省。

离开了母校，留在了她一直想要生活的城市——杭州。身为安徽籍的外地人，没有任何人脉资源，是金院给了她留在这座城市的名片，是泰隆银行的平台为她发现了自己的事业。下面介绍她三个方面的业绩。

2010—2012 年，从事营销工作时期，披沙拣金，认准泰隆银行的社区化模式，这套方式方法给了她这个无任何城市资源的人如同一块根据地，她深耕细作，通过两年的时间，她获得了泰隆银行的认可，取得了全行十人之一的感动泰隆成绩，为泰隆银行在杭州落地添砖加瓦。

2012—2017 年，从事管理工作时期，从一个人的贡献到发挥一个团队的智慧。在杭州良渚镇，发挥普惠金融余热，在五丰肉联市场打下一片天地，拥有 1000 户以上小微企业、个体工商户、个人的客户资源。团队在开业以后 2 年时间内业务达到 80% 的覆盖率，在解决小微企业因信息不对称而无法得到金融支持的问题上有了一定的专业度。

2017 年至今，外派到福建省，参与筹建独立法人机构的泰隆村镇银行，先后负责银行在当地的品牌建设和文化建设。将浙商思维、泰隆模式、企业文化播种到千里之外。用第三地域审视两地金融形态的差异，吸取了更多元的经验，融会贯通。用 2 年的时间与筹建组一起得到了当地政府、监管部门的认同。

在工作 10 年的时间里，她一直铭记校训"披沙拣金　融会贯通"，找准金融行业里自己认为值得去实践的事情，融通了多地的知识，发挥着行业里的专业、热爱精神，一边实践，一边完善，争做小微金融领域的积极参与者。

所获荣誉

1. 2012 年 2 月　浙江泰隆商业银行感动泰隆人物

2. 2012 年 2 月　浙江泰隆商业银行先进个人

3. 2012 年 2 月　浙江泰隆商业银行放贷达人

4. 2013 年 2 月　浙江泰隆商业银行先进团队

5. 2015 年 2 月　浙江泰隆商业银行良渚支行先进团队

6. 2019 年 2 月　福建龙海泰隆村镇银行先进团队

7. 2020 年 2 月　福建龙海泰隆村镇银行八大体系先进个人

对母校的祝福语

祝母校成为中国金融人才建设的重要参与者，培养更多人才，共创辉煌。

用"信心、虚心、用心"迎接挑战
磨砺自我

姓名：冯君　　　性别：女

政治面貌：中共党员

入学时间：2007 年 9 月

毕业时间：2010 年 6 月

专业（班级）：金融 07（4）

工作单位：中国邮政集团有限公司衢

州市分公司

职务或职称：文秘

班主任：赵振华

主要工作简历

1. 2010 年 5 月—2011 年 9 月　　衢州市邮政分公司杜泽营业所

柜员及通讯员

2. 2011 年 10 月—2012 年 7 月　　衢州市邮政分公司荷花营业所

柜员及通讯员

3. 2012 年 8 月—2013 年 10 月　　衢州市邮政分公司荷一路营业

所负责人

4. 2013 年 11 月—2018 年 11 月　　衢州市邮政分公司金融业务局
　　　　　　　　　　　　　　　　　业务管理员

5. 2018 年 12 月至今　　　　　　　衢州市邮政分公司综合办公室
　　　　　　　　　　　　　　　　　文秘

主要工作业绩

从学校出来刚步入社会，是人生的一个重要转折阶段，也是一段新旅程的开始。刚参加工作时的冯君遇到过困难、挫折、失败，她伤心过、失落过、迷茫过；但庆幸的是，遇到不少给予她帮助的"引路人"，也正是那些充满正能量、积极向上、吃苦耐劳又努力奋斗的前辈和师傅，让她在工作中遇到任何困难时都满怀信心。

工作以来，冯君分别在杜泽邮政支局、荷花邮政营业所从事柜员以及通讯员工作，之后进入荷一路营业所担任网点负责人，后转岗至金融业务局，如今在办公室担任文秘一职。每个岗位的变动，对于她而言都是不同角色的转化。每次面临眼前的挑战和压力，再苦再累她都是以积极的态度去对待。在她看来，只要有信心，就不会挫败。

从事储汇营业员岗位时，冯君和别的员工不一样，她除了负责日常工作外，还要负责网点的信息报道。尽管工作量大，又烦琐，为了写好报道有时还要进行材料搜集、整理、采访等，可她有条不紊，把工作和报道做得有声有色。她出色的能力和水平让领导、同事刮目相看。工作不到两年，冯君就被领导委以重任，担任荷一路营业所负责人。

不可否认，冯君在技能、专业上早已非常"独到老练"了，但小小年纪的她成为网点负责人，来自外界的质疑确实不少，甚至连她自己也迷茫：能否胜任这个职位？怎样管理和带领好团队？她没有选择和退路，唯一的只有"信心"二字。冯君深知，虽然与那些年长的前辈相比，有着十多年甚至二十多年的差距，但只要自己怀有信心，用心去做，肯定能做好。她放低姿态，虚心向年长、有经验的同事请教学习。她加班加点，一边做好对外的客户工作，一边进行网点的管理、上级指令的执行、各部门关系的协调及与领导的沟通汇报；同时，员工的生活、家庭问题等样样亲力亲为，很快得到大家的认可，成为人人眼里的"大家长""顶梁柱"。

为进一步拓展网点业务，冯君白天跑企业、访客户，回来后及时做好信息归档，与员工一起商讨工作方案。待晚上回到住处，再累再苦也仍旧伏案研究和分析每项业务指标数据，修改调整方案以及思考网点发展方向。2012年，适值微信风靡，冯君带领团队大胆尝试微信营销，创建网点微信公众号，借助网络力量扩大影响，不断加大宣传力度，取得很好的效果，成为全省首个创建微信公众号的网点，开创全省邮政微营销的先河。省公司总经理调研时，专门来她所负责的网点召开座谈会，对她给予了高度评价。

随后，冯君被调往金融业务部负责业务管理。这一岗位的变动，对她的管理、专业提出了更高的要求，不再仅是管好、抓好一个小网点那么简单，而得放眼全市。这个担子让她深感责任重大，她适时地给自己设定新标准，向省级管理员、同级管理员请教等，很快融入新环境，短短时间华丽完成了角色的转换。

冯君的才华颇受领导赏识，接着她又逐渐转向方案策划、宣传等方面。如今她更是向非自身专业挑战，转岗到文秘一职，她将自身特长与工作相结合，把相关工作、活动、会议通过微平台、易企秀等H5场景表现出来，配上诗意的文字，呈现出更直观、更生动的效果。

冯君坚信，很多事情不是因为看到希望而坚持，而是因为坚持才看到希望。任凭身处何境何地，无论多少困苦磨难，相信太阳每天都是新的。以崭新的自己，怀着热爱的心态，用自己永不熄灭的热情与信念不断向前，远方美丽的风景就会离你越来越近……

所获荣誉

1. 2011 年，全省邮政营业员达标考核中，综合成绩排名全省十二，荣获全省"双优"称号。

2. 2012 年 7 月，参加"第三届浙江省邮政通信特有职业技能竞赛暨第三届全国邮政通信特有职业技能竞赛浙江省选拔赛邮政储汇业务员比赛"，获得加打凭条单项第二名、全能第十一名。

3. 2012 年 8 月，参加衢州市银行业组织的技能比赛，荣获"衢州市分行银行业业务技能操作比赛"中单指单张点钞第一名、多指多张点钞第二名。

4. 2013 年 1 月，荣获衢州市邮政"2012 年度服务（质量）明星"。

5. 2013 年 6 月，在衢州市邮银服务技能比武大赛中，荣获个人全能服务精兵第一名、翻打传票单项技能第一名、五笔汉字录入单项技能第二名。

6. 2013 年，荣获 2012 年度浙江省青年岗位能手，并被授予"最美青工"称号。

7. 2013 年，在衢州市邮政新闻信息工作中获"优秀通讯员"。

8. 2013 年 11 月，创作微电影《冯小君的一天》剧本，并参与拍摄。该片在共青团浙江省委主办的"我的中国梦"青年文明号微电影大赛中，荣获银奖影片和最佳女演员奖。

9. 2014 年 4 月，参加衢州市邮政系统"中国梦想 最美邮政"主题演讲比赛，荣获优秀奖。

10. 2014 年 10 月，参加衢州市邮政点钞技能比赛及反假币知识竞赛，个人单指点钞赢得第一名，获"单指点钞能手奖"；多指点钞赢得第一名,获"多指点钞能手奖";反假币知识赢得第一名,获"反假币知识个人优胜奖",以及综合能手一等奖。

11. 2014 年 11 月,代表衢州市参加全省 2014 年点钞技能比赛及反假币知识竞赛,荣获团体第三名。

12. 2015 年 1 月,参加集团公司主办的"我的邮政梦"征文比赛,荣获全国一等奖。

13. 2015 年 5 月,微电影《冯小君的一天》在浙江省诚信微电影征集活动中,荣获二等奖。

14. 2016 年 2 月,荣获 2015 年度衢州市邮政公司工会积极分子。

15. 2016 年 3 月,荣获中邮保险浙江分公司 2015 年度"续期明星管理员"称号。

16. 2016 年 4 月,荣获 2015 年度全省邮政新闻信息先进个人。

17. 2016 年 4 月,参加衢州市邮政"奋斗在今朝"手机摄影比赛,荣获一等奖。

18. 2016 年 4 月,参加衢州市邮政"奋斗在今朝"征文比赛,荣获一等奖。

19. 2017 年 3 月,被评为浙江省邮政 2016 年度《在一线》优秀栏目编辑。

20. 2017 年 5 月,在浙江省邮政"奋斗在今朝"主题摄影大赛中,荣获一等奖。

21. 2017 年 5 月,在衢州市邮政 2016 年度新闻信息工作中,被评为"优秀信息员"一等奖。

22. 2017 年 9 月,在浙江省邮政开展的"树清风正气,创廉洁浙邮"主题征文活动中,荣获二等奖。

23. 2017 年 10 月,在浙江省邮政开展的企业文化知识竞赛中,代表衢州市参赛,荣获团队三等奖。

24. 2017 年 11 月，在"中国梦 劳动美"浙江省职工摄影大赛中获手机组入展。

25. 2018 年 2 月，荣获衢州市邮政"2017 年度先进个人"。

26. 2018 年 4 月，在"衢州邮政金融 2017—2018 跨赛"活动中，荣获感动人物绿叶奖。

27. 2018 年 5 月，被评为 2017 年度浙江省邮政《在一线》优秀栏目编辑。

28. 2019 年 1 月，参与创作的《"服务制胜"推进金融业务持续发展》，获 2018 年度浙江邮政企业管理现代化创新优秀成果。

29. 2019 年 7 月，荣获 2018 年衢州市国资委优秀共产党员。

30. 2020 年 5 月，在浙江省邮政职工"抗疫同行暖人心"文学、书画、摄影大赛中，作品《抗"疫"救火队员》，荣获文学类优秀奖。

31. 2020 年 5 月，在《中国邮政报》举办的"战疫邮我"抗疫纪实作品征集活动中，作品《你的样子》荣获摄影作品单元优秀奖。

对母校的祝福语

母校，承载了无数的回忆，记录了珍贵的时光。祝愿母校灿烂辉煌。

爱岗敬业　乐于奉献

姓名：孙权　　性别：男

政治面貌：群众

入学时间：2007 年 9 月

毕业时间：2009 年 6 月

专业（班级）：金融 07（7）

工作单位：杭州银行萧山支行

职务或职称：小微金融部部门经理

班主任：凌海波

主要工作简历

1. 2009 年 9 月—2009 年 10 月　　杭州银行萧山支行柜员

2. 2009 年 11 月—2015 年 3 月　　杭州银行萧山支行零售客户经理

3. 2015 年 4 月—2017 年 3 月　　杭州银行萧山支行小微客户经理

4. 2017 年 4 月—2018 年 5 月　　杭州银行萧山支行小微标准团队
团队长

5. 2018 年 6 月—2020 年 6 月　　杭州银行萧山支行小微金融发展
部经理

6. 2020 年 7 月至今　　杭州银行萧山支行小微金融部部
门经理

主要工作业绩

2008 年 6 月，孙权进入浙江金融职业学院杭州银行订单班学习。2009 年 1 月，进入杭州银行城厢支行实习。2009 年 9 月，进入杭州银行萧山支行从事柜员一职。孙权通过自己的努力，一步一个脚印，从柜员转岗至零售客户经理，打稳营销基础后转岗至小微客户经理，现任杭州银行萧山支行小微金融部部门经理。工作中，他始终铭记母校老师的教诲，勇担责任、忠于职守、爱岗敬业，执着地追求着人生的理想，以开拓进取的精神、求真务实的工作作风，默默奉献自己的青春和力量。曾经，我以母校为荣；终有一天，母校以我为荣。

爱岗敬业，与时俱进。基于大学期间扎实的专业知识功底，结合这些年的工作历练及学习充电，工作经验日渐丰富，理论知识日益扎实。俗话说"干一行爱一行"，他深爱从事的事业，并从中获得满足感与成就感。金融人都懂，与客户打交道既累又烦琐，需要切换不同模式去面对性格各异的客户，但这又是一件累并快乐的事情，他喜欢看到客户希冀而来、满意而归的表情。对工作的用心，让他掌握了一项"超能力"，别说自己营销的客户，就连协办的客户，多年后一听到客户的名字都能立刻回忆起他的基本情况。同时，他坚信他的真诚能换来客户的真诚相待，所以他和很多客户结下了不解之缘，很多客户在有金融需求的时候，脑袋里第一反应就是找他，他的业绩也因为"存量转介绍"提升了很多。工作以来，他深刻感受到自己知识储备的不足，社会经验的缺乏，这些都会成为他奋斗路上的绊脚石，所以他坚持学习各类文件、制度，每天不定时获取新闻时事，不断提升工作质量，将自己打造成一名专业的金融人。

以身作则，甘于奉献。从他踏入单位的那一刻起，他便以高标准、严要求鞭策自己，身居其位，以身作则，树立榜样，甘于奉献。如在本次疫情暴发期间，他深知作为一名金融人身上肩负的责任，主动放弃休息时间，不顾个人安危，积极投入抗疫一线金融服务，为抗疫企业送去金融关怀，同时驻守网点，确保基础金融服务安全稳定运行，身体力行地为社会贡献自己的一份绵薄之力。是母校教会了他，在国家需要的时候，"要舍小家为大家"，他也真正把这些要求付诸行动。

严以律己，勇攀高峰。感谢母校在大学期间，营造了你追我赶的良好竞争氛围，让他骨子里有一种天生的干劲。从柜员到营销岗，再到现在的部门经理，他一步一个脚印踏实进取，做到无重大差错，业绩排名遥遥领先。当然，现在的每一个小成绩，都离不开他的点滴付出，"5＋2""白＋黑"是他平时的工作状态，如果遇到难啃的硬骨头，他就一遍又一遍攻克，因为他心中有一个信念——没有真正难啃的骨头，只有不肯努力的自己以及不完美的金融方案。当然，他知道，他此刻取得的成绩相比于杰出校友，简直是不值一提，所以他也阶段性地给自己设定小目标，争取稳扎稳打，勇攀高峰。

展望今后的日子，他会始终牢记母校对他的教诲，始终以团校为傲，同时也时刻提醒着自己：要努力奋斗、严于律己、甘于奉献、与时俱进，终有一天，母校将以你为荣！

所获荣誉

1. 2015 年 12 月　营销明星

2. 2015 年 12 月　杭州银行优秀团员

3. 2017 年 12 月　营销明星

4. 2018 年 12 月　五星团队

5. 2020 年 4 月　抗疫先锋

对母校的祝福语

母校，承载着梦想，孕育着希望。愿您日新月异，培育更多人才。

华夏银行总行优秀共产党员

姓名：贺灵　　性别：女

政治面貌：中共党员

入学时间：2007 年 9 月

毕业时间：2009 年 6 月

专业（班级）：金融 07（8）

工作单位：华夏银行广州财富管理

职务或职称：财私产品经理

班主任：郑晓燕

主要工作简历

1. 2009 年 8 月—2010 年 10 月　　华夏银行广州越秀支行客户
经理

2. 2010 年 11 月—2011 年 11 月　　华夏银行广州大道支行大堂
经理

3. 2011 年 12 月—2017 年 10 月　　华夏银行广州珠江支行理财
经理

4. 2017 年 11 月—2019 年 11 月　　华夏银行广州珠江支行个人部
经理

5. 2019 年 12 月至今　　　　　华夏银行广州财富管理与私人银行部财私产品经理岗

主要工作业绩

贺灵，金融管理与实务专业 07（8）班毕业。华南理工大学经济学在职本科，学士学位。2009 年毕业至今，一直在华夏银行广州分行就职，总行讲师。曾担任过客户经理、大堂经理、理财经理、个人部经理。在担任大堂经理期间，凭着热情真诚的服务态度及专业精湛的工作技能获得客户及同事的一致好评，先后荣获 2013 年度广州分行服务明星及 2014 年度广州分行厅堂服务明星。通过个人的努力，成功竞聘到珠江支行唯一一位理财经理职位。在从事理财经理工作期间，贺灵考取 AFP 金融理财师执业资格，在 2014 年、2015 年、2016 年连续 3 年荣获华夏银行全国"龙盈理财"优秀理财经理。2015 年，贺灵作为华夏银行广州分行唯一参赛代表参加广东金融消费权益保护工作技能竞赛，荣获"广东金融知识普及教育金牌讲师"称号。2017 年开始担任支行个人部经理岗位，负责支行整体个人业务的推动与营销，由于表现突出，多次荣获大零售业务先进个人。在 2019 年全行年中会议中，作为优秀个人进行经验分享。因为个人综合表现优异，被提拔至广州分行新成立的财富管理与私人银行部。2019 年 12 月，在全国首届财富师管理大赛中，一路披荆斩棘，通过全行初赛、南部赛区复赛、全行总决赛，最终荣获个人银奖。目前在分行管理部门，负责推动全行财富管理业务的发展。

所获荣誉

1. 2015 年 8 月　　　广东金融知识普及教育金牌讲师

2. 2019 年 6 月　　　华夏银行总行优秀共产党员

3. 2019 年 12 月　　华夏银行全国首届财富师管理大赛银奖

对母校的祝福语

拳拳学子情殷殷，报答母校三春晖。身为金院学子，深深感谢母校老师们对我辛勤培养和教育。感恩母校，祝母校再创辉煌。

热情主动　优质服务

姓名：张靖波　　性别：男

政治面貌：中共党员

入学时间：2007 年 9 月

毕业时间：2009 年 6 月

专业（班级）：金融 07（9）

工作单位：中信银行

职务或职称：客户经理

班主任：郑晓燕

主要工作简历

1. 2009—2018 年　招商银行客户经理

2. 2018—2019 年　浙商银行客户经理

3. 2019—2020 年　中信银行客户经理

主要工作业绩

自 2009 年进入银行工作以来，张靖波一直从事个人信贷业务。他工作之余勤于学习，熟练掌握个贷客户经理的操作技能和专业知识，取得银行从业资格证、会计从业资格证和 AFP 证书等，在取得西南财经大学本科学历后，又报读了厦门大学经济学院金融学专业硕士研究生，以此不断提高自身的理论知识和综合素质，为取得良好的经营业绩打下基础。工作期间，个人业务完成率始终名列前茅。

十几年的银行工作生涯中，他始终牢记学校的诚信文化，深知工作中合规操作的重要性，在工作中他精益求精，认真仔细受理每一笔业务，工作至今未发生过一笔不良贷款。平时他总是提前到岗，以饱满的热情投入工作。他严谨、细致、负责的工作态度和良好的业绩，赢得了领导和同事的赞赏。面对取得的成绩，他更多的是总结与反思，发现工作中存在的问题，及时向领导反馈，与同事讨论并提出自己的见解和措施，为所在银行的发展添砖加瓦，贡献自己的力量！

张靖波还是一名共产党员，在日常工作中他以更高的党员标准要求自己，用热情和真诚赢得客户，为客户提供全方位、周到、便捷、高效的服务，为自己赢得了客户的信任；用真心和真情团结同事。从一线工作岗位走到管理岗，他始终不忘初心，虚心请教，耐心帮助，为自己赢得了同事们的尊重。

所获荣誉

荣获招商银行杭州分行零售信贷部月度十佳产能标兵、招商银行零售信贷萧山分部年度新增第一名、浙商银行杭州分行"好师好课"大赛"好师三等奖"。

对母校的祝福语

母校，您是智慧的启蒙者，是幸福的引路人，用洁白的粉笔犁开知识的处女地，用鲜红的墨汁点播了我们的智慧，一批批学子正朝着您指引的方向前进。忘不了，敬爱的老师，您那关爱的目光一直追随着我们；忘不了，亲爱的母校，我们在您的怀中成长、成熟。愿您在今后的日子里一帆风顺、蒸蒸日上。

任劳任怨　勇于开拓

姓名：陈丹　　性别：女

政治面貌：中共党员

入学时间：2007 年 9 月

毕业时间：2010 年 6 月

专业（班级）：农金 07（1）

工作单位：中国邮政储蓄银行诸暨市支行

职务或职称：公司部业务管理员

班主任：郑晓燕

主要工作简历

2010 年 2 月至今　　中国邮政储蓄银行工作

主要工作业绩

找准自己的位置，做好自己的分管工作，做到有职有责，有责必负责，服从不盲目，同心不分心，补台不拆台，尽心不惜心，争事不争功，当好领导的助手和参谋，与搭档携手抓好工作。

2010—2012 年担任柜员。在这个平凡的岗位上她始终兢兢业业，尽职尽责，严格要求自己，努力加强自身政治理论学习，不断提高工作能力，默默奉献，受到了单位领导和同事们的一致好评。在工作上，以良好的理财意识、创新意识和责任意识全心全意为客户服务，受到客户好评，是客户公认的微笑柜员。她在繁忙工作之余，认真学习各项邮储银行的基本制度和操作规程、规定，做到办理业务又好又快又准，能有效地充当柜员骨干，提高柜台储蓄效率。除此之外，她还考了银行从业资格证，反假币资格、会计从业资格、基金从业资格、外汇从业资格、保险从业资格等多项证书，以及邮储银行多门岗位资格证书和中级证书。

经过自己的不懈努力，于 2012 年底通过公开竞聘，她很荣幸地成为一名营业主管。工作让她严格要求自己，树立骨干带头作用，始终严格遵守银行组织纪律要求，承担被赋予的职责，严格按照邮政银行人的标准，做到"不畏艰难、任劳任怨、勇于开拓、乐于奉献"，真正把客户最需要、最急迫的事抓在手上，一件一件去落实；在生活中，注意塑造良好的自身形象，发扬艰苦朴素、勤俭节约的优良传统，不奢侈浪费，不追求享乐，努力做到不为名利所累，不为物欲所动，不为私心所扰。在工作中，自觉维护同事间的团结，严格执行廉洁自律制度，做到知实情、讲实话、出实招、办实事、求实效，把时间和精力都放到工作的落实上，充分发挥表率作用。

营业主管把控着银行的风险，责任也更为重大。工作中在把控风险的同时，依旧极力为客户考虑，解决客户的疑难杂症，多次上门为特殊客户做好相关业务服务。用心服务是做好本职工作的基础，"心"的缺失无疑会给工作执行带来困难。"心"是彼此沟通的桥梁，是提高服务质量的指挥机构，在服务中只有将"责任心、真心、诚心"有效融合，才能和客户有效沟通，彼此理解、支持与配合，才能真正实践"客户是亲人"的银行服务理念。

有人问她，这么努力工作是为了什么。她毅然回答，她所做的一切工作都是为了实现自己的人生价值，无愧于自己的父母对她的培养；为了集体的利益，无愧于领导和同事们对她的信任和关心；为了让自己的青春更加绚丽光彩，无愧于自己人生的历程，让自己的青春释放出明丽动人的光芒。

所获荣誉

1. 2011 年　邮储银行诸暨市支行点钞比赛一等奖，团体项目一等奖，全能项目二等奖
2. 2012 年　中国邮政储蓄银行诸暨市支行服务明星
3. 2013 年　中国邮政储蓄银行诸暨市支行服务明星
4. 2016 年　诸暨市分行党建研究论文三等奖
5. 2018 年　中国邮政储蓄银行诸暨市支行先进个人

对母校的祝福语

无论我们身在何方，无论我们经受了多少风吹雨打，母校永远是我们灵魂深处的圣地。您教会了我们诚实宽容，您教会了我们奋斗拼搏，让我们的生命之舟在岁月的长河中乘风破浪，驶向辉煌与荣誉。我在此献上一个学生最衷心的祝福：愿母校桃李满天下，再造辉煌！

传票高手　岗位能手

姓名：何斌斌　　性别：男

政治面貌：群众

入学时间：2007 年 9 月

毕业时间：2010 年 9 月

专业（班级）：农村金融 07（1）

工作单位：浙江稠州商业银行杭州分行

职务或职称：分行营业经理

班主任：郑晓燕

主要工作简历

1. 2015 年 8 月—2021 年 5 月　　浙江稠州商业银行杭州分行涌金支行营业经理

2. 2021 年 5 月至今　　浙江稠州商业银行杭州分行营业经理

所获荣誉

1. 2017 年　稠州商业银行总行第十四届青工技能比武电脑输入传票第一名

2. 2017 年　　义乌市金融系统职工技能比赛电脑输入传票三等奖

3. 2018 年　　稠行吉尼斯技能大比武电脑输入传票第二名

4. 2019 年　　稠行吉尼斯技能大比武电脑输入传票第一名

5. 2019 年　　义乌市金融系统职工技能比赛电脑输入传票三等奖

6. 2020 年　　稠行吉尼斯技能大比武电脑输入传票第一名

7. 2020 年　　义乌市金融系统职工技能比赛电脑输传票第三名

8. 2021 年　　稠行吉尼斯技能大比武电脑输传票第一名

对母校的祝福语

祝愿母校风光无限，再续辉煌。

市金融工会"巾帼建功标兵"

姓名：周嘉　　性别：女

政治面貌：群众

入学时间：2008 年 9 月

毕业时间：2011 年 6 月

专业（班级）：金融 08（1）

工作单位：兰溪农商行

职务或职称：会计主管

班主任：翟敏

主要工作简历

1. 2011 年 1 月—2014 年 10 月　　兰溪农村商业银行马涧支行综合柜员

2. 2014 年 11 月—2017 年 10 月　　兰溪农村商业银行云山支行综合柜员

3. 2017 年 11 月至今　　兰溪农村商业银行墩头支行会计主管

主要工作业绩

周嘉，于 2008 年进入浙江金融职业学院金融管理与实务专业学习。在校期间考取了会计从业资格证书、银行从业资格证书等，学习了五笔输入法、传票、点钞等三项技能，利用业余时间练习技能，参加各种比赛；积极参加学校的各种活动，获得了奖学金。

她大二期间参加了订单班的面试，结果不尽如人意，但在技能方面从未放弃。终于在经受外在竞争与内心角逐的压力后，2011 年参加了兰溪农村商业银行的社会招聘，通过笔试与面试进入了兰溪农商行任综合柜员一职。就综合柜员的工作岗位而言，金融知识及技能是最基础的，她利用工作之余，深入系统地学习金融方面的理论和知识，不断充实自己，进一步提高自己的知识层次，弥补专业知识的不足。除此之外，她还利用业余时间刻苦钻研专业技能，注重岗位练兵，勤学苦练，千方百计挤出时间努力训练。连续 7 年在兰溪农商行举行的五笔输入与多指多张点钞技能比赛中获得好名次。

通过自己的努力，她掌握了一定的管理技能。在 2017 年，她晋升为会计主管，胜任了本职工作，在自己的岗位上把好了关、守好了门。时光如白驹过隙，回首间，已毕业 9 年，她坚信"非学无以广才，非志无以成学"，感谢金融职业学院的栽培，让她有扎实的基础，在农商行的工作岗位上扬帆起航，走向远方。

所获荣誉

1. 2015 年　　兰溪合作银行业务技能比赛多指多张点钞第一名、五笔汉字输入第三名

2. 2015 年　　兰溪市金融工会"巾帼建功标兵"

3. 2015 年　　金华农信系统第九届业务技能比赛多指多张点钞第一
　　　　　　　　名、新人奖第一名

4. 2016 年　　兰溪合作银行业务技能比赛多指多张点钞第一名、五
　　　　　　　　笔汉字输入第三名

5. 2017 年　　兰溪合作银行业务技能比赛多指多张点钞第一名、五
　　　　　　　　笔汉字输入第二名

6. 2017 年　　金华农信系统第十届业务技能比赛多指多张点钞第
　　　　　　　　一名

7. 2019 年　　兰溪农村商业银行第一届业务技能比赛多指多张点钞
　　　　　　　　第一名

8. 2019 年　　金华农信系统第十一届业务技能比赛多指多张点钞第
　　　　　　　　一名

对母校的祝福语

廿载树木，新苗成长。祝愿母校，桃李满天。

在挑战和磨砺中脱颖而出

姓名：张永雷　　性别：男

政治面貌：群众

入学时间：2008 年 9 月

毕业时间：2011 年 6 月

专业（班级）：金融 08（2）

工作单位：浙江泰隆商业银行杭

州分行临安昌化支行

职务或职称：支行行长

班主任：翟敏

主要工作简历

1. 2011 年 3 月—2011 年 8 月　　泰隆银行杭州分行营业部柜员

2. 2011 年 9 月—2015 年 3 月　　泰隆银行杭州分行业务六部客户

经理

3. 2015 年 4 月—2017 年 9 月　　泰隆银行小营支行业务二部总经

理助理

4. 2017 年 10 月至今　　泰隆银行临安昌化支行行长

主要工作业绩

张永雷 2011 年作为泰隆银行订单班柜员班班长进入泰隆银行杭州分行工作，起初选择做柜员的主要原因是外地的在杭州没有资源，怕做客户经理拉不到存款无法转正而丢掉这份工作。做了半年柜员后发现柜员的工作并不适合他，在 2011 年 8 月转岗客户经理，当初分行对于转正的要求为半年拉到 500 万元存款，这个数字对于家住杭州的本地人来说都有一定的难度，更何况一个没有资源的外地人。前途渺茫，充满挑战与不确定性，在转岗做客户经理的半年时间里充满了挑战与磨砺，他在客户经理的岗位上一直在积累客户资源，尽管开户一直名列前茅，但半年内存款却没有任何起色，在转正的当月没能如期转正，随之而来的就是分行人力资源部的谈话。在新员工实习期间，他非常感谢部门领导对他的信任，他向人力资源部立下军令状再给他一个月的转正时间。在转岗客户经理的第 7 个月，前期的所有积累获得了回报，存款爆发式增长完成了转正、上岗双重指标。在人生的路上尽管有困难，但我们一定要有信心，一定要学会积累，只有不断地积累才能让自己不断壮大。

2012—2015 年，在客户经理岗位上的这 3 年，他获得年度新秀，2013 年、2014 年连续两年获得浙江泰隆商业银行杭州分行信用卡营销第一名。2015 年获提拔进入管理岗位，担任总经理助理，2017 年被提拔为支行行长至今。在支行行长岗位上，2018 年获得浙江泰隆商业银行总行年度先进支行行长、2018 年浙江泰隆商业银行杭州分行年度先进支行行长、2019 年度获得浙江泰隆商业银行总行先进管理者和杭州分行先进管理者。工作后，他深刻感受到在校学习技能的重要性，平时日夜练技能，在校感觉枯燥无味，但这却是你工作后脱颖而出的必备本领。相信积累的力量！

所获荣誉

1. 2018 年　　浙江泰隆商业银行总行年度先进支行行长

2. 2018 年　　浙江泰隆商业银行杭州分行年度先进支行行长

3. 2019 年　　浙江泰隆商业银行总行先进管理者

4. 2019 年　　浙江泰隆商业银行杭州分行先进管理者

校友对母校的祝福语

二十载耕耘结硕果，而今桃李遍天下。感谢母校老师曾经的栽培，是你的循循善诱、诲人不倦，成就了今天的我。祝福母校越来越好。

以诚待人　热情服务

姓名：汤菁菁　性别：女

政治面貌：中共党员

入学时间：2008 年 9 月

毕业时间：2010 年 6 月

专业（班级）：金融 08（7）

工作单位：渤海银行

职务或职称：营运主任

班主任：朱维巍

主要工作简历

1. 2010 年 9 月—2011 年 10 月　　渤海银行杭州分行前台接待

2. 2011 年 11 月—2013 年 12 月　　渤海银行钱江支行综合柜员

3. 2014 年 1 月—2015 年 5 月　　渤海银行拱墅支行综合柜员

4. 2015 年 6 月—2016 年 10 月　　渤海银行拱墅支行主办柜员

5. 2016 年 11 月至今　　渤海银行拱墅支行营运主任

主要工作业绩

回顾在渤海银行杭州分行工作的 10 年，从前台接待到营运主任，她感触颇深。

2010年6月，汤菁菁刚从学校毕业，有幸成为渤海银行杭州分行的一员，前台接待的工作让她迅速了解了各个部门，学习到了许多书本以外的知识，体会到了学校学习和社会工作的不同。

2011年11月，她如愿成为一名综合柜员。在营运条线大家庭中遇到了许多学长学姐，在他们的热心指导帮助下，从一个什么都不懂、业务不熟、技能薄弱的新人，快速成长为熟练精通各项对私、对公交易的业务能手。

2015年5月，调至主办柜员岗；同年9月代表杭州分行参加总行柜面知识竞赛，与多位优秀的营运人才一起交流学习。

2016年11月，踏上营运主任岗位。在领导的指导下及同事的帮助下，以提升柜面服务技能、效率和增强风险意识作为目标，做好各项工作。

10年来，她用心学习每一点知识，用心做好每一份工作，用诚心和热情去对待自己的工作，不断学习、总结、再学习、再总结，以迎接新的挑战。

所获荣誉

1. 2015年9月　渤海银行总行柜面知识竞赛团体四等奖

2. 2018年1月　渤海银行杭州分行2017年度"营运管理奖"

3. 2019年1月　渤海银行杭州分行2018年度"优秀营运管理人员"

4. 2019年1月　渤海银行杭州分行2018年度先进个人

对母校的祝福语

母校风风雨雨几十年，栽树育人无数计，桃李满园天下行，只为社会做功绩，造福社会与人民，感谢母校的滴水之恩，在此送上我真挚的祝福，祝母校越来越辉煌。

主动学习　优质发展

姓名：毛和锴　　性别：男

政治面貌：中共党员

入学时间：2008 年 9 月

毕业时间：2010 年 6 月

专业（班级）：金融 08（9）

工作单位：天台县财政局

职务或职称：职员

班主任：金广荣

主要工作简历

1. 2011 年 1 月—2012 年 7 月　　　天洁集团有限公司融资部融资员

2. 2012 年 8 月—2014 年 12 月　　诸暨市综合行政执法局一中队
   队员

3. 2015 年 1 月至今　　　　　　　天台县财政局审核中心职员

主要工作业绩

　　毛和锴于 2011 年 1 月入职天洁集团有限公司，从事融资部融资员工作。在此期间，学校教授的金融知识刚好结合了他的工作实际。通过与多家银行的联系和对接，他所在的部门出色地完成了融资任务，保障了公司的正常运营。2012 年 8 月，毛和锴入职诸暨市综合行政执法局。在此期间，他和同事们不辞辛苦，努力工作，切实完成了各项工作任务。2015 年 1 月，毛和锴入职天台县财政局，从事审核中心项目审核相关工作。从入职的第一天开始，就抱着加强学习、提高自我的态度，努力学习财政项目审核的工作方法和工作内容，主动向同事学习财政项目审核的有关程序等。通过努力，他自身的业务能力和工作效率得到了大幅提升，逐步能够胜任本职工作，切实保证了工作进度。

所获荣誉

2017 年 12 月   天台县财政局年度考核优秀

对母校的祝福语

希望母校越来越好，不断为社会输送高质量金融人才！

高级财富管理能手

姓名：孔楚楚　　　性别：女

政治面貌：中共党员

入学时间：2008 年 9 月

毕业时间：2010 年 6 月

专业（班级）：金融 08（9）

工作单位：杭州银行股份有限公司

职务或职称：财富经理

班主任：金广荣

主要工作简历

1. 2010 年 2 月—2010 年 6 月　　招商银行股份有限公司实习

2. 2010 年 7 月—2010 年 12 月　招商银行杭州保俶支行柜员

3. 2011 年 1 月—2015 年 6 月　　招商银行杭州保俶支行理财经理

4. 2015 年 7 月—2018 年 5 月　　招商银行杭州保俶支行贵宾理财经理

5. 2018 年 8 月—2021 年 4 月　　民生财富投资管理有限公司

6. 2021 年 5 月至今　　　　　　杭州银行延中大楼支行理财团队

联系人

主要工作业绩

2010 年，孔楚楚进入招商银行工作，先后担任过柜面柜员、大堂经理、理财经理及个贷经理，将零售这条线的整个业务都进行了深入学习及细化。不论在哪个岗位，她都表现出了一个银行人应有的"专业、严谨、阳光、敬业"的担当意识和奉献精神。工作中，她极力做好新员工的"传、帮、带"，为支行人才输送创造有利条件。

2018 年，因个人原因她来到了民生财富投资管理有限公司，学习更专业的知识，并成为职业的财富经理人，自行管理了 2 亿规模客户。

2021 年 5 月，她成为杭州银行延中大楼支行负责理财团队联系人，针对部分"问题"员工，采取切实有效的方法引导他们积极向上；针对所在支行理财基础薄弱、网点绩效较差的状况，及时采取措施，通过"过程管理"的精细化考核措施，实现支行理财精细化，提升支行业务能力。

所获荣誉

1. 2016 年　招商银行保俶支行"先进工作者"
2. 2015 年　招商银行 MDRT
3. 2016 年　招商银行 MDRT
4. 2017 年　招商银行 MDRT

校友对母校的祝福语

育人育德几十载，立业立志传四方！

有志者事竟成

姓名：陈凯捷　　性别：男

政治面貌：群众

入学时间：2009 年 9 月

毕业时间：2012 年 6 月

专业（班级）：农金 09（1）

工作单位：松阳恒通村镇银行

职务或职称：支行行长

班主任：王海棠

主要工作简历

1. 2012 年 6 月—2012 年 9 月　　杭州银行钱江支行综合柜员

2. 2012 年 10 月—2014 年 2 月　　缙云杭银村镇银行客户经理

3. 2014 年 3 月—2017 年 10 月　　松阳恒通村镇银行客户经理

4. 2017 年 11 月—2019 年 11 月　　松阳恒通村镇银行古市支行业务主管

5. 2019 年 12 月至今　　松阳恒通村镇银行古市支行行长

主要工作业绩

从校园到职场。陈凯捷于 2009 年 9 月踏进浙江金融职业学院的校园，就读金融系农村合作金融专业，开始了期待已久的大学生涯。在校期间，主修基础会计、财务管理、小额贷款和银行卡业务等课程，并重点练习点钞、五笔输入、传票和珠算等专业技能。于 2010 年 8 月通过校园招聘进入了杭州银行订单班。通过系统学习，他具备了相对扎实的理论基础，并通过自己的努力考出了银行从业资格、反假币、英语三级和计算机一级等证书。作为一名金院学子，深得学院良好的金融文化熏陶，对银行的工作满怀热情。陈凯捷于 2012 年 2 月开始在杭州银行顶岗实习，并于 2012 年 6 月从金院毕业，正式就职于杭州银行钱江支行，从事为综合柜员一职。

从综合柜员到客户经理。陈凯捷怀着对未来美好生活的向往，怀着对银行工作的无限憧憬，本以为会在杭州银行扎根，开始日复一日、年复一年迎来送往的柜面工作，却没想到公司于 2012 年 9 月把他外派到缙云杭银村镇银行，从此开始了他的客户经理生涯，也开启了新的人生篇章。

从他乡到故里。2013 年 10 月随着老家松阳恒通村镇银行的成立，陈凯捷经历了人生的第一次跳槽。于 2014 年 2 月离开了缙云杭银村镇银行，正式加入松阳恒通村镇银行。回归故乡的他，在天时、地利、人和的环境下，工作如鱼得水，业绩蒸蒸日上。经过 2 年的艰苦奋斗，于 2017 年 10 月竞聘成为松阳恒通村镇银行古市支行业务主管，和支行的兄弟姐妹一起开拓新的疆土，挖掘新的客户资源，把存贷款业绩提升至一个新的台阶，也从中得到了锻炼，实现了自身的价值。

持之以恒，通商惠农。"有志者事竟成，破釜沉舟，百二秦关终属楚；苦心人天不负，卧薪尝胆，三千越甲可吞吴。"有付出才有回报，有汗水才有收获。本人于 2019 年荣获松阳恒通村镇银行 2019 年度贷款标兵和全国 12 家恒通系村镇银行 2019 年度先进工作者称号，并于 2019 年 11 月通过竞聘成为松阳恒通村镇银行古市支行行长。

不忘初心，砥砺前行。他选择了村行，村行也选择了他；村行给了他一个机会，他定还村行一个惊喜。在普惠金融的道路上，还有太多的事情等着他去面对，还有太多的知识要去学习。

所获荣誉

1. 2019 年 12 月　　松阳恒通村镇银行贷款标兵
2. 2020 年 1 月　　恒通系村镇银行 2019 年度先进工作者

对母校的祝福语

正如校歌所唱："浙江金融职业学院，百炼成才的地方！"愿母校人才济济，再谱华章！

勤奋踏实　走向卓越

姓名：卢彬　　性别：男

政治面貌：中共党员

入学时间：2009 年 9 月

毕业时间：2012 年 6 月

专业（班级）：金融 09（1）

工作单位：长兴联合村镇银行

职务或职称：便民点负责人（中层后备干部）

班主任：吴国平

主要工作简历

1. 2012 年 2 月—2012 年 8 月　　长兴联合村镇银行李家巷支行柜
面实习

2. 2012 年 9 月—2016 年 7 月　　长兴联合村镇银行总行业务管理
部营销管理岗

3. 2016 年 8 月—2019 年 12 月　　长兴联合村镇银行小浦支行业务
转型主管

4. 2020 年 1 月至今　　长兴联合村镇银行吕山金融便民
服务点负责人

主要工作业绩

2012年2月，卢彬在长兴联合村镇银行李家巷支行实习。作为订单班班长，他带领村镇银行订单班23名学员勤学苦干，在实习岗位、新员工课程培训中，表现优异，得到行业导师及领导认可，最终有16名学员被成功录取。卢彬也有幸正式成为长兴村镇银行的一员。入行后，卢彬在总行清算中心票据交换岗兢兢业业，得到同事和领导的一致好评。2个月后调至业务管理部营销管理岗，以一名后台管理人员身份，更全面地开展业务工作。作为管理人员，对接的都是行领导、支行行长、部门总经理，这样的工作机遇十分难得，他在营销管理岗位上，对每一件事都认真负责，不会不懂的加班加点学习，协助总经理开展各项业务工作。负责对接的仟禾福惠农工程（该惠农工程为银行核心绿色工程），被评为联合系村镇银行十佳绿色金融产品、湖州市绿色金融产品，同时得到县人行、市人行和县、市政府认可，每年下拨财政资金均予以支持。2014年卢彬被评为优秀员工，并于2014年3月破格转正。业余时间，他积极参加各项竞争活动，为行内争取到了多项荣誉，2013年获得县级演讲比赛三等奖，2015年获得县级演讲比赛二等奖、行内演讲比赛二等奖、联合系职工运动会个人第二名的荣誉。

2016年6月，4年管理岗位工作经验的积累，也让他拥有较好的理论积累。在银行如火如荼地开展业务转型工作之际，卢彬毅然决然选择到一线，进行业务营销条线锻炼。2016年7月，他奔赴小浦支行，作为一名农贷客户经理，转型业务主管，时刻发扬勤奋刻苦的精神，突破非本地人无本地资源的局限，从零基础做起，一年一个台阶。通过3年的努力，从一名普通客户经理晋升为高级主管客户经理，业绩名列前茅，2016年度被评为优秀员工、先进个人。2018年在联合系14家村镇银行30多个优秀网格评选中，他所在网格得分第一，荣获十佳网格称号，并获得优秀网格员。同年,成功竞聘入选长兴联合村镇银行后备干部库,成为一名中层后备干部。入行以来,他精心钻研行内产品业务,被选为行内产品主讲师,参与新员工培训约 20 余次;2019 年,成功入选联合系内训师团队,成为联合系村镇银行内训讲师,参与开发精品课程"村居化营销——网格管理",对 14 家村镇银行新员工展开培训。2019 年,卢彬在吕山金融便民服务点负责人竞聘中脱颖而出,以 96.69 分的高分,成功竞聘便民点负责人一职。面临陌生的环境、新冠肺炎疫情重大影响,他积极认真组织开展便民点业务,无论在团队建设还是业务发展上都取得了较好的成绩,得到行内领导的认可。在下一阶段,他将始终坚守母校的教诲"披沙拣金 融会贯通",在职业生涯道路上勤勤恳恳,闯出自己的一片天地。感恩母校,祝母校 45 周年华诞快乐,越办越好!

所获荣誉

1. 2013 年 9 月   县金融工会演讲比赛三等奖

2. 2014 年 1 月   行内优秀员工

3. 2015 年 9 月   县金融系统演讲比赛二等奖

4. 2016 年 1 月   行内优秀员工、先进个人

5. 2018 年 5 月   县金融系统征信合规演讲比赛一等奖

6. 2018 年 10 月   省十城市征信合规演讲 PK 赛团体优胜奖

7. 2018 年 11 月   联合系村镇银行十佳网格、优秀网格员

8. 2019 年 10 月   联合系村镇银行"内控与合规"演讲比赛一等奖

对母校的祝福语

师恩不忘,情系母校!祝母校越办越好!

放贷达人　优秀行员

姓名：黄晓菁　　性别：女

政治面貌：群众

入学时间：2009 年 9 月

毕业时间：2012 年 6 月

专业（班级）：金融 09（1）

工作单位：浙江泰隆商业银行

职务或职称：业务团队负责人

班主任：吴国平

主要工作简历

1. 2012 年 2 月　　　　　　　　通过银领学院订单班进入浙江泰隆商业银行实习

2. 2012 年 3 月—2015 年 8 月　浙江泰隆商业银行杭州分行营业部业务六部客户经理

3. 2015 年 9 月—2016 年 11 月　浙江泰隆商业银行杭州平海小微企业专营支行业务二部客户经理

4. 2016 年 12 月—2018 年 8 月　浙江泰隆商业银行杭州南星社区支行客户经理

5. 2018 年 8 月至今　　　　　浙江泰隆商业银行杭州分行小营

支行业务二部总经理

主要工作业绩

时间飞逝，光阴如梭。在忙碌而充实的工作中，黄晓菁度过了意义非凡的 9 年。在分行各级领导的带领和支行领导的指导及同事的共同努力下，她积极学习业务知识，提高各项业务技能，认真履行工作职责，时刻谨记内控制度，圆满完成全年各项工作指标。不仅如此，她在思想觉悟、业务素质、操作技能、优质服务等方面也都有了较好的提升，并成功晋升为业务部门负责人岗位。

她很庆幸自己能够加入泰隆银行，成为其中的一员。工作这几年的时间里，她的价值观和人生观都有个较大的改变，这里让她相信人生一切皆有可能，只要自己肯努力创造。在企业发展中奉献自我，在奉献中实现自我的价值，两者并行不悖。首先，在一个工作团体里，大家要团结一致，互助进取，因为团结是取得互利共赢的前提。其次，做好自己的本职工作是基本要求。作为一个客户经理应该懂得自己该做什么，什么不能做，要有主见、有胆识。再次，客户是银行发展的主体，服务好客户是银行工作人员的职责。通过对客户的研究从而了解客户的业务需求，力争使每一位客户满意，维护好每一位客户。在市场竞争日趋激烈的今天，银行工作人员除了具备热情的服务态度，娴熟的业务能力，还要不断学习，提高自己各方面的能力水平。如此，才能为客户提供更高效率、更优质的服务。

"路漫漫其修远兮，吾将上下而求索。"在金融业的道路还很漫长，我坚信将个人理想与企业发展紧密结合，充分发挥自己的工作积极性、创造性和主动性，我终会实现自己的人生价值，与我们泰隆银行共同走向更好的明天。

所获荣誉

曾获得优秀先进个人、放贷达人、拓面优秀个人等称号。

对母校的祝福语

百年的梦想，是传播文明的梦想，是追求科学的梦想，是播种希望的梦想，是铸造辉煌的梦想。祝愿母校越办越好，桃李满天下。

不惧困难　突破自我

姓名：赖自明　　性别：男

政治面貌：群众

入学时间：2010 年 9 月

毕业时间：2013 年 6 月

专业（班级）：金融 10（1）

工作单位：浙江泰隆商业银行富阳支行

职务或职称：部门总经理

班主任：周锋

主要工作简历

1. 2013—2015 年　　　泰隆商业银行城东支行客户经理

2. 2015—2017 年　　　泰隆商业银行分行行政岗

3. 2017—2018 年　　　泰隆商业银行富阳支行小企业总助

4. 2018—2020 年　　　泰隆商业银行余杭支行业务六部总助

5. 2020 年至今　　　　恒丰银行余杭支行

主要工作业绩

赖自明，四川自贡人，2010 年 9 月踏上杭州这片热土，加入浙江金融职业学院金融 10（1）班。

在求学过程中，他充分感受到母校给予的无微不至的关怀。由于专业知识薄弱，相关辅导老师给予辅助，在课余时间母校给他提供了宝贵的勤工俭学机会，来帮助他解决生活费难题。在个人成长上，母校给予机会让他担任校社联主席及银领学院主席，使他的能力有了很大的提升。最关键的是，要感谢母校搭建平台让他顺利踏上自己的工作岗位。虽然毕业已有 4 年时间了，但是在母校的点点滴滴仿佛就在昨日，金融 10（1）班的温馨常在心间。

自 2013 年 2 月参加工作，最开始他什么都不懂，他是刚从象牙塔中走出来的毛头小子。浙江泰隆商业银行城东支行客户经理岗位是他的第一份工作。还记得当初实习的时候他每天从学校来回，总算是有归属感，当然他和所有刚进入社会的大学生一样，也曾懵懂，也曾迷茫，也曾手足无措，但是时常还能找老师聊聊心事，让老师帮忙指点指点，所以在那段时间也是非常感谢母校老师给予极大的帮助。在不知不觉中到了离开母校的日子，记得当初自己与同学租住在十分简陋的村舍，每天过着三点一线的生活。在实习过程中也能感受到母校带来的红利，先是部门总经理因为是校友，经常在工作生活中给予帮助；另外就是班主任周锋老师经常通过各种渠道给予关心，周老师十分富有责任心，在实习期间帮忙介绍业务帮助他顺利转正上岗。

就这样忙忙碌碌在客户经理岗上待了 3 年。2015 年 2 月收到人事变动通知，要他去泰隆银行杭州分行资产保全部就职。对资产保全全然不知的他也是出现了胆怯的心理，这个时候他就告诉自己"没有战胜不了的困难，没有解决不了的问题"。在这期间，他恶补银行保全知识，经常到母校图书馆借阅相关书籍，找老师了解相关条款。慢慢地，他在新的岗位上也有了突破。

转眼到了 2016 年 9 月，接到调令，要他到富阳支行任小企业一部总经理。那时妻子怀孕 6 个月。一面是新成立的部门万事开头难，一面是正需要照顾的小家庭。他顶着压力，风里来雨里去，周末不双休。2017 年 1 月，宝宝呱呱坠地，从出生到出院，他只在家陪伴了老婆儿子三天就又回到工作岗位。当母校班主任周锋老师得知他在富阳工作的时候，立马赶到富阳帮忙介绍朋友、同学，想办法协助他解决水土不服的境况，他经过近半年的攻坚克难，目前整体工作已步入正轨。

感谢的话语太多，也不知道该如何表达。只有自己在工作岗位上尽职尽责，努力前行；时刻谨记自己是金融学子，感恩母校的培养，感谢母校老师的悉心照料，感谢广大校友创下的"大好河山"。在校以母校为荣，参加工作后十分自豪自己是金融一分子！

对母校的祝福语

忆往昔，博学石旁，母校的一草一木，老师的一颦一笑，仍记忆犹新。在那绿色的校园里，我们手握春光烂漫的年华，编织着人生的七彩之梦。少时的天真，年轻时的浪漫，青春时的时光，我永远忘不了在母校的日子。祝愿母校更加辉煌！

泰隆银行"柜面服务之星"

姓名：施梦婕　　性别：女

政治面貌：中共党员

入学时间：2010 年 9 月

毕业时间：2013 年 6 月

专业（班级）：国金 10（1）

工作单位：浙江泰隆商业银行

职务或职称：服务经理

班主任：孙颖

主要工作简历

1. 2013 年 1 月—2014 年 6 月　　浙商银行总行计划财务部统计分析岗

2. 2014 年 7 月至今　　浙江泰隆商业银行余姚支行服务经理

主要工作业绩

施梦婕于 2010 年 9 月—2013 年 6 月，在浙江金融职业学院国际金融专业学习。其间，获得过一等奖学金、二等奖学金、校外摩达励志奖学金，以及"三好学生""浙江省优秀毕业生"等荣誉称号。

2012 年下半年，施梦婕进入浙商银行订单班学习。2013 年 1 月—2014 年 6 月在浙商银行总行计划财务部工作，主要从事统计分析岗，负责金融统计数据、报表的报送。这是她人生中的第一份工作，通过一年半的学习，对银行有了初步的了解。

2014 年 7 月，施梦婕来到了浙江泰隆商业银行余姚支行，从事服务经理一职。由于这份工作与大学所学的专业息息相关，所以赢在了起跑线上，做起事情来比较得心应手。进入泰隆银行后，每一个员工必须进入泰隆学院进行一两个月的"魔鬼式"训练，当然她也不例外，并且需要在半年内通过 7 门考试才可以转正，转正后需在 3—6 个月内完成上岗。这一年是一个磨合期，也是一名新员工正式进入工作单位的一个门槛期。

"营销"一词对于柜员而言也许太过于陌生了。2016 年年初，总行大力推行柜面人员"一句话精准营销"活动，手机银行、网上银行、电话银行、微信银行、贷款、理财等等，办理这些业务的同时还得营销各种产品，无疑这对于员工来说是一个很大的挑战。员工在"营销"氛围中，从一开始的抵触到最后的"你追我赶"。最终，在第一季度，施梦婕获得了宁波分行"微信绑定有礼活动"第一名的成绩，并且在年底荣获了宁波分行"金猴大奖赛"中"柜面交叉销售达人"奖。

2016 年 9 月，她代表宁波分行参加人民银行组织的"金融系统银行证券保险综合业务技能"竞赛，参加为期一个月的脱岗训练。这一个月可以说是她压力最大的一段时间，寄托了太多人的期望，也是她第一次代表宁波分行参加这种大型活动。功夫不负有心人，最终她取得了第九名的成绩，荣获优秀奖，与本次比赛的第一名只有 5 分之差（总分150 分）。

2016 年可以说是她的一个丰收年。在总结过去规划未来的时刻，又有一个好消息传来，她被宁波分行评为"先进员工"，并在 2017 年 5 月获评"2016 年余姚市先进职工"称号。

通过几年的努力，她在 2018 年获得了总行"柜面服务之星"的称号，也代表余姚支行以及宁波分行参加了大大小小的技能比赛，并取得了一些较好的成绩。

当然，这一切的成就离不开亲爱的母校的培养。迈入大学校门的那一刻，她懵懂无知；3 年内，母校给予她知识和力量，并为她进入社会做了很大的铺垫。当年她以母校为荣，将来母校定以她为荣。

所获荣誉

1. 2016 年 9 月　　宁波人民银行金融系统银行证券保险综合业务技能"优秀奖"

2. 2016 年 12 月　宁波分行"柜面交叉销售达人"

3. 2016 年 12 月　宁波分行"先进员工"

4. 2017 年 5 月　　余姚市工会"2016 年余姚市先进职工"

5. 2018 年 2 月　　总行"柜面服务之星"

对母校的祝福语

在这里留下了数不清的回忆，在这里留下了我们成长的足迹，在这里留下了我们宝贵的青春。滴水之恩，涌泉相报；插柳之恩，终生难忘！祝母校越办越好。

用心聆听　真情服务

姓名：黄绘丹　　性别：女

政治面貌：群众

入学时间：2011 年 9 月

毕业时间：2014 年 6 月

专业（班级）：国金 11（1）

工作单位：宁波银行总行客服中心

职务或职称：客服代表

班主任：李敏

主要工作简历

1. 2014—2015 年　　宁波银行客服部门就职客服代表

2. 2015—2016 年　　宁波银行直销银行客户经理

3. 2017 年至今　　宁波银行客服部门呼入营销专席

主要工作业绩

2011 年 9 月 17 日，离家 2000 多千米，黄绘丹从中国西南的一个小镇来到了诗情画意的杭州上大学。浙江金融职业学院就坐落在这澎湃的钱塘江边。在这所金融文化气息浓厚的大学里，经过学校精心的千日培养，她各方面都得到了提升，受益良多。

学校有特色的订单培养教学模式、专业的技能培养和丰富的校友资源。大二下学期，她顺利地通过面试进入宁波银行订单班学习。大三下学期，她去了宁波银行实习，工作至今。

进入宁波银行订单班以后，她告诉自己，要有一个准职业人员的心理状态。在大二暑假实习的时候，她就已经深深体会到宁波银行的企业文化，把自己融入这个职业环境里，实现从一个学生向一个社会人、一个职业人的转变。首先，心态的转变是角色转换的第一步，她努力让自己用平和的心态去接受职业带来的改变，不断学习这些改变，让自己更快更好地适应职业环境；其次，提升自己的应对能力，改变自己的学习方式，不确定因素的社会职业环境，需要她在工作、生活中时刻保持清醒，将理论知识熟练掌握并运用到实际操作中。

以前的黄绘丹对 24 小时客服热线并未深入了解过，直到她自己经历了才明白其中的感动。在宁波银行，她的岗位是客服代表。无论是白昼还是黑夜，客服岗位全年 365 天都有工作人员在坚守。她刚到客服部门，零基础，从学话术开始，学习如何打电话、如何与客户沟通、如何应对客户的问题。电话接通有开场白，结束时也有规范的结束语，通话中哪些是禁用语，遇刁难的客户怎样应对，等等，许多东西都要记住。这些专业的东西，看上去好像很简单，但实际学起来却并不是那么回事。从此，接电话在她的意识中也不是件容易的事。经过认真努力地学习和工作，在年度考核中她成绩优异，换岗去做了业务营销的客户经理。年轻就是要勇敢地去闯一闯，她到了中国的南边广西南宁，不一样的工作岗位，不一样的气候和地域差异，以前说的吃苦耐劳，在工作中才真正体会到了。做业务营销重点就是要脸皮厚，只要客户没起身赶她走，她能从西湖龙井，喝到白茶、铁观音；能从楼盘房价，侃到菜场鱼虾。在忙碌的工作之余，热爱生活的她也积极参与部门多种多样的活动，如端午节热闹地包粽子，中秋做冰皮月饼，还有元宵节包汤圆等。一年一度的客服好声音，自导自演的微电影，给大家带来了许多欢笑。

　　对此，她说道："感谢母校的千日培养，也感谢工作单位的认可。母校的培养和单位的认可才能让我有如此安稳的工作和生活，我愿更加努力，为母校添光彩。也真心祝愿母校越来越好！"

所获荣誉

1. 2015 年　宁波银行"客服好声音"第一名
2. 2020 年　宁波银行网金服务中心线上理财收单第一名

对母校的祝福语

祝愿母校万年常青，越来越好！

北京银行榜样人

姓名：陈伟　　性别：男

政治面貌：中共党员

入学时间：2011 年 9 月

毕业时间：2014 年 6 月

专业（班级）：金融 11（4）

工作单位：北京银行

职务或职称：客户经理

班主任：潘锡泉

主要工作简历

1. 2014 年 7 月—2016 年 12 月　　北京银行杭州运河支行综合柜员
2. 2017 年 1 月至今　　　　　　　北京银行杭州运河支行客户经理

主要工作业绩

陈伟是个"矛盾"的人，这是他在母校的时光里收获的"坏习惯"。他心里似乎时刻揣着一块表，端着一杆秤。办业务时，他总能把握好制度和效率的平衡点，同事有困难他总是第一时间出现，帮忙解围，然而在职责和岗位面前他的"表"永远走不准，涉及个人得失时，那杆

"秤"总是称不准。与大多数人被闹钟叫醒、受打卡制约束的工作状态不同，陈伟是个赶着时间走的人。他每天的工作时间很饱和，毫不夸张地说，任意截取他在营业部工作时的录像，几乎永远是处于这三个状态：一是处理各种对外和对内的业务；二是研读文件和规章；三是帮同事解决问题。工作中的"术"不难习得，难得的是在漫长的回报周期和反馈机制下仍然日复一日地坚持之"道"。他的存在，甚至重新定义了"成功"的含义：工作无大事，把眼下的小事一件件做好。在今年年初他申请加入个人银行部学习，有专业的工作能力、问心无愧的工作态度，对这样的人，人们从不会怀疑他的职业发展前景。

陈伟来自浙江金融职业学院——一所盛产银行技能能手的高校。他是京行名列前茅的技能标兵。这似乎很难成为一句打动人的评价。毕竟在传统眼光看来，技能训练因机械、枯燥更多地被赋予了"门槛"和"竞技"的意义，以及难以构成核心竞争力的形象。而如今，李克强总理给这种本事附上了令人动容的注脚。职场人的通病是什么？浮躁。而匠人精神意味着执着、缓慢、劳作，意味着坚韧不拔、一丝不苟、精益求精、追求卓越。周围再嘈杂，匠人的内心是绝对的平静；即使有再多的变数，仍然要做到最好。一个技艺高超的点钞能手便深谙其道。点钞这个门槛并不高的技能，很多人在这方面的能力都处在同一个水平，因绝大多数人的努力程度之低，远远没有达到要去拼天赋的地步。只要能做到反复与坚持，柔水终成雕刀。所谓匠人精神，体现在陈伟身上，被捆钞带割破无数次的手，技术不仅内化到自身，为个人和集体赢得荣誉，而且展现为沉着踏实的品格，成为一种特殊的传递正能量的载体。

在企业里，运营条线处在一个平凡又特殊的序列。这个在三尺柜台上能坐成榜样的人，没有直观量化的标准去客观评价他，也很难道出他令人咋舌的丰功伟绩。在这里，能够支撑他走下去的绝不是热情，而是不断踏实地提升自己的知识与经验的点滴积累。或许命运给了他一个不太高的起点，而他凭着自己的这股韧性奋斗出一个绝地反击的故事。这个故事关于勤能补拙，关于尽忠职守，关于脚踏实地，它不是一个水到渠成的童话，不是没有一点困顿和迷茫。这个"90后"男孩，他或许只要安安静静地坐在你我的旁边，埋着头踏踏实实地做着事情，就有一种平静而不可抗拒的力量告诉你我：不要在最能吃苦的年纪选择安逸。

所获荣誉

1. 2014 年　　总行柜面综合技能比赛团体第二名
2. 2015 年　　总行点钞大赛团体第一名
3. 2016 年　　分行"京行榜样人"
4. 2016 年　　总行柜面综合技能比赛团体第一名
5. 2016 年　　分行"服务明星"

对母校的祝福语

对母校的回忆是温馨而美好的，对母校的感激是真挚而无尽的。亲爱的母校，祝您年年桃李、岁岁芬芳。

勤于学习　忠于职业

姓名：倪碧君　　性别：女

政治面貌：共青团员

入学时间：2011 年 6 月

毕业时间：2014 年 6 月

专业（班级）：金融 11（9）

工作单位：杭州联合银行

职务或职称：客户经理

班主任：朱维巍

主要工作简历

1. 2014 年 6 月—2017 年 7 月　　杭州联合银行浦沿支行综合柜员

2. 2017 年 8 月—2020 年 12 月　　杭州联合银行浦沿支行大堂经理

3. 2021 年 1 月至今　　杭州联合银行浦沿支行客户经理

主要工作业绩

　　大二时，倪碧君通过笔试、面试进了银领学院杭州联合银行订单班。她努力考证，大学 3 年的课余时间都泡在图书馆里；努力练习技能，参加各种大大小小的技能比赛，也拿了一些奖。大学期间，每一次机会她都非常珍惜，从来都不敢懈怠。现在想起来，真的非常感谢那个时候拼命努力的自己！

毕业之后，倪碧君被分配到杭州联合银行浦沿支行，一个她从来没有去过的地方。作为一个小柜员，每天朝七晚六的上下班，面对形形色色的客户，也经常犯差错。那个时候的她觉得银行的工作好辛苦啊！也想过放弃，但一想到如果现在放弃不就等于放弃了大学三年的努力吗？这一点挫折又算得了什么呢！就这样，她做了3年的柜员，在学校学会的一技之长也派上了用场，经常被支行派到总行参加五笔打字比赛，虽实力不是最强，但也能获得名次。领导觉得她营销能力不错，双聘的时候她被聘为大堂经理。就这样，她在大堂经理的岗位上兢兢业业干了3年，要处理的事情真的很多，面对的客户也是各式各样，但她始终以诚待客户，最终换来了客户的真诚相待。

现在，倪碧君成了一名客户经理。她不断学习，不断接受新的挑战，不断进步！记得校长说过，大学三年，不长不短，刚好够一个奇迹的发生。倪碧君觉得自己就是一个奇迹，虽然青春的轻狂、无惧和明亮正在渐渐地隐去，生活的压力和无奈会如潮水般涌来，但她仍然怀揣着梦想，带着诚挚与勇敢，希望自己还是那个曾经的少年。

对母校的祝福语

祝愿母校年年桃李、岁岁芬芳！

特警先锋　市民卫士

姓名：吴海富　　性别：男

政治面貌：中共党员

入学时间：2012 年 9 月

毕业时间：2015 年 6 月

专业（班级）：金融 12（1）

工作单位：杭州市公安局上城区分局

职务或职称：民警

班主任：邱俊如

主要工作简历

1. 2015 年 12 月—2017 年 8 月　剑齿虎突击队员

2. 2017 年 9 月—2019 年 1 月　　PTU 机动队民警

3. 2019 年 2 月—2019 年 6 月　　杭州市公安局技术侦查支队民警

4. 2019 年 7 月至今　　　　　　　城站阳光特警

主要工作业绩

2015 年参加浙江省公务员考试，通过考试加入杭州市公安局，而后在杭州市警校培训。在警校培训期间表现优秀，被选为中队长；结业之际，被选为优秀学员干部。而后通过种种考核选拔，进入上城区剑齿虎突击队。在突击队刻苦训练，多次参加杭州市比武考核，多次拿到第一名的成绩，2016 年参加 G20 杭州峰会的安保工作。在工作中表现优秀，获得了"杭州市先进个人""上城区先进个人"等荣誉称号。2017年来到 PTU 机动队，在工作中曾盘查人数达 10 万人次，服务群众上万次，成功处置了各种警情。曾因救跳楼孕妇、服务外国友人、抓获持刀歹徒等事件被杭州日报等多家媒体报道。2019 年初经选拔参加扫黑除恶专案组，成功破获特大涉黑涉恶案件。2019 年底被评为 2019 年度"杭州市优秀公务员"。2020 年新冠肺炎疫情暴发期间，一直奋战在抗击疫情一线。

所获荣誉

1. 2015 年 12 月　　杭州市新警五项全能比赛单项第一名
2. 2016 年 1 月　　杭州市新警优秀学员干部
3. 2016 年 12 月　　杭州市先进个人
4. 2016 年 12 月　　杭州市上城区先进个人
5. 2018 年 3 月　　优秀共青团员
6. 2019 年 12 月　　杭州市优秀公务员

对母校的祝福语

母校，是您为我们照亮前进的道路，让我们从幼稚走向成熟，各自从容。

乐观自信　自强不息

姓名：林佳滨　　性别：男

政治面貌：中共党员

入学时间：2012 年 9 月

毕业时间：2015 年 6 月

专业（班级）：农金 12（1）

工作单位：浙江民泰商业银行东阳横店支行

职务或职称：营业经理

班主任：王立成

主要工作简历

1. 2015 年 7 月—2017 年 4 月　金华银行温州鹿城支行综合柜员

2. 2017 年 5 月—2019 年 1 月　浙江民泰商业银行东阳横店支行代理营业经理

3. 2019 年 2 月至今　　　　　浙江民泰商业银行东阳横店支行营业经理

主要工作业绩

从 2006 年入伍至 2011 年退伍，在部队的 5 年，他的经历是丰富的。参加过 2008 年奥运会天津赛场的安保工作，因表现突出，在奥运会结束后加入中国共产党；参加过打击黑恶势力的武装押运和专项犯罪的抓捕，当年被评为优秀士兵；配合当地公安联合执勤，并抓获正在行窃的小偷，事迹被当地的报社报道等。这些经历也影响着他接下来的工作。

退伍后，他参加了人生的第二次高考，如愿地读上了自己想学的专业。在校期间，老师总是说，职业技能是银行入职的敲门砖，只有练好了技能，才能为自己进入银行增加更多的筹码。刚开始，他的技能可以说是比较差的，大一结束，技能成绩在班级也只能排中下水平。在第二年暑假，他申请了留在学校，一门心思地练技能。练坏了好几大箱的练功券和腰条，手无数次被腰条割破，但他都没有退缩，就这样周而复始地重复着，两个月后从及格水平渐渐升到了尖子水平。当到了大三，他的技能成绩已经在全校数一数二了。他代表学校参加 2014 年全国高等职业银行综合业务技能大赛，并在点钞项目上获得了一等奖，团队也获得了团体一等奖的好成绩。2015 年，他被评为浙江省优秀毕业生。

毕业后顺利进入了银行系统，至今也有 5 年的时间了。这 5 年里，他从综合柜员，到业务主办，再到现在的营业经理，在对外服务窗口管理一个部门的人员。岗位在变化，但是他的初心未变，那就是能够更好地服务所有客户。在繁忙的工作之余，也会继续抽空去练习技能，也会积极参加人行组织的各项比赛。2016 年，代表金华银行温州分行参加人行比赛，获得了"2016 年度温州市青年岗位能手"称号；2017—2019 年，连续 3 年代表民泰银行义乌分行参加由义乌人行组织的技能比赛，连续 3 年获得了多指点钞比赛的一等奖和单指点钞比赛的一、二、三等奖，并连续 3 年荣获"义乌市技术标兵"称号；在 2019 年代表分行参加总行的比赛，在速度点钞上获得一等奖。在取得个人成绩的同时，他培养出了多名优秀柜员，在 2017 年分行的比赛中，部门员工在点钞多指和单指项目上均获得了二等奖的好成绩。在 2019 年新员工培训班上，部门员工经过短短几个月的学习，在结业时获得了"技能之星"称号，也获得了"优秀学员"称号。下一步，他会继续发挥自身优势，继续提高自身专业技能，同时将技能传承下去。

所获荣誉

1. 2017 年 3 月　　　2016 年度温州市青年岗位能手
2. 2017 年 10 月　　义乌市金融系统职工业务技能比赛多指点钞一等奖、单指点钞二等奖
3. 2017 年 10 月　　义乌市技术标兵
4. 2018 年 11 月　　义乌市金融系统职工业务技能比赛多指点钞一等奖、单指点钞一等奖
5. 2018 年 11 月　　义乌市技术标兵
6. 2019 年 10 月　　民泰银行总行综合业务技能大赛速度点钞一等奖
7. 2019 年 12 月　　义乌市金融系统职工业务技能比赛多指点钞一等奖、单指点钞三等奖
8. 2019 年 12 月　　义乌市技术标兵
9. 2020 年 1 月　　　民泰银行总行"优秀共产党员"
10. 2020 年 10 月　　义乌市技术标兵

对母校的祝福语

育人育德几十载，立业立志传四方。祝福母校人才辈出！

宁波市金融系统青年岗位能手

姓名：董柯缨　　性别：女

入学时间：2012 年 6 月

毕业时间：2015 年 9 月

专业（班级）：农金 12（3）

工作单位：宁波市市区农村信用合作联社

职务或职称：网点负责人

班主任：王立成

主要工作简历

1. 2015 年 3 月　　进入宁波市市区农村信用合作联社实习，做柜员

2. 2016 年 10 月　　榭嘉分社网点负责人

3. 2018 年至今　　宁波市市区农村信用合作联社网点负责人

所获荣誉

1. 2017 年　　宁波市区信用联社第十四届业务技能比赛会计人员业务知识竞赛第六名

2. 2018 年　　宁波市区信用联社优秀网点负责人

3. 2018 年　宁波市区信用联社第十五届业务技能比赛计算机传票

输入第五名

4. 2019 年　宁波市区信用联社优秀员工

5. 2020 年　宁波市金融系统青年岗位能手

对母校的祝福语

感恩母校！金院人，孜孜不倦，祝母校更加辉煌！

立足岗位　全心投入

姓名：沈潇婷　　性别：女

政治面貌：中共党员

入学时间：2012 年 9 月

毕业时间：2015 年 6 月

专业（班级）：农金 12（4）

工作单位：杭州联合银行西湖支行

职务或职称：综合管理部经理

班主任：郑晓燕

主要工作简历

1. 2015 年 6 月—2016 年 7 月　　杭州联合银行兰里支行综合柜员
2. 2016 年 8 月—2020 年 4 月　　杭州联合银行三墩支行综合管理岗
3. 2020 年 5 月至今　　　　　　杭州联合银行西湖支行综管部经理

主要工作业绩

沈潇婷进入杭州联合银行工作一年后，有幸成为支行综合管理部的一员。这让她的写作专长有了用武之地，仿佛也为她打开了对银行认知的新大门，她对各方面的工作都有了新的见地，深刻体会到综合管理部人员既是支行文件、材料的"捉刀者"，又是安全保卫的"第一把关人"，要起到上传下达的"纽带"作用，同时要为支行的安全保驾护航。在此期间，她始终保持勤恳务实、高效热情、尽心尽力的心态，努力做好每一个细节，努力实现自身的最大价值。

工作期间，沈潇婷一直把支行的文明规范服务作为首要任务。4年时间里，她与支行各条线一起全身心投入到文明规范服务中，无论是硬件改造、软件打磨还是台账整理，都付诸行动。从动员大会到创建材料整理，从浙江省文明规范服务示范单位的争创，到中国银行业协会文明规范服务四星级网点的争创，每一个荣誉的背后都付出了心血。2个多月的加班加点，亲力亲为，力求每一细节都到位，最终得到了专家组的一致认可。

作为支行日常工作开展的大后方"管家"以及团支部书记，她始终以团的先进性为基础，以促进青年成长成才为主线，使支行团工作迈出了新的步伐。组建支行通讯员队伍，精心挑选擅长写作的青年员工苗子，为支行宣传工作献策献力；组织开展爱心结对、捐书传情等公益活动，助力贫困帮扶；建设运动吧、悦读益站、心理宣泄墙，倡导青年多读书、多运动，释放内心压力；开展"乐享青春 团建聚力"青年之旅、三讲精神演讲比赛、温情九月与帮带师傅合个影、迎国庆趣味运动会等活动，不断丰富支行的青年文化。2019年团工作成效显著，荣获杭州市先进团支部、青年文明号、青年安全示范岗和杭州联合银行五星团支部等荣誉称号。

虚心，感恩，认真，她一直在学习。她始终坚信态度决定一切，细节决定成败；今后，也将会以乐观的心态、饱满的热情迎接每一天的挑战，相信自己能拥抱更美好的明天。

所获荣誉

1. 2019 年 12 月　　杭州联合银行三墩支行"突出贡献奖"

2. 2020 年 5 月　　杭州联合银行"优秀团干部"

对母校的祝福语

祝愿母校人才辈出、桃李满园。

技能高手　岗位能手

姓名：苗漪莎　　性别：女

政治面貌：共青团员

入学时间：2012 年 9 月

毕业时间：2015 年 6 月

专业（班级）：农金 12（4）

工作单位：浙江稠州商业银行杭州分行

职务或职称：综合柜员

班主任：郑晓燕

主要工作简历

1. 2015 年 5 月—2015 年 6 月　渤海银行杭州义蓬支行业务部大堂经理兼理财经理

2. 2015 年 7 月—2017 年 5 月　渤海银行杭州经开支行营业部综合柜员

3. 2017 年 6 月—2018 年 8 月　稠州银行杭州分行义蓬小微企业专营支行营业部综合柜员

4. 2018 年 9 月—2019 年 2 月　稠州银行杭州分行营业部营业中心非现金柜员

5. 2019 年 3 月至今　　　　　稠州银行杭州分行义蓬小微企业

专营支行营业部综合柜员

主要工作业绩

苗漪莎，2015届浙江金融职业学院毕业生。2015年7月，从事银行柜面工作，至今已有6年，目前就职于浙江稠州商业银行杭州义蓬支行。2020年7月，在2020年稠州银行总行"吉尼斯"技能大比武中，她以机器点钞30把/2分钟破总行历史纪录，获得个人单项第一名；点钞多指多张散把以23把90张/5分钟获得个人单项第二名，同时取得团体第一名的好成绩；同月，在刚结束的杭州市富阳区技能大比武中，她代表稠州银行获得点钞单指单张个人单项第四名、五笔汉字输入个人单项第三名、团体第二名的好成绩。

作为入职稠州银行3年的"老柜员"，苗漪莎目前在杭州分行柜员技能综合排名第一，其中点钞单指单张、多指多张、机器点钞均有专攻。近3年来，数次代表稠州银行在省、市、区各类比赛中崭露头角，荣获数个奖项。"认真点好每一把钞，比好每一场比赛"，是她对自己的要求。

刚进稠州银行的时候，对从未接触过散把点钞的她来说就是从零开始学起，从放钞、放腰条、放点钞蜡的位置，以及手起钞落，扎把的角度、手势，每一样都需要根据自己顺手的位子细细斟酌。基本功固然是需要花时间练下去的，但是也要讲究方法，流程干净利落，时间才有结余。

比赛有输有赢，有欢喜也会有失落，成功的时候想想下次哪一个环节还能再省一点时间，再提升速度；失败的时候想想什么地方需要改进，勤加总结，勤加练习。一个好的成绩，必定有一个肯下苦功的基础，一个有效率的流程，再加上一个良好的心态，"心不要急躁，手上动作要快"，这就是点钞的关键。

所获荣誉

1. 2017 年　稠州银行杭州分行技能闯关大赛单指单张点钞第二名

2. 2018 年　稠州银行杭州分行上半年技能大赛单指单张点钞第一名，多指多张点钞第二名、团体第二名

3. 2018 年　杭州市富阳区职工技能大赛五笔汉字输入第七名

4. 2018 年　总行红五月"稠行吉尼斯"技能大比武机器点钞个人第二名，团体第一名

5. 2018 年　浙江省银行业金融机构反假货币知识与技能竞赛个人理论第七名、团体第七名

6. 2018 年　稠州银行杭州分行下半年稠行吉尼斯点钞单指单张第一名、多指多张第二名、机器点钞第二名、团体第二名

7. 2018 年　义乌市职工技能大赛团体第二名

8. 2018 年　稠州银行杭州分行优秀内训师

9. 2019 年　稠州银行杭州分行上半年技能比武个人综合第一名

10. 2019 年　总行红五月"稠行吉尼斯"点钞多指多张个人第七名、机器点钞个人第七名、团体第三名

11. 2019 年　萧山区银行柜员技术比武个人第十一名

12. 2019 年　稠州银行运营人员提升活动杭州分行柜员技能综合第一名

13. 2019 年　稠州银行总行优秀青年岗位能手

14. 2019 年　稠州银行杭州分行最美奋斗者

15. 2019 年　稠州银行杭州分行星人物

16. 2019 年　稠州银行杭州分行优秀内训师

17. 2019 年　稠州银行杭州义蓬支行先进个人

18. 2020 年　杭州市富阳区职工技能大赛五笔汉字输入第三名、点钞单指单张第四名、团体第二名

19. 2020 年　稠州银行总行"稠行吉尼斯"技能大比武机器点钞个人第一名

对母校的祝福语

感谢金院所有老师对我们的栽培，母校其实给了我们一个很好的平台，希望在校的各位学弟学妹能好好把握这个机遇，努力提升自己，无论是技能，还是各类专业知识，又或者是自身的处事能力，也许你现在的努力并没有在当下体会到成果，但是在未来的某个时刻一定会有所收获。愿金院所有学弟学妹都能有一个似锦前程，你若优秀，金院便不平庸。

优秀员工　服务标兵

姓名：朱鸿枫　　性别：女

入学时间：2012 年 9 月

毕业时间：2015 年 6 月

专业（班级）：国金 12（1）

工作单位：浙江柯桥联合村镇银行

股份有限公司

职务或职称：反洗钱岗

班主任：屠莉佳

主要工作简历

2015 年 7 月至今　浙江柯桥联合村镇银行股份有限公司

主要工作业绩

2015 入行以后，从基础的现金柜台，到公司结算柜台，本着兢兢业业的工作态度，较为出色地完成了本职工作，连续三年获得个人先进；2020 初始担任总行反洗钱专岗至今，本着勤勉尽责的态度，时刻关注监管部门及上级行的最新要求，及时修订所在银行内控制度，调整业务流程，完善操作体系，使得所在银行反洗钱工作取得了一定的创新与发展。

所获荣誉

1. 2016 年　柯桥联合村镇银行"服务标兵"

2. 2017 年　柯桥联合村镇银行"服务标兵"、2017 年度柯桥区财贸系统十佳服务标兵

3. 2018 年　柯桥联合村镇银行"优秀员工"

对母校的祝福语

知识的海洋，文化的殿堂。母校让我们成长，愿母校桃李芬芳，声名远扬。

遵从内心 潜心教育

姓名：孙雅瑜　　性别：女

政治面貌：中共党员

入学时间：2012 年 9 月

毕业时间：2015 年 6 月

专业（班级）：国金 12（2）

工作单位：杭州临安丁香点点教育培训学

校有限公司

职务或职称：董事长

班主任：屠莉佳

主要工作简历

1. 2015 年 7 月—2015 年 12 月　浙商银行杭州九堡支行客户经理

2. 2016 年 1 月—2017 年 4 月　杭州临安心翰教育培训学校有限
公司辅导员

3. 2017 年 5 月—2018 年 8 月　临安云雅休闲书吧董事长

4. 2013 年 1 月至今　　　　　　杭州临安丁香点点教育培训学校
有限公司董事长

主要工作业绩

许多人都说这是一个困难重重的时代，但孙雅瑜更愿意相信：这是一个努力依然会有回报的时代。

刚毕业的时候，孙雅瑜顺理成章进了银行。那些陌生拜访、拉客户、做业绩的时光，仿佛就在昨日，到现在依旧刻骨铭心。3个月的时间，她就有了30多个贷款客户；但她越来越发现，自己真正喜欢的是和孩子们在一起的工作，于是选择了离开！

为什么选择当一名教育工作者呢？首先，在孙雅瑜看来，教师这个职业非常的伟大，也非常的神圣。在社会飞速发展的今天，学生思想活跃、视野开阔，想得宽，想得深，想得杂，涉及的问题五花八门，早已超越了他们的年龄。所以社会不仅面对着变化的学生，也面对着变化的知识，我们只有不断开阔自己的视野完善自己，才能担任起教书育人的重任，她觉得教师就是这样一种职业。其次，母校养育了她，她何以回报？成为一名教育工作者，教给学生很多做人的道理和知识，实现自己的人生价值和社会价值，从而回报母校。

她先是进了一家临安比较有名的培训机构，当晚托辅导老师。与此同时，她又去农林大学授课。一年多的教学经历，丰富了教学实践能力，更加让她坚定了成为一名教育工作者的决心！

于是，她自己开了个小规模的培训班。"麻雀虽小，五脏俱全"，当时也拥有30多名学生，在青山湖街道上做得小有名气！不断地给学生灌输做人的道理，辅导作业，每一天都过得很充实。前两年，临安区教育局开展培训学校整治工作，对办学规模和办学许可证都做了要求。所以，才有了现在的丁香点点教育培训学校。本着"舒适、合适、有方式，勤学、乐学、不厌学"的教育梦想，希望给有需求的学生提供一个好的学习环境，陪伴他们养成好习惯。一年多的时间，从一开始的30

多名学生到如今的 70 多名学生。今年在疫情暴发的情况下，学员人数依然稳定增长，现已有 100 余人了。

现在的她做事情很少会出 bug，处理数据时一般不会马虎，在外做代表时懂得拿捏分寸，但对利益坚决维护，偶遇突发状况也能淡定自如。这些多数是在大学参加校内校外活动时积累的经验，如果当时没有参加学生组织，没有参加社团，大概不会有这么多的实践机会，更别说成长为今天这个敢说敢做的进步青年。"因此每当回顾这些过程时，真的要感激母校给我锻炼的机会，还有我的老师们，他们教会了我许多许多。"校友回忆道。

美女班主任屠莉佳老师，她是那样的年轻靓丽，声音娓娓动听，笑容暖人心田。那三年，她就像孙雅瑜的大姐姐一样关心她照顾她！"王大帅"王立成老师，她毕业后第一次回母校，可能真的对金院的操场爱得深沉吧，所以选择在校运会的时候回母校！合影的时候王老师对她说："不要到运动会才记得回来，平时随时都可以回来看看！"当时真的有种说不出的难受……回想学生会的时光，教她最多的就是他，"收获或许来得晚些，但属于你的终将来到你的怀抱"，他的教诲让她一生受用！"糖糖姐"王海棠老师，在定向队的日子里，一起走过千山万水，一起踏遍天南地北，参加了一次又一次的比赛，建立了深厚的革命友谊。数不清老师对孙雅瑜的教导和指引，道不尽老师的陪伴和关爱。"吕帅爷"吕建敏老师，每一次神一样的存在，总是在最需要的时候出现，外出的每一次比赛，他都很贴心地为队员们准备额外的点心，很暖很甜！

现在的她，大概是最好的状态，干喜欢的事业，做喜欢的工作。像什么呢，像个海绵一样吸收水分；像什么呢，像个太阳一样照亮别人。

对母校的祝福语

回顾过去，我们无比自豪，展望未来，我们信心十足。祝福母校在金融领域培养更多人才。

快速成长的社区党支部书记

姓名：沈范骏　　性别：男

政治面貌：中共党员

入学时间：2012 年 9 月

毕业时间：2015 年 6 月

专业（班级）：金融 12（9）

工作单位：嘉兴市经济技术开发区塘汇街道

职务或职称：新禾家苑社区党总支委员、支部书记（助理社会工作师）

班主任：王祝华

主要工作简历

1. 2015—2018 年　　浙商银行杭州九堡支行微贷业务部

2. 2018—2019 年　　浙商银行杭州九堡支行公司业务部

3. 2020 年至今　　　嘉兴市经济技术开发区塘汇街道

主要工作业绩

沈范骏 2012 年 9 月进入浙江金融职业学院金融管理与实务专业学

习，2015年6月毕业。在校期间，曾任校学生会副主席、校辩论队队员。曾代表学校参赛，获浙江省大学生辩论赛冠军、全国挑战杯创新创业大赛二等奖、浙江省首届汉语口语大赛二等奖等荣誉。在校期间积极发挥文艺特长，配合学校完成了各类大型晚会、比赛的策划和执行，举办的学校首届主持人大赛并延续至今，主持了浙江省大中专学院微党课大赛、浙江省大学生艺术节等校内外各类大型活动近百场。

毕业后，沈范骏进入浙商银行杭州九堡支行工作。实习期间，就被评为浙商银行2016年度全国校招优秀学员、优秀组长，曾获浙商银行主题演讲比赛二等奖、浙商银行梦想发声官优秀学员等荣誉。在浙商银行工作期间，沈范骏先后担任微贷业务部、小企业业务部、公司业务部的客户经理，全面系统地学习了银行信贷知识，在个人、小企业、公司业务等方面积累了经验，同时积极学习金融产品知识，主动了解行内特色金融产品，发挥年轻人的创新意识和超前接受能力，有新模式和新金融产品总能第一个去使用和学习，在行内成为现学现用的"产品经理"。担任公司客户经理期间，协助同事完成了杭州地铁集团、浙大网新、华策影视等一大批国有企业、上市公司的公司融资授信、成功中标浙江省财政厅财政资金留存，在公司业务上取得了一定的成绩。

2020年，沈范骏自浙商银行离职后回到嘉兴工作，通过考试进入嘉兴市经济技术开发区塘汇街道从事党务工作。适逢新冠肺炎疫情暴发，沈范骏充分发挥党员的模范先锋带头作用，坚守奋战在街道抗疫一线，与全体工作人员、志愿者一起，为辖区居民的生命安全筑起了坚实的防线。进入街道工作后，他充分展现自身特点，结合党务工作的实际、建党百年的契机、嘉兴为党的诞生地的优势等，积极发挥自己特长，在群众中进行新时代党的方针政策宣讲，参与了2020年嘉兴市微党课大赛，成功入选嘉兴市经济技术开发区"经开新声"宣讲团，担任嘉兴市青年宣讲员。在党的十九届五中全会结束后，就党的十九届五中全会精神等内容深入基层开展宣讲 10 余场次，得到了群众的好评。

所获荣誉

1. 2020 年　塘汇街道优秀共产党员

2. 2020 年　嘉兴市经济技术开发区"经开新声"优秀宣讲员

对母校的祝福语

祝愿母校桃李满天下，四海皆学子。祝福老师和学弟学妹们学习进步，事业有成。

从技能尖子到优秀经理

姓名：朱佳辉　　性别：男

政治面貌：团员

入学时间：2013 年 9 月

毕业时间：2016 年 6 月

专业（班级）：农金 13（1）

工作单位：绍兴银行海盐支行

职务或职称：公司客户经理

班主任：王德英

主要工作简历

1. 2016 年 8 月—2018 年 5 月　　海盐农商银行综合柜员

2. 2018 年 6 月—2020 年 3 月　　绍兴银行海盐支行个人客户经理

3. 2020 年 4 月至今　　　　　　绍兴银行海盐支行公司客户经理

主要工作业绩

朱佳辉于 2013 年 9 月幸运地考入浙江金融职业学院，就读于金融系农村金融专业 13（1）班，担任班级的技能委员，也是金融系技能部副部长。2015 年 5 月，通过学校的订单班学习后，顺利进入恒丰银行实习。凭借着对键盘的热爱，在技能方面有了优秀的成绩，在 2016 年 5 月，通过社会招聘人才，顺利考入海盐农商银行，成为营业部的一名综合柜员。积累了丰富的业务知识后，2018 年 6 月转岗至绍兴银行海盐支行担任个人业务客户经理，在 2020 年被评为总行优秀客户经理，于 2020 年 4 月转岗至公司客户经理，这个平台接触面更加广泛，学习的业务知识和技能更加多样，为将来的职业发展做了坚实的铺垫。

大学 3 年，他很好地贯彻学院提倡"千日成长"工程理念，就如同一颗种子落地、生根、发芽，最终开花结果。大一这一年就制定了明确的目标，他的目标就是在 3 年后能顺利进入银行工作，然后朝着目标努力再努力。首先在专业知识上一定要学好，趁刚踏入大学，把一些专业资格证书都考出来，因此他积极报名参加会计从业资格、银行从业等考试。除了学习，工作也不能落下，他积极报名参加学生会工作，在那里无论是交流能力、沟通能力还是做事能力都能让你提升很多，也能结识到很多的朋友。另外他深知，作为一名金融学子，技能是一大亮点，是日常学习中不可或缺的一部分，技能更是他们金融系的一大基本功，是众多金融学子立足金融领域的一大王牌，因此他心里早已下定决心一定要把技能练好，甚至练到最好。因此，在大一这年，他只要一有空就跑到机房练技能，回到寝室室友都在打游戏，他依然埋头在练技能。大一是充实的，却是收获最多的。到了大二，经过了大一一年的努力，各方面都有了回报，在学习成绩上，他取得了校一等奖学金；在学生会工作上，他担任了学生会副部长；在学院大大小小的技能比赛中，他取得了第一、第二名的好成绩。最重要的是，在订单班招生中，他顺利进入了银领学院学习，并且在自己所报的 4 所银行中，全部被录取，最终选择了恒丰银行。到了大三，进入银领学院学习。之前的努力最终会在这一年得到认可，银领学院让他从一名学生过渡到一名职场员工，也让他有一个实习的机会，亲身体验作为一名银行人的光荣与艰辛。从 2016 年

1月份开始进入恒丰银行实习，一直到6月份，半年的时间，他感受到了作为一名学生和一个踏入职场的人的不同之处，也最直接了解和感受到了银行的工作氛围和模式。这半年他学会了很多很多，比如怎么跟同事相处，怎么去更好地展示自己。因为有了这样一个经历，在5月份，幸运通过社会招聘，顺利达到技能人才引进标准，考入海盐农商银行，试用后成为一名正式编制的银行员工。正是因为在大学时的努力，凭借对技能的热爱和执着，才有了这样一个机会，成为一名银行员工。

他说，非常感谢母校。走出校园才发现，母校真的很伟大，在身边总有同事聊着聊着发现原来也是毕业于浙江金融职业学院，大家都是校友。这时候他会感觉无比自豪，是母校成就了他们。他说他永远以母校为荣，希望今后母校能以他为荣！

所获荣誉

1. 2017年5月　海盐农商银行红五月技能比赛五笔汉字输入第一名
2. 2020年3月　绍兴银行总行优秀个人客户经理

对母校的祝福语

有一种深厚的感情，有一个温馨的字眼，那就是母校！多么思念那些温暖的日子，至今还记得"披沙拣金　融会贯通"的校训。祝福母校更加辉煌，大展宏图，再谱华章！

国赛冠军　优质成才

姓名：江伊　　性别：女

政治面貌：中共党员

入学时间：2013 年 9 月

毕业时间：2016 年 6 月

专业（班级）：农金 13（2）

工作单位：台州银行温岭箬横支行

职务或职称：前台业务部总经理助理

班主任：王德英

主要工作简历

1. 2016 年 7 月—2020 年 4 月　　台州银行箬横支行前台业务部柜员

2. 2020 年 5 月至今　　　　　　台州银行箬横支行前台业务部总经理助理

主要工作业绩

浙江金融职业学院 2016 届金融系农村合作金融专业毕业生江伊，现就职于台州银行温岭箬横支行，做一名综合柜员。在 2013 年 9 月她进入金院，刚开始没想过她会在 3 年后的此刻坐在银行的柜台里从事金融行业工作，但事实证明她确实坐在了这个位置。是母校给予了她这个平台，教她抓住这个机会。不管是作为一名学生还是一名工作者，她都时刻谨记母校的校训"披沙拣金　融会贯通"。

"披沙拣金"强调了我们作为浙江金融职业院校学生的动手能力，求索精神。银行学校作为我校的前身，银行业的基础技能是金院的一大特色。在校期间，作为一名技能尖子，她三项技能都达到了尖子水平，因为在这个充满浓厚的技能氛围的学院，她无时无刻不在加强自己的技能练习，积极参与系级、院级的各项技能比赛，同时还带动系里的同学一起参与技能练习，参与比赛来达到共同竞争，共同进步。并且代表学院跟江苏银行的员工进行技能交流，参加国赛并获得全国业务技能大赛一等奖。将近两个学年的时间里，她获得了技能方面的奖状 30 余张，在此她不仅收获了因为她自己的坚持而取得的技能方面的成就，她在这么多场技能比赛竞争的压力中也锻炼了自己的抗压能力，从而为她进入银行打下了扎实的基础。

"融会贯通"强调学生在学好专业基础上由此及彼、举一反三、合理灵活处事的能力。作为一名学生，她对学习的内容是充满渴望的，学习态度是非常认真的。成功属于勤者，三个学期智育第一、综测第一的成绩是对她学习成绩上的一个肯定，"千日成长工程"中她被评为"学习之星"以及获得了校内一等奖学金。在学好专业的同时她也积极参与学生会干部的选拔，以此来锻炼自己灵活处事的能力。将近两年的学生干部经验让她具有一定的沟通表达能力以及组织管理能力。在校期间，她担任金融系技能训练部部长一职以及农金 13（2）班团支书一职，管理金融系有关技能方面的工作，如选拔、培训技能尖子、组织各类技能比赛、开展技能表彰大会、对外技能交流等活动；在班级也组织大大小小的团日活动，管理团、党建设方面的工作。她对工作的负责和努力让她在班里和系里都具有良好的群众基础，并获得了优秀团干部、优秀班干部、优秀干事等荣誉称号。除此之外，她也很荣幸能在大学期间成为一名中国共产党员，这也使她认识到了作为一名学生党员要更加严格要求自己，争取在各方面起到带头作用！

2016年2月22日，江伊签订劳动合同正式入职，上岗前在台行银座金融学院培训两个月。这段时间对于从来没有接触过五笔打字、点钞、传票的同事来说可能是很吃力的一段时间，每天晚上都要苦练到很晚，而这时的她相对来说就轻松了很多，这都源于母校的技能特色给予她的帮助。与此同时，她也将学校教会她的技能心得跟同事们分享，达到共同进步。在即将结束培训时，她创下了台行最新的传票记录。2016年4月28日她加入台州银行温岭箬横支行，开始了4年的柜员生涯，从刚开始的紧张不安到现在的从容淡定，其间也发生过差错，有着各种形式的营销任务和服务标准，这让她意识到金融行业并不是一个安逸的舒适圈，需要具备一定的抗压能力才能坚持在这个行业里打拼。在这几年里她先后代表区域参加温岭片金融行业反假币比赛以及总行的技能比拼，扎实的技能基础以及丰富的比赛经历让她在这一系列的比赛中获得了不错的名次。自己认真工作的态度和过硬的业务能力也得到了行领导的认可，先后被区域评为优秀行员和优秀导师。这几年的工作经历确确实实让她成长了很多，也让她更加深刻地认识到身在金融行业所要具备的抗压能力和求索精神。2020年4月她被聘任为箬横支行前台业务部总经理助理，新的岗位面临着新的挑战，希望自己依旧能保持初心，砥砺前行。

所获荣誉

1."江苏银行杯"首届业务技能联谊赛"电脑传票输入"第一名

2. 第十四届众诚杯电脑传票输入项目第一名

3. 第十四届众诚杯点钞单指项目第二名

4. 第十四届众诚杯银行综合柜台业务操作第二名

5. 2017 年度温岭片金融行业反假币知识赛二等奖

6. 2017 年度台州银行南片区域优秀行员

7. 2018 年度总行技能大比拼电脑传票输入组第一名

8. 2018 年度台州银行南片区域优秀导师

对母校的祝福语

母校成长我见证，母校建设我参与。祝愿母校年年桃李，岁岁芬芳。

客户至上　周到服务

姓名：金艳婷　　性别：女

政治面貌：中共党员

入学时间：2014 年 9 月

毕业时间：2017 年 6 月

专业（班级）：金融 14（2）

工作单位：台州银行杭州分行

职务或职称：支行文秘

班主任：李宏伟

主要工作简历

1. 2017 年 6 月—2018 年 7 月　　中国民生银行杭州午山社区支行
   服务经理

2. 2018 年 8 月至今　　　　　　台州银行杭州富阳支行文秘

主要工作业绩

金艳婷，浙江金融职业学院 2017 届毕业生。大三进入民生银行订单班学习，毕业后在民生银行杭州午山社区支行从事服务经理岗位，主要负责给客户做理财规划。金艳婷上岗后服务客户热情、耐心，社区的叔叔阿姨都愿意找她理财，说找小金理财既贴心又放心。有一个在金艳婷这儿购买了理财的客户，本打算这期理财到期以后直接购买下一期，但他的孙子要出国留学了，客户临时决定要把这笔钱拿出来给孙子用，因为第二天理财马上起息了，客户年纪大了，手机银行又不太会用，为了给客户留住这笔钱，当时正在城区其他支行交流学习的金艳婷一下班，就跨越整个杭州城区赶到客户家里为客户办理了理财预约取消，并帮助客户把钱转给了他孙子。客户因此非常感动，后来将其他行到期的存款都转到了民生银行，说要存小金这儿。也正因为她认真工作的态度，急客户所急、想客户所想的贴心服务，使其绩效排名在杭州分行同岗位中保持前列，工作表现受到了领导同事的一致好评。2018 年 5 月民生银行在金院招聘第三届订单班，金艳婷作为学长学姐代表随民生银行杭州分行回学校进行了宣讲，向学弟学妹分享自己在民生银行的经历与感受。

2018 年 8 月，金艳婷进入台州银行杭州分行工作，成为台州银行最年轻的支行文秘。到新单位后她迅速投入新角色，认真开展办公室各项管理工作，作为新人的她不断学习先进经验，严格要求自己，努力做好支行的"大内总管"。2019 年支行筹建新下辖网点，金艳婷从选址、审批到人员招聘，协助分支行顺利筹建新机构，同时代表台州银行杭州分行参加杭州市银行安保业务知识竞赛，并考出杭州市金融机构安防建设审批验收专家证，成为杭州市公安在库的金融专家，参与了由市公安组织的金融机构第六轮安全评估工作，对同业多家银行进行了评估验收。金艳婷入岗后的工作表现，得到领导的一致肯定，特别是在辖区支行的安全保卫管理工作方面表现突出，相关工作台账成为其他支行学习的"范本"，在台州银行 2019 年度先进工作评比中荣获杭州分行安全保卫工作先进个人，支行也先后获得浙江省平安示范单位、富阳区金融机构消费者权益保护 A 等机构等荣誉。除了做好本职工作，金艳婷还时常为行里的业务营销出谋划策，在分行 2020 年营销活动方案征集评比中，其提交的两个方案均入选 2020 年度优秀营销活动方案。

金艳婷在平凡的岗位上精耕细作，秉承"披沙拣金　融会贯通"的校训，学以致用，发挥了一个金融人的光和热。

所获荣誉

2020 年 3 月　　　台州银行杭州分行安全保卫工作先进个人

对母校的祝福语

祝愿金院光辉历程更辉煌，人才辈出代代强，打造"金融黄埔"百年品牌！

赓续"三水精神"
尽展新时代农信人风貌

姓名：成天昱　　性别：男

政治面貌：中共党员

入学时间：2014 年 9 月

毕业时间：2017 年 6 月

专业（班级）：金融 14（2）

工作单位：杭州联合银行

职务或职称：大堂经理

班主任：李宏伟

主要工作简历

1. 2011 年 12 月—2013 年 12 月　广州军区两栖特战旅副班长、作战员

2. 2016 年至今　杭州联合银行新员工入职培训教官

3. 2017 年 7 月至今　杭州联合银行大堂经理

主要工作业绩

成天昱曾服役于 42 集团军两栖特战旅，担任班队副班长，火箭筒瞄准手、方向定位员，和步枪战斗员。参与广东地区抗击洪水灾害，保护人民群众财产和人身安全，参与广字 × 号跨军区海陆空联合作战演练。参与校内外军事训练培训 40 多次，共计培训人员 3000 余人，积累了丰富的培训经验，提高了人际沟通能力。具有较强的管理意识和统筹意识，忠于祖国，忠诚爱党，热爱人民。

目前就职于杭州联合银行。作为一名农信金融人，他时刻秉承着老一辈农信人的"三水精神"："早上一头露水，中午一身汗水，晚上一脚泥水。"工作时中午常常顾不上吃饭、顾不上休息，一到傍晚又奔向各个乡村、繁华街道和商铺，宣讲普惠金融政策，宣传网络电信防诈骗，反假币知识的普及。"三水精神"越来越清晰，不再仅仅是"三水精神"的践行者，更是一位"三水精神"的开拓者和创造者。

扎根金融基层，服务群众，服务社会，用年轻人的智慧和力量去发扬时代金融人的价值。就如同习近平总书记所说：当代的广大青年群众，是朝气蓬勃的一代，是肩负社会建设和伟大民族复兴的一代，在激流勇进的时代中，不断创造和谱写中国新青年的风华正茂。

近年来，参与杭州联合银行人力资源部新员工岗前培训"启航计划"，浙江农信联社新员工岗前培训等，至 2020 年已连续 4 年 5 届，共计培训 600 余名新员工。在工作期间，成天昱担任本行培训教官兼代班主任，具有丰富的面试经验和较强的带班能力，能够在学习和生活中帮助学员解决实际问题，致力于将部队的优良传统和作风传承发扬，争做新时代的中国青年，文能提笔写春秋，武能纵枪战沙场。

所获荣誉

1. 2013 年 9 月　　广州军区师级优秀士兵

2. 2013 年 12 月　　广州军区团级优秀退役士兵

3. 2018 年 7 月　　杭州联合银行优秀培训教官

4. 2019 年 6 月　　杭州市党建联盟羽毛球赛第四名

对母校的祝福语

感恩！感恩母校和老师们的栽培。感谢！感谢学校搭建的众多平台，让我们在大学期间得到充分锻炼。感怀！感怀金院一草一木，岁月年华。祝愿母校越办越好，再创佳绩。祝愿校领导和老师们身体健康，事业顺利，阖家安康！

年轻的营销之星

姓名：陈龙威　　性别：男

政治面貌：中共党员

入学时间：2014 年 9 月

毕业时间：2017 年 6 月

专业（班级）：金融 14（3）

工作单位：浙商银行义乌分行

职务或职称：综合柜员

班主任：方宜霞

主要工作简历

1. 2017 年 7 月—2018 年 9 月　　浙商银行义乌分行大堂经理

2. 2018 年 10 月—2020 年 4 月　　浙商银行义乌分行对公结算岗

3. 2020 年 5 月至今　　浙商银行义乌分行现金储蓄岗

主要工作业绩

2016 年 7 月，陈龙威通过银领学院浙商精英启航班进入浙商银行义乌分行实习，2017 年 7 月入职浙商银行义乌分行，2018 年 9 月进入浙商银行义乌分行营业部工作，先后担任了大堂经理岗、对公结算岗，目前轮岗到了现金储蓄岗。每一个岗位都需要有不同的业务知识，每一次轮岗都是一次成长。在大堂经理岗位时，他注重营销，多说多做，在营销过程中从客户角度考虑问题，把客户当作朋友坦诚相待，在两年多的时间，客户营销获得的金融资产从零到了几千万元，2019年他荣获了"开门红营销之星"称号。在柜面时注重的是服务，作为一名一线服务人员，始终要做好微笑服务，可能在平时会遇到态度不好的棘手客户，陈龙威相信只要服务做到位，客户再坏的情绪也会平静下来。良好的服务态度也让他经常被营业部门评为"服务之星"。另外，在柜面还要注意细节，每一个业务的流程都要按制度规定的程序来操作，否则就会带来严重的操作风险。柜面的两年工作经历培养了他细心、耐心的工作态度，塑造了良好的服务形象。在两年多时间里，他所有的努力也得到了行里的认可，2020年4月他由派遣制转为正式编制，完成了职业生涯的第一次角色转换，日后将不忘初心，做更好的自己。

所获荣誉

1. 2018 年　　年终考评优秀
2. 2019 年　　开门红营销之星

对母校的祝福语

知识海洋，青春殿堂，载着我的梦想走向未来。感谢母校的培养，祝母校发展日新月异，培养更多的金融人才，创一流"金融黄埔"。

在学习实践中变强创优

姓名：刘邵恒　　性别：男

政治面貌：共青团员

入学时间：2014 年 9 月

毕业时间：2017 年 6 月

专业（班级）：金融 14（5）

工作单位：中国民生银行

职务或职称：社区支行行长

班主任：隋冰

主要工作简历

1. 2017 年 2 月—2017 年 4 月　　中国民生银行杭州分行下沙支行柜员

2. 2017 年 5 月—2018 年 3 月　　中国民生银行杭州分行午山社区支行社区经理

3. 2018 年 4 月—2020 年 8 月　　中国民生银行杭州分行紫金文苑社区支行社区经理

4. 2020 年 9 月至今　　中国民生银行杭州分行和家园社区支行行长

主要工作业绩

故事起始于 2014 年的那个夏天，怀揣着对未来的无限向往，一名 18 岁的少年背上行囊，只身前往那座对他有无限吸引力的美丽城市——杭州，由此展开了他学习与工作的故事。虽然毕业 4 年多了，但是，"披沙拣金 融会贯通"的校训一直铭记于心，并不断指引着他前行的道路。

依稀记得 2017 年 2 月初入职场时的些许不适应与紧张，至今仍历历在目；还记得办第一笔业务，客户要求修改银行预留手机号码，并且客户还有比较着急的其他事情要办理，但因为业务还不够熟悉，心里瞬间慌了神，在他不知所措时，师傅看出了他的焦虑，在他身边一直悉心地指导讲解，为客户解决了问题并提供了优质服务。这也让他体会到了，作为一名银行职员应该保有的服务水平，先于营销所需的基本职业素养与专业技能。

在柜员岗位学习并操作一段时间后，刘邵恒大致熟悉掌握了银行基本运营所需的业务技能。经过这段时间的工作学习，结合自身的性格特点，刘邵恒认为理财岗位更适合自己的职业发展规划，并申请调岗至社区经理一职，进行新岗位新业务的学习。在社区经理岗位后，他更加深刻地认识到，专业重于营销，只有将自身的专业度体现给客户，客户才能更加认可我们的金融产品。此刻刘邵恒才真正明白，自己目前所学的金融知识还是远远不够的，目前中国金融市场正处在一个知识创新的时代、终身学习的时代、知识更新的时代。为了让客户更加信赖认可，他通过学习考取证书让自己的专业度得到质的提升。自己工作年限符合要求后他第一时间系统规范地学习了金融理财师的相关课程，并通过考试取得相应证书。

2020 年对刘邵恒来说是充满机遇与挑战的一年。这一年他的职业发展有了新的转变，由基层业务员转变为初级管理者，这要求他更加严格地遵守银行职业发展细则。新旅途、新征程，新的职位需要更加脚踏实地的付出与积极不断的探索。就如浙江金融职业学院的校训"披沙拣金 融会贯通"所要求的一样，不断探索、不断学习，才是这个时代的主旋律，才是未来职业发展的核心思想！定不辜负学校的期望，成为一名优秀的银行校友。

所获荣誉

1. 2018 年 3 月   中国民生银行杭州分行基金大赛第一名
2. 2019 年 7 月   中国民生银行杭州分行武林支行半年度优秀员工
3. 2021 年 1 月   中国民生银行杭州分行凤起支行优秀员工

对母校的祝福语

走遍了千山万水，看过了潮起潮落，经历了风吹雨打，尝尽了酸甜苦辣，始终觉得您的怀抱最温暖！无论我走多远，心中都永远眷恋您。祝愿金院桃李满天下！

从技能达人到"五星级"员工

姓名：叶舒展　　性别：男

政治面貌：中共党员

入学时间：2014年9月

毕业时间：2017年6月

专业（班级）：金融14（8）

工作单位：金华成泰农商银行

职务或职称：客户经理

班主任：沈雯

主要工作简历

1. 2017年7月—2019年10月　金华成泰农商银行营业部综合柜员

2. 2019年11月—2020年3月　金华成泰农商银行总行资金营运部科员

3. 2020年4月至今　浙江省农信联社金融市场部理财项目组科员

4. 2021年4月—2021年9月　金华成泰农商银行投资理财部科员

5. 2021年10月至今　金华成泰农商银行客户经理

主要工作业绩

金华成泰农商银行是叶舒展人生职业的起点，在它的培养下他一步步成长、进步。它教会叶舒展要传承发扬农信的"三水精神"和"老黄牛"精神，勤奋工作，乐于奉献。作为一名支部党员和农信青年员工，他始终以满腔热情和积极的心态，发挥自己的光和热，与单位同风雨、共成长。不计较个人付出，工作主动干，加班讲奉献，技能勤锻炼，以优秀的同事为标杆，这里面的很多品质都是金院教会他的。

在做柜员期间，他始终牢记党的全心全意为人民服务的宗旨，永葆共产党人的先进本色，用微笑去感染他们，用真诚来换取客户的认可。在柜台工作期间，他严格遵守各项规章制度，因此他每年都能实现全年柜面业务零差错的成绩，也得到了全行最高等级的柜员评定——五星级柜员（全行只有3个名额）。在业务技能学习上，他一直秉持着突破自我的态度刻苦练习，最终在行里的比赛中突破了系统省级记录，在自己行里的比赛中每年都拿到第一名的成绩，并在两年一度的市级业务技能比赛五笔汉字输入项目，都取得了全市第三的成绩。

后来他被总行调到资金部门负责全行的理财业务，在资金部他学到了更多不一样的东西，让他的知识层面又提升到了一个新的台阶。如今他被借调在省联社金融市场部，学习一些新的资金业务，为的是让自己的知识面更广，带一些新的想法与理念回去。2019年叶舒展被总行评为优秀党员，应邀参加了很多场的演讲，为省联社领导、全行董事、中层干部、市委党校学员上课。叶舒展很感谢单位对他的支持与认可，更深深地感恩母校对他的培养。以后的路还很长，他将一直秉持着奉献小我、成就大我的想法继续努力，争取为单位出一份力，为母校争光！

所获荣誉

1. 2019 年 9 月　　金华成泰农商银行第五届业务技术比赛五笔汉字输入第一名

2. 2019 年 9 月　　金华成泰农商银行第五届业务技术比赛电脑传票输入第二名

3. 2019 年 3 月　　2018 年度优秀员工

4. 2019 年 9 月　　金华成泰农商银行第五届业务技术比赛五笔汉字输入第一名

5. 2019 年 9 月　　金华成泰农商银行第五届业务技术比赛电脑传票输入第二名

6. 2019 年 9 月　　金华农信系统第十一届业务技能比赛五笔汉字输入第三名

7. 2019 年 9 月　　金华农信系统第十一届业务技能比赛五笔汉字输入新人奖第三名

8. 2019 年 11 月　江南街道"不忘初心、牢记使命"朗诵比赛优秀奖

9. 2020 年 3 月　　2019 年度优秀员工

对母校的祝福语

饮水思源，我深切感激母校的栽培，也密切关注着金院的建设和发展，时刻希望能有机会为母校贡献绵薄之力。祝愿母校的发展日新月异，培养出更高层次的人才！一壶浊酒喜相逢，古今多少事，都付笑谈中。滚滚长江东逝水，浪花淘尽英雄。是非成败转头空，青山依旧在，几度夕阳红。白发渔樵江渚上，惯看秋月春风。

年轻的支行中层干部

姓名：应彤瑶　　性别：女

政治面貌：中共预备党员

入学时间：2015 年 9 月

毕业时间：2018 年 7 月

专业（班级）：国金 15（2）

工作单位：浙江民泰商业银行金华永康支行

职务或职称：风险经理

班主任：屠莉佳

主要工作简历

1. 2018 年 8 月—2019 年 1 月　　浙江民泰商业银行永康支行实习

2. 2019 年 2 月—2020 年 5 月　　浙江民泰商业银行义乌分行业务部负责人（后备人才）

3. 2020 年 9 月至今　　浙江民泰商业银行永康支行风险经理

主要工作业绩

应彤瑶在浙江金融职业学院订单班毕业后，通过面试分配至浙江民泰商业银行永康支行，从事实习客户经理，因为学院传授的专业知识和工作单位良好的工作平台，她从一个刚出校园的大学生逐步走上工作岗位。

营销业绩从无到有。刚参加工作时，应彤瑶的第一个岗位是客户经理，那时的她一点儿都不懂，没有一分存款，没有一个现成的资源，通过自己的努力、单位的培养，经过一年半时间的营销，在2020年6月转岗之前实现如下个人业绩：存款日均2.1亿元，其中储蓄存款占比95%，贷款日均0.78亿元，贷款管户数90户，信用卡管户数150户，不良贷款率为0。个人岗位也从见习客户经理到高级客户经理，并于2020年5月被列入支行中层后备人员。2020年9月转岗为支行风险经理，列席班子会议，成为义乌分行辖内最年轻的支行中层干部，同时多次获评分行优秀员工称号。

工作模式从无到有。工作后应彤瑶面对社会各个层级的企业主，如何营销、如何维护、如何筛选，这些都无法从书本里直接获得，只能从实践中找寻经验，不断总结：一是自我加压，主动营销，把客户经理的岗位"走出去、沉下来"，用脚步走遍永康各个工业土地，她曾在烈日35℃的夏天，没有伞没有防护衣，只有营销PAD和工作文件包，上门对工业区里的工厂进行逐步拜访，有拒绝，有冷漠，但也有热情，有欢迎，通过一家家地拜访，逐步积累了基础客户群体，每一分成绩的背后都有汗水。二是坚持行业营销，采取做实根据地的模式。做小微，一定要做出品牌。品牌效应出来了，客户自动会上门来。应彤瑶坚持行业营销，以关键人为抓手，获取行业批量获客，针对交叉检验方便的特点，她做客户经理时成为永康芝英小微园、锅及电动工具行业金融营销的一张金名片。三是提高议价、谈判能力，实现个人业绩FTP利润和规模的双增长，主动了解客户实际情况，给客户定制针对性产品，让客户能接受她的定价，也让行里能获取收益，实现单位与客户之间的双赢。四是控风险守底线。坚持做有道德底线的人，牢牢把握好信贷底线，从技术上做好信贷把控，以主动营销作信贷客户的主要获客渠道，做好三查，用好三表，坚持交叉检验侧面打听，营销不忘风险。

社会责任从无到有。刚出大学校园的时候，应彤瑶简单地将工作视为解决生计的方式；但通过社会的磨炼，她把工作视为事业，用更高的格局审视自己，社会培养了她，现在的她正在尽自己所能贡献社会。主动服务小微企业，承担小微企业金融服务排头兵的责任，不怕小、杂、乱，主动给小微企业提供各式各样的金融服务，让小微企业也能逐步成长为行业的支柱企业，目前累计为300多家企业主动提供过金融服务；主动宣传金融知识，把好政策关，把好制度以故事的方式宣讲给企业主，让他们了解党的好政策。疫情期间，通过走企访户，把国家减费让利的政策宣传给企业，并通过政策申请，主动为信贷客户申请利率优惠；主动宣传工作经验，通过单位安排，多次回母校浙江金融职业学院向在校学子宣传工作中、生活中的经验做法，从思想上、经验上给予宣导，希望母校能培养出更多的金融人才，为社会做贡献。

所获荣誉

1. 2019 年 12 月　　浙江民泰商业银行 2019 年义乌分行"优秀客户经理"

2. 2020 年 7 月　　浙江民泰商业银行 2020 年旺季营销存款"存款十佳精英"

对母校的祝福语

金融桃李满天下，服务小微我来干。

全面发展　提升自我

姓名：王紫荆　　　性别：女

政治面貌：共青团员

入学时间：2015 年 9 月

毕业时间：2018 年 6 月

专业（班级）：金融 15（1）

班主任：吴国平

主要工作简历

从浙江金融职业学院毕业后，王紫荆于 2018 年 9 月前往台湾科技大学继续深造；2020 年 9 月，前往台湾大学商学研究所攻读硕士学士。

就以今年这份工作来说，COVID-19 最难求职季机会是给有准备的人：受疫情影响，短期内无法抵台学习，综合考虑未来规划，王紫荆当机立断放弃辅修学程申请提前毕业。与此同时，关注社会招聘信息，制作简历并投递——第一次电话面试——心理测试——英文测试——第二次电话面试——赴上海第一轮面试——第二轮面试——拿到 offer 入职，从 3 月 10 日接到部门专案经理的电话到 3 月 23 日正式入职，短短两周时间经历招聘过程中极为高效的压力测试、专业度测试。由于个人能力较为突出，尽管受疫情影响经济下行很多企业都进行裁员，但是于她而言没有受就业危机影响，反而一毕业即迈入职场，先人一步实现转机。工作中要学会观察行业现象，做风险预估，创新管理、人际沟通等，高效工作的关键是主动和勤奋，具备抗压力、执行力、判断力、逻辑力。

3年的专科生活让她养成极高的自律性，不断突破自己。通过专升本考试，考上台科大（当时所有报名学校中最好的一所）。通过努力学习，在企管、科管、财管三个方向均取得一定成绩，并熟练掌握 SPSS 技能做资料统计分析、SAP 等 ERP 系统的运作、EXCEL 做报表写公式等计算机软体的应用。

过去4年中，王紫荆先后赴安徽、北京、新竹、瑞芳等多个地区开展了8次公益实践活动。她认为年轻人要有心怀天下的担当与情怀，我们有责任去关注世界的角落；曾4次参与银行实习（金融业）、一次教育机构暑期工读（教育业）、一次辅仁大学宜圣宿舍建造的资料统计实习（建筑业）、一次广达电脑的正职工作（IT 制造业）；参加了各种各样的活动、比赛，且要兼顾不错的学业和人际社交……充分利用好一切时间，从未停下脚步。她认为成功没有捷径，奋斗的青春最美丽！

一路走来，她认为实现目标的关键是团队合作。在团队合作中，她看到自己的强项和弱项，学会了同理心、以人为镜，结识了一群志同道合的朋友。她充分地意识到：一个人可以走得很快，但一群人可以走得很远。

所获荣誉

1. 2016 年 1 月　　浙江金融职业学院访校友心得大赛"一等奖"

2. 2016 年 3 月　　浙江金融职业学院寒假社会实践活动"先进

个人"

3. 2016 年 12 月　浙江金融职业学院 2015—2016 学年校"三等
奖学金"

4. 2017 年 10 月　浙江金融职业学院 2016—2017 学年校"一等
奖学金"

5. 2017 年 11 月　中华人民共和国第四届茶奥会创新茶艺竞技
金奖

6. 2018 年 6 月　浙江省金融教育基金会第二十二届"银星奖"

7. 2018 年 6 月　浙江金融职业学院 2018 届"优秀毕业生"

8. 2018 年 12 月　温州国际双年展学生竞赛"优秀工作者"

9. 2020 年 1 月　台湾大学 2020 全台财务金融论坛哈佛商业个案
大赛一等奖

对母校的祝福语

对母校：感谢金院的培育。金院是我的起点，给我们学生搭建了各种各样的舞台让我们去实践去体会！

对师长：感谢师长的教导，让我突破自己、勇于尝试、累积自己的人生经历，在此道一声"你们辛苦了"！

对学弟学妹：不积跬步，无以至千里；不积小流，无以成江海。希望学弟学妹珍惜时间，相信凡走过必留下痕迹，找到自己的目标去探索去努力，厚积才能薄发，加油！

海有舟可渡，山有路可行，隔山隔海会归来！

责任担当　执着奉献

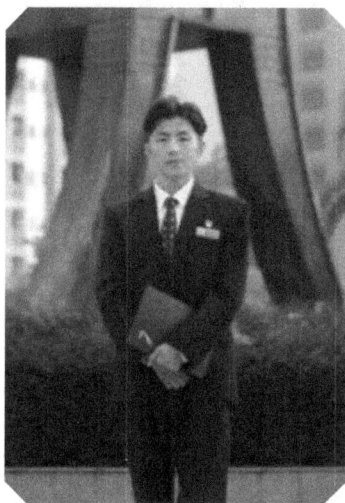

姓名：刘致伟　　性别：男

政治面貌：中共党员

入学时间：2017 年 9 月

毕业时间：2020 年 6 月

专业（班级）：金融 17（6）

工作单位：温州银行杭州分行

职务或职称：公司客户经理

班主任：郭敏飞

主要工作简历

1. 2010 年 12 月—2015 年 12 月　　新疆 69224 部队士兵

2. 2020 年 7 月—2020 年 11 月　　温州银行杭州钱江支行综合柜员

3. 2020 年 12 月至今　　温州银行杭州分行公司客户经理

主要工作业绩

刘致伟是一名退役士兵大学生，同时也是一名中国共产党员。他曾服役于新疆的一个野战部队，参加了西部联合军事演习。5年的军旅生涯练就了他不怕苦、不怕累、勇于牺牲奉献的精神。

退役后一切归零，面对未来的迷茫，刘致伟参加了两次高考。第一次考入了浙江警官学院，其间分配到下沙公安局执勤G20杭州峰会。警察的工作经历让他更加懂得知法守法的重要性，养成了高效的工作执行力。因为一些条件的限制，刘致伟最终没能做成一名警察。当时队长的一番话改变了他的人生方向，"致伟啊，你之前在宁波银行工作过，银行的工作不错呀，我有一个学生也是退伍兵，他考入浙江银行学校（现在的浙江金融职业学院），毕业后到了一家农商行工作，年薪有十来万呢。"听了队长的话他受到了很大启发，决心再次参加高考，并如愿考入了浙江金融职业学院。

因为一切都来得太不容易，入学后刘致伟目标明确：毕业后去银行工作。在校期间他苦练技能，三项技能成绩优异突出，这一切的刻苦努力都是为了毕业后能够进入银行工作。他一直觉得银行的柜面窗口给人一种神圣的感觉，客户来柜台存钱，不仅是存钱还是存一种信任，作为柜员有责任和义务全心全意为他们服务。在校期间，他苦练技能，还担任校技能协会会长，帮助更多的同学学好技能。大二时，学校招聘开始，他早就做好了去银行的准备，当时他被四五家银行同时录取，最终选择了温州银行杭州分行。在面试时，记得第一个见到的人就是温州银行杭州分行的卢经理，当时经理还送了他一支润唇膏。整个面试温行给他家一般的感受，刘致伟心想这不正是温行企业文化的体现吗！这不正是他想要去的银行吗！

进入温州银行订单班学习不久，2020年的春节，来势汹汹的新冠肺炎疫情影响了每个人的生活，牵动着每个人的心，全民进入了抗疫防疫阻击战。刘致伟是一名退役军人，也是温行未来的一名员工，此时正是祖国需要他的时候，于是他毅然选择了奔赴抗役前线，加入了抗击疫情工作，为一线的医护人员和疫情严重的地区输送物资。连续 15 个日夜，总行程达五六千千米，浙江新闻、杭州新闻、今日头条、学习强国等多家媒体平台先后对他的事迹做了相应的报道。这期间他面临着难以想象的工作量，但他想着疫情之后将进入温州银行工作，更应该体现温行员工的责任感和使命感。

2020 年 7 月，刘致伟正式进入杭州分行钱江小微支行，开始了临柜工作。刚开始上柜一切都很陌生，面对客户非常紧张。记得有一次客户来存现金，由于紧张他少存了 100 元，客户也没看就签字离开了，后来清点时发现多了 100 元存款，当时他很害怕，以为主管要批评，然而主管不但没有批评，还亲自拿着凭证找客户签字并安慰他。刘致伟当时非常感动，这让他更加热爱所在的银行，银行的温暖让他更加努力工作。行里还制定师徒帮带制，由老员工来带领新员工，在行领导的指导、师傅们的带领下，他从一名职场小白到如今的干练柜员，这一路走来，温行给了他数次的历练机会，同事的协助，领导的指点，团队的统筹规划，让他有了更实际的经验与锻炼，在提炼了自身职业素养与职业技能的同时，也让他感受到整个工作氛围的包容性与条理性，增强了面对未来工作的信心；在接受顾客的反馈评分时，认真反思自己的服务，及时做出更好的调整和保持自己的优良风格，不断寻求提升自己的机会；行里每次举行各种活动，他都会积极参加，这些活动给予了他在工作之余的身心放松，让他感受到温行对员工身心健康的关心。温行于他而言，早已不再是一个简单付出的职场，更是一个包容、温馨的大家庭，它给予他的不仅仅是职业的锻炼机会，更有生活上的温暖，让他对温行有着家一般的归属感和安全感。

2020 年 10 月，刘致伟从事银行柜员工作 3 个月，突然有一天接到上级分行的调令，把他从一名普通的柜员调到温州银行杭州分行公司条线上，从银行的基层工作人员走向了银行系统的中层。他深知这一切都源于不断地坚持努力，在今后的工作中，他将继续努力开拓业务，做好业务创新，学习业务流程，掌握工作要点，倾情为企业客户服务，以饱满的工作热情、优质的服务，在平凡的工作岗位上再创佳绩。

刘致伟衷心希望金融界黄埔军校的学弟学妹们将来都能够成为银行界的佼佼者，在未来的银行工作中爱岗敬业，做到精益求精、持之以恒，共同铸就金院的未来。

所获荣誉

1. 2011 年 12 月　步四师 69224 部队"优秀士兵"
2. 2012 年 12 月　步四师 69224 部队"嘉奖"
3. 2014 年 12 月　步四师 69224 部队"军事技术尖兵"
4. 2019 年 9 月　理工大学继教院"最硬军事教官"
5. 2016 年 9 月　杭州市公安局 G20 杭州峰会贡献奖
4. 2020 年 5 月　浙江省"抗疫先锋"
5. 2020 年 7 月　温州银行杭州分行"扬工匠精神"演讲第一名
6. 2020 年 10 月　杭州市金融系统工会宣讲员
7. 2020 年 12 月　浙江金融职业学院银领学院"银领学子成才青蓝结对工程职业导师"

对母校的祝福语

昨夜西风凋碧树，独上高楼，望尽天涯路！非常感谢母校在大学期间的辛勤培养，让我们各方面都得到了提升，帮助我们成人成才！走进金院，幸福成长；走出金院，靓丽形象！在此非常感谢金院老师们的一路栽培。祝母校浙江金融职业学院的明天越来越辉煌！

后 记

　　校友是我们学校的宝贵资源，校友文化是我们学校"三维文化"之一。为庆祝建党 100 周年，总结金融管理学院 20 余年来办学的育人成果，我们认真收集并梳理了部分优秀校友成长成才及其发展的情况。

　　征集优秀校友案例和风采，是我们长期坚持开展的一项校友工作和任务。这次能征集到 104 位优秀校友案例并整理成册，离不开广大优秀校友对母校、对学院校友分会工作的大力支持，他们在繁忙的工作之余撰写了自己优秀成长的经历及感悟；离不开广大班主任与校友保持良好的沟通与联系，把校友们最新的信息、材料反馈给我们；离不开学院辅导员与广大校友的积极联系，尤其是负责校友工作的辅导员夏佳颖等老师的辛勤工作；离不开学院校友办公室各位老师的大力支持；离不开学院校友会的精心指导；离不开学院学生校友联络部历届成员的积极工作。

　　金融管理学院成立 20 余年，毕业生人数已近万名，本次编辑的优秀校友应是众多优秀校友中的一小部分，由于诸多原因，尚有许多优秀校友的信息，我们没有及时掌握或者收集到，我们将长期持续征集优秀校友案例，也衷心希望所有领导、班主任、老师、校友一如既往地支持、关心校友工作，提供更多优秀校友的信息，并将优秀校友的精彩人生和动人故事与母校的老师、学弟学妹共同分享！

在《品牌金院　品质校友——金融管理学院优秀校友成长案例与风采》出版之际，衷心感谢大家对校友工作的支持、关心、关注与厚爱！因时间仓促，编辑内容定有不全之处，敬请批评指正！

金融管理学院校友分会

2021 年 5 月 30 日